《双碳目标下"多能融合"技术图解》编委会

编委会主任：

刘中民　中国科学院大连化学物理研究所，中国工程院院士

编委会副主任：

蔡　睿　中国科学院大连化学物理研究所，研究员

编委会委员（以姓氏笔画排序）：

王志峰　中国科学院电工研究所，研究员

王国栋　东北大学，中国工程院院士

王建强　中国科学院上海应用物理研究所，研究员

王艳青　中国科学院大连化学物理研究所，高级工程师

王集杰　中国科学院大连化学物理研究所，研究员

叶　茂　中国科学院大连化学物理研究所，研究员

田亚峻　中国科学院青岛生物能源与过程研究所，研究员

田志坚　中国科学院大连化学物理研究所，研究员

吕清刚　中国科学院工程热物理研究所，研究员

朱文良　中国科学院大连化学物理研究所，研究员

朱汉雄　中国科学院大连化学物理研究所，高级工程师

任晓光　中国科学院大连化学物理研究所/榆林中科洁净能源创新研究院，
　　　　正高级工程师

刘中民　中国科学院大连化学物理研究所，中国工程院院士

许明夏　大连交通大学，副教授

孙丽平　国家能源集团技术经济研究院，工程师

严　丽　中国科学院大连化学物理研究所，研究员

杜　伟　中国科学院大连化学物理研究所，正高级工程师

李　睿　上海交通大学，教授

李先锋　中国科学院大连化学物理研究所，研究员

李婉君　中国科学院大连化学物理研究所，研究员

杨宏伟　国家发展和改革委员会能源研究所，研究员

肖　宇　中国科学院大连化学物理研究所，研究员

何京东　中国科学院重大科技任务局，处长

汪　澜　中国建筑材料科学研究总院，教授

汪国雄　中国科学院大连化学物理研究所，研究员

张　晶　大连大学，教授

张宗超　中国科学院大连化学物理研究所，研究员

陈　伟　中国科学院武汉文献情报中心，研究员

陈忠伟　中国科学院大连化学物理研究所，加拿大皇家科学院院士、加拿大工程院院士

陈维东　中国科学院大连化学物理研究所/榆林中科洁净能源创新研究院，副研究员

邵志刚　中国科学院大连化学物理研究所，研究员

麻林巍　清华大学，副教授

彭子龙　中国科学院赣江创新研究院，纪委书记/副研究员

储满生　东北大学，教授

路　芳　中国科学院大连化学物理研究所，研究员

蔡　睿　中国科学院大连化学物理研究所，研究员

潘立卫　大连大学，教授

潘克西　复旦大学，副教授

潘秀莲　中国科学院大连化学物理研究所，研究员

魏　伟　中国科学院上海高等研究院，研究员

化学工业出版社
·北京·

内容简介

在新型电力系统中，储能、氢能、智能电网对于高比例大规模可再生能源的应用将发挥重要的作用。本书在梳理相关领域翔实数据的基础上，以图解的形式为读者展现相关领域发展现状、发展趋势与关键技术。

全书首先阐述了储能、氢能与智能电网技术对于实现大规模可再生能源消纳、化石能源高效利用、构建低碳化智能化的"多能融合"体系的重要意义。随后用三个篇章分别介绍了三个领域的发展历史、发展现状、产业与政策情况、关键技术内涵及发展方向，形成了储能、氢能与智能电网的技术清单及未来发展路线图，并提出"碳达峰、碳中和"目标下我国相关技术与产业发展的对策建议。全书最后对"多能融合"理念下三个领域协同发展的方向提出了建议。

本书可为从事相关工作的技术人员、科研人员和管理人员系统性了解储能、氢能、智能电网提供有益的参考，也可作为相关从业人员的工具书。

图书在版编目（CIP）数据

储能氢能与智能电网／李婉君等主编．--北京：化学工业出版社，2024. 11. --（双碳目标下"多能融合"技术图解／蔡睿，刘中民总主编）．-- ISBN 978-7-122-45918-3

Ⅰ. F407.2；TM76

中国国家版本馆 CIP 数据核字第 2024AK0107 号

责任编辑：杨振美　满悦芝　　　　　　　装帧设计：张　辉
责任校对：王　静

出版发行：化学工业出版社（北京市东城区青年湖南街13号　邮政编码100011）
印　　装：北京瑞禾彩色印刷有限公司
710mm×1000mm　1/16　印张25¼　字数328千字　2025年3月北京第1版第1次印刷

购书咨询：010-64518888　　　　　　　售后服务：010-64518899
网　　址：http://www.cip.com.cn
凡购买本书，如有缺损质量问题，本社销售中心负责调换。

定　　价：128.00元　　　　　　　　　　　　　　版权所有　违者必究

本书编写人员名单

主　编：李婉君　郭　琛　袁小帅　张　鑫

参　编：杜　伟　王艳青　刘正刚　杨丽平

　　　　许明夏　黄冬玲　王春博　张锦威

　　　　靳国忠　邓婷婷　刘　陆　李　甜

　　　　李梓彤　贾宇宁

序 言

2014 年 6 月 13 日，习近平总书记在中央财经领导小组第六次会议上提出"四个革命、一个合作"能源安全新战略，推动我国能源发展进入新时代。2020 年 9 月 22 日，习近平主席在第七十五届联合国大会一般性辩论上郑重宣布：中国将提高国家自主贡献力度，采取更加有力的政策和措施，二氧化碳排放力争于 2030 年前达到峰值，努力争取 2060 年前实现碳中和（以下简称"碳达峰碳中和目标"）。实现碳达峰碳中和目标，是以习近平同志为核心的党中央统筹国内国际两个大局作出的重大战略决策，是着力解决资源环境约束突出问题，实现中华民族永续发展的必然选择，是构建人类命运共同体的庄严承诺。但二氧化碳排放与能源资源的种类、利用方式和利用总量直接相关。我国碳排放量大的根本原因在于能源及其相关的工业体系主要依赖化石资源。如何科学有序推进能源结构及相关工业体系从高碳向低碳 / 零碳发展，如何在保障能源安全的基础上实现"双碳"目标，同时支撑我国高质量可持续发展，其挑战前所未有，任务异常艰巨。在此过程中，科技创新必须发挥至关重要的引领作用。

经过多年发展，我国能源科技创新取得重要阶段性进展，有力保障了能源安全，促进了产业转型升级，为"双碳"目标的实现奠定了良好基础。中国科学院作为国家战略科技力量的重要组成部分，历来重视能源领域科技和能源安全问题，先后组织实施了"未来先进核裂变能""应对气候变化的碳收支认证及相关问题""低阶煤清洁高效梯级利用""智能导钻技术装备体系与相关理论研究""变革性纳米技术聚焦""变革性洁净能源关键技术与示范"等 A 类战略性先导科技专项。从核能、煤炭等领域技术研究，逐步推动了面向能源体系变革的系统化研究部署。"双碳"

问题，其本质主要还是能源的问题。要实现"碳达峰碳中和目标"，我国能源结构、生产生活方式将需要颠覆性变革，必须以新理念重新审视传统能源体系和工业生产过程，协同推进新型能源体系建设、工业低碳零碳流程再造。

"多能融合"理念与技术框架是以刘中民院士为代表的中国科学院专家经过多年研究，针对当前能源、工业体系绿色低碳转型发展需求，提出的创新理念和技术框架。"多能融合"理念与技术框架提出以来，经过不断丰富、完善，已经成为中国科学院、科技部面向"双碳"目标的技术布局的核心系统框架之一。

为让读者更加系统、全面了解"多能融合"理念与技术框架，中国科学院大连化学物理研究所组织编写了双碳目标下"多能融合"技术图解丛书，试图通过翔实的数据和直观的图示，让政府管理人员、科研机构研究人员、企业管理人员、金融机构从业人员及大学生等广大读者快速、全面把握"多能融合"的理念与技术框架，加深对双碳愿景下的能源领域科技创新发展方向的理解。

本丛书的具体编写工作由中国科学院大连化学物理研究所低碳战略研究中心承担，编写团队基于多能融合系统理念，围绕化石能源清洁高效利用与耦合替代、可再生能源多能互补与规模应用、低碳与零碳工业流程再造和低碳化智能化多能融合等四条主线，形成了一套 6 册的丛书，分别为《"多能融合"技术总论》及"多能融合"技术框架中的各关键领域，包括《化石能源清洁高效开发利用与耦合替代》《可再生能源规模应用与先进核能》《储能氢能与智能电网》《终端用能低碳转型》《二氧化碳捕集、利用及封存》。

本丛书获得了中国科学院 A 类战略性先导科技专项"变革性洁净能源关键技术与示范"等项目支持。在编写过程中，成立了编写委员会，统筹指导丛书编写工作；同时，也得到了多位国内外知名专家学者的指导与帮助，在此表达真诚的感谢。但因涉及领域众多，编写过程中难免有纰漏之处，敬请各位专家学者及广大读者批评指正。

蔡　睿

2024 年 10 月

加快推动能源转型是实现"双碳"目标的首要任务和重要保障。当前我国发电端仍以传统煤电为主，电力部门是二氧化碳排放的第一大户。2021年，中央财经委员会第九次会议提出构建以新能源为主体的新型电力系统。2022年，习近平总书记在党的二十大报告中提出加快规划建设新型能源体系。电力居于能源转换利用中心位置，因此新型电力系统是新型能源体系的重要组成和关键环节。相比传统电力系统，新型电力系统具有清洁低碳、安全可控、灵活高效、智能友好、开放互动的特点。新型电力系统的构建将密切连接一次能源和二次能源，实现多种能源间的灵活高效智能转换，从根本上改变目前我国化石能源为主的发展格局，推动能源消费的电气化和电力消费的清洁化。其中，储能、氢能及智能电网是构建新型电力系统的支撑技术，在工业、建筑、交通运输等高碳排放领域也有着广阔的应用前景。作为战略性新兴技术，储能、氢能、智能电网目前面临着技术、产业、政策等一系列挑战，亟须通过合理布局创新链、产业链、政策链，实现技术与产业的快速发展。

储能是指通过介质将能量储存起来，在需要时再释放出来的一种技术。近年来，储能作为保障可再生能源消纳、保证电网稳定安全运行的重要手段引起广泛关注，在全球范围内已步入高速发展期。储能可适用于电力系统发、输、配、用、调度各个环节，为电力系统的安全稳定运行提供保障，是支撑新型电力系统稳定运行的关键核心技术。近年来，各种储能技术不断成熟，技术路线百花齐放，新技术不断涌现，储能安全性、经济性、先进性不断提高，应用场景不断丰富。作为全球最大的能源生产国与消费国，我国高度重视储能产业的发展，目前累计装机规模位居世界第一。同时我国在抽水蓄能、锂离子电池及各类型储能技术领域也取得了一系列突破：建设了全球最大的丰宁抽水蓄能电站；连续多年成为全球最大的锂离子电池生产国、出口国与消费国；全球领先的压缩空气储能、液流电池、钠离子电池等示范项目纷纷落地。但从发展现状来看，目前除抽水蓄能以外的新型储能技术仍处于由商业化初期向规模化发展的阶段，作为一项具有重要战略意义的新兴产业，储能仍面临着经济、市场、技术、环境和政策等多方面的挑战。

氢气是一种清洁高效、可再生的二次能源，是良好的储能载体，同时兼具燃料、工业原料等多重属性，是推动传统化石能源清洁高效利用和支撑可再生能源大规模发展的理想互联媒介，也是实现交通运输、工业、建筑和能源领域绿色低碳转型的重要载体。将可再生能源发电与氢能结合，通过氢气的大规模储存，构建调节周期长、储能容量大的氢储能系统，可以平抑可再生能源的间歇性和随机性，有助于形成氢电互补的能源支撑体系，助力打造以可再生能源为主的新型电力系统，对我国构建"多能融合"的新型能源体系具有重要战略意义。我国是世界上最大的制氢国，且可再生能源装机量全球第一，具备巨大的清洁低碳氢能供给潜力。目前，我国氢能产业发展迅速，已初步掌握氢能制、储、运、加、用等各个环节的主要技术和工艺，在部分区域实现氢燃料电池汽车、"风光氢储一体化"和"氢进万家"等示范项目。在相关政策支持下，企业投资氢能产业热情高涨，众多大型企业带头加速氢能产业链布局。然而，从总体上看，我国氢能产业起步较晚，相比国际先进水平，在创新能力、技术水平、产业发展形态和路径等领域尚面临一系列问题与挑战，需要加强顶层设计和规划，提升产业创新能力，推动氢能产业健康有序发展。

智能电网是在传统电力系统基础上，通过集成新能源、新材料、新设备和先进传感技术、信息技术、控制技术、储能技术等新技术形成的新一代电力系统，具有高度信息化、自动化、互动化等特征，可以更好地实现电网安全、可靠、经济、高效运行。从1882年上海外滩15盏电弧灯被点亮，到国家电网公司在2009特高压输电技术国际会议上正式提出坚强智能电网概念，再到2021年3月习近平总书记在中央财经委员会第九次会议上作出构建新型电力系统的重要指示，智能电网作为新型电力系统的枢纽平台，近年来在电源侧、电网侧、负荷侧和储能侧均得到了长足的发展，相关技术不断取得突破，大型工程陆续建成投运。我国连续多年发电装机容量、电力生产和电力消费均位居世界首位，很好地满足了社会和经济发展的需要，但也面临一些问题。2020 年我国电力行业二氧化碳排放占比超过 40%，"双碳"目标下我国能源电力供应体系急需发生根本变革，新能源发电将成为电力生产的主体。在此背景下，各种智能电网技术的发展和相关工程的投运将推动能源系统适应大规模高比例新能源的持续开发利用；形成由各类微型电源和负荷组成的微电网，实现局部的电力平衡和能量优化；建设灵活开放高效的电力市场体系；促进源网荷储各环节深度融合，提升能源综合利用效率；代替化石能源，支撑各领域终端用能碳排放下降；保障我国能源安全和社会发展需求，推动构建清洁低碳、安全高效的能源体系。

鉴于此，本书针对储能、氢能与智能电网领域的技术、产业和政策等方面的发展现状及趋势进行分析，旨在明确各领域产业发展的关键领域及存在的主要问题，并提出对策建议。全书共分为五章。第 1 章概述了"双碳"目标下"多能融合"技术理念中储能、氢能与智能电网的特点及其关键作用。第 2 章讨论了包括抽水蓄能、新型储能等各类型储能技术的发展现状、技术内涵、技术特点、典型案例，并阐明了储能技术未来的发展方向，并从技术、应用、体系建设等多角度提出进一步推动储能产业发展的对策建议。第 3 章梳理了氢能的发展现状、热点及趋势，讨论了制、储、运、加、用等各个环节的关键氢能技术的特点、经济性、研发态势，厘清了氢能技术领域的研究热点及发展方向，并提出推动我国氢能领域有序健康发展的对策建议。第 4 章介绍了智能电网相关技术的发展历程、发展现状与发展趋势，讨论了源、网、荷、储等各环节关键技术的技术内涵、未来发展方向和典型工程实践，基于文献和专利数据对智能电网技术进行领域态势分析，并提出我国智能电网行业发展的对策建议。第 5 章对"多能融合"理念下三个领域协同发展的方向提出了建议。

本书在编写过程中参阅了许多专家及同人的相关著作、论文、报告等资料，得到了中国科学院 A 类战略性先导科技专项"变革性洁净能源关键技术与示范"项目的支持，在此表示衷心感谢。

本书涵盖了储能、氢能与智能电网技术的产业链、创新链、政策链等内容，助力构建首尾相连、互为供需、互联互通的科技创新链条，有助于读者全面了解各领域技术的基本原理、应用现状与发展方向。

囿于作者水平，文中不妥及疏漏之处在所难免，敬请读者指正。

编　者

2024 年 10 月

目 录

图 表

第1章

绪论

近年来，温室效应和全球气候变暖已经引起了世界各国的普遍关注，温室气体与二氧化碳减排成为全球性议题。我国是全球最大的能源生产国、消费国，"富煤、贫油、少气"的能源资源禀赋决定了以煤为主的现实国情，我国发电量中仍以煤电为主，这也导致我国电力行业是二氧化碳排放第一大户，2020 年电力行业二氧化碳排放占比约为 44%(图 1-1)。

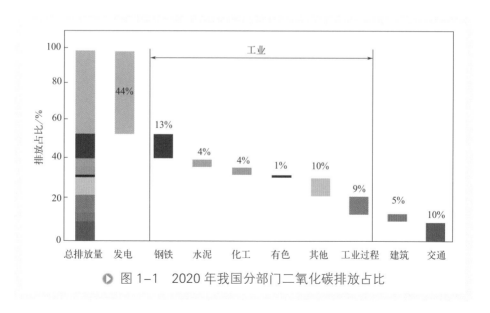

▶ 图 1-1 2020 年我国分部门二氧化碳排放占比

中国政府一直高度重视应对气候变化，持续实施积极应对气候变化国家战略。2020 年 9 月，习近平主席在第七十五届联合国大会一般性辩论上发表重要讲话，宣布中国将提高国家自主贡献力度，采取更加有力的政策和措施，二氧化碳排放力争于 2030 年前达到峰值，努力争取 2060 年前实现碳中和。

实现"双碳"目标必须稳步改变我国以煤为主的能源结构，大力发展可再生能源，风、光资源将逐步作为发电和供能的主力资源。而可再生能源的高比例、大规模利用将会对现有能源体系产生巨大冲击，特别是风能、太阳能等可再生能源与生俱来存在能量密度低、不稳定等问题，为解决这些问题，除了以核电、水电和其他综合互补的非化石能源作为"稳定电源"，以少量的火电作为应急电源或调节电源以外，还必须借助储能、氢能、智能电网等技术平抑可再生能源入网带来的波动性，促进电力系统运行的电源和负荷的平衡，提高电网运行的安全性、经济性和灵活性（图 1-2）。

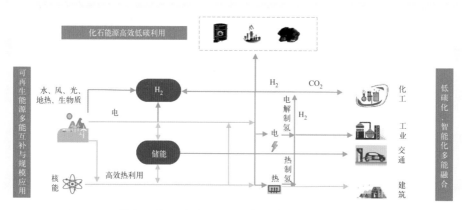

▶ 图 1-2　储能、氢能与智能电网在"多能融合"体系中的定位

储能技术可应用于电力系统"发、输、配、用"的任意环节，可有效提高可再生能源消纳能力，保障电力系统稳定性；氢能作为长时储能的重要形式，可保证高可再生能源发电渗透率下的电网需求，同时可作

为燃料与原料应用于低碳零碳工业、交通、建筑等领域；智能电网作为能源系统枢纽，通过将数字化智能化技术与传统能源系统相融合，形成低碳化、智能化和分布式能源相结合的智慧能源系统。通过储能、氢能与智能电网等多领域技术融合构建的绿色、低碳、高效、安全的电力结构，可以有效推动能源供给侧和消费侧的清洁低碳转型。通过可再生能源发电、制氢，采用储能协助电力输送与储存，在源、网、荷、储各环节灵活互动和系统安全可控的基础上，利用绿电、绿氢替代煤、油、气用于工业、交通、建筑等部门，从而实现消费端的低碳化甚至零碳化。在电力与氢能供应充足和廉价的前提下，还可通过各种工业过程、工艺流程的重构来完成消费端的低碳化。

第2章

储能篇

2.1 储能概述

储能是指通过介质将能量储存起来，在需要时再释放出来的一种技术。进入 21 世纪以来，在全球可持续发展需要的驱动下，储能技术呈现出快速发展的趋势。从全球以及中国的能源体系变化趋势来看，储能技术已经成为输配电领域的发展重点。一方面全球能源供应结构不断向清洁化方向发展，风、光等新能源发电方式受自然因素影响较大，具有明显的时空分布不均和高波动性的特点，随着新能源并网容量不断增加，电源侧对电网的冲击日渐扩大；另一方面，全社会终端能源消费需求持续向电能转移，新能源汽车等新型用电终端的用电需求不断增加，未来电网负荷需求的波动性也会持续变化。此外，储能在建筑供热、供冷等领域也具有重要作用。

2.1.1 储能技术分类

根据能量储存形式的不同，储能可分为电储能、热储能和化学储能三类。而根据能量储存方式及储存介质的不同，储能又可分为机械储能、电磁储能、电化学储能、热储能和化学储能五大类。依据储存方式及储存介质，典型储能技术的分类情况如图 2-1 所示，相关技术参数见表 2-1。

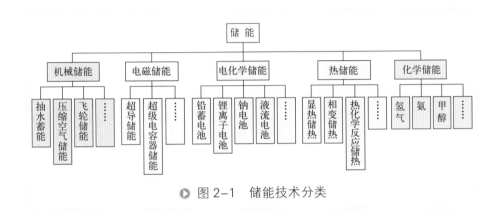

图 2-1　储能技术分类

① 机械储能：机械储能利用机械能与电能之间的转化来实现能量的储存和输出，通常具有高效、安全、寿命长等优点，主要包括抽水蓄能、压缩空气储能、飞轮储能等技术。

② 电磁储能：在电磁场中，电流通过导体时，会在导体周围产生磁场，这个磁场会储存能量，这就是电磁储能原理，常见的电磁储能形式包括超导储能、超级电容器储能等。

③ 电化学储能：电化学储能通常利用化学元素做储能介质，充放电过程伴随储能介质的化学反应或变化，主要的电化学储能电池包括铅蓄（炭）电池、锂离子电池、钠电池、液流电池等。

④ 热储能：热储能技术以储热材料为媒介，将太阳能光热、地热、工业余热、低品位废热等储存起来或者将电能转换为热能储存起来，在需要的时候再释放出来，用于解决时间、空间或强度上的热能供求不匹配所带来的问题，主要技术包括显热储热、相变储热、热化学反应储热等。

⑤ 化学储能：化学储能通常利用氢、氨、甲醇等化学品作为二次能源的载体，是长周期、大规模储能的重要方式之一。

表2-1 典型储能技术及其技术参数

技术名称	容量应用规模	功率应用规模	响应时间	循环次数	寿命	安全性	充放电效率
抽水蓄能	GW·h级	GW级	min级	>10000次	40~60年	高	65%~75%
压缩空气储能	GW·h级	百MW级	min级	>10000次	30~50年	高	40%~70%
飞轮储能	MW·h级	几十MW级	ms级	百万次	15~25年	中	80%~95%
超级电容器储能	MW·h级	几十MW级	ms级	百万次	10~20年	高	>90%
锂离子电池	百MW·h级	百MW级	ms级	1000~10000次	5~10年	中	80%~90%
铅炭电池	百MW·h级	几十MW级	ms级	500~3000次	8~10年	中	75%~85%
钠离子电池	MW·h级	MW级	ms级	约2000次	5~10年	中	80%~90%
钠硫电池	百MW·h级	几十MW级	ms级	约4500次	10~15年	低	75%~90%
全钒液流电池	百MW·h级	几十MW级	ms级	>10000次	10~15年	高	75%~85%

2.1.2 储能应用场景

从整个电力系统的角度看，储能的应用场景可以分为电源侧、电网侧和用户侧三大场景（图2-2）。目前我国主流储能技术的应用特点及成熟度如图 2-3 所示。

在电源侧，储能可用于传统发电领域，辅助动态运行。储能装置和火电机组共同按照调度的要求调整输出的大小，缩小火电机组输出的波动范围，使火电机组工作保持经济运行状态；由于储能设备具有较快的响应速度，辅助动态运行还可以提高火电机组的效率，减少碳排放，降低故障可能性，延长机组寿命，减少设备维护费用，延缓发电机组新建需求。储能也可用于光伏、风电等可再生能源发电配套，包括能量时移（削峰填谷），减少电力系统备用机组容量，平抑可再生能源的间歇性、不稳定性、波动性，跟踪和预测新能源发电场的发电功率，保证电网的功率平衡和运行安全，从而解决可再生能源并网消纳的问题，有助于提高可再生能源的渗透率。

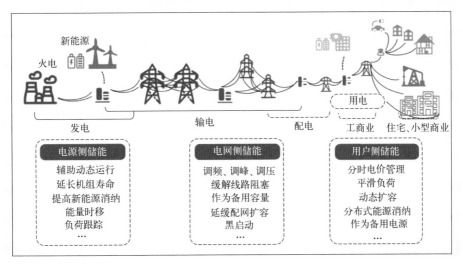

● 图2-2　储能应用场景示意图

在电网侧，储能可以提供电力市场的辅助服务，包括系统调频、调峰、调压，作为备用容量，等等；可以改变传统电网设计和建造遵循的最大负荷法，节约新建投资或延缓配网扩容，从而有效节约电网投资。

在用户侧，储能可应用于峰谷套利、节约基本电费、形成动态扩容（减缓用户因负荷增长带来的对变压器扩容的需求，降低扩容投资成本）等。储能也可用于平滑负荷，例如新能源汽车集中充电会对电网造成较大冲击，如果配合储能用于平滑负荷需求，将有效削减负荷的变化率。储能还可与分布式能源结合，构建分布式风光储系统，推动分布式能源消纳，实现低成本、灵活可控的电能输出。

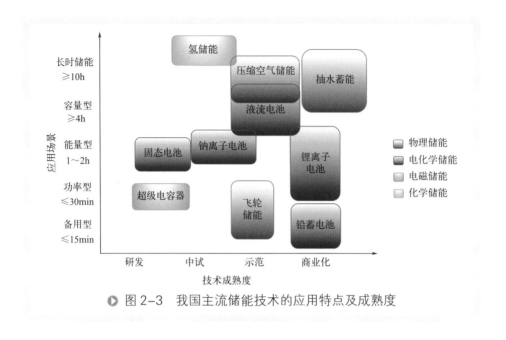

图 2-3 我国主流储能技术的应用特点及成熟度

按照时长要求的不同，储能的应用场景大致可以分为长时储能（≥10h）、容量型（≥4h）、能量型（1～2h）、功率型（≤30min）和备用型（≤15min）。长时储能可以解决中长期电力供需失衡问题，典型技术包括抽水蓄能、压缩空气储能、液流电池、氢储能等；容量型储能场景包括削峰填谷或离网储能等；能量型储能是目前应用最广的储能形式，以锂离子电池储能为主，主要用于调峰调频、削峰填谷等多种场景；功率型储能包括飞轮储能、超级电容器等，主要用于电力调频；备用型储能主要作为不间断电源提供紧急电力。

2.2 全球储能发展现状

根据中关村储能产业技术联盟（CNESA）统计，截至 2022 年底，全球已投运电力储能项目累计装机规模 237.2GW，相比 2021 年底增长 13.3%。图 2-4 展示了 2016—2022 年全球储能市场累计装机规模及增速，

● 图 2-4　2016—2022 年全球储能市场累计装机规模及增速

可以看出2020年之后增长速度明显加快。

图 2-5 为截至 2022 年底的全球储能技术分布占比。截至 2022 年底，全球抽水蓄能的累计装机规模占比首次低于 80%，比 2021 年同期下降 6.9 个百分点。新型储能（除抽水蓄能及储热技术以外的其他储能技术）累计装机为 45.7GW，增长 80%，其中锂离子电池占据主导地位，市场份额达 94.4%。

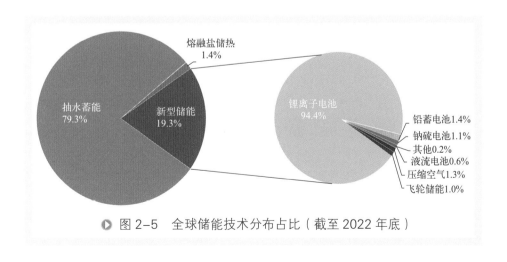

● 图 2-5　全球储能技术分布占比（截至 2022 年底）

截至 2022 年底，全球新型储能装机排名前 10 的国家分别为中国、美国、德国、英国、韩国、澳大利亚、日本、意大利、爱尔兰和菲律宾，累计装机规模均超过 600MW。其中，中国、美国的新型储能装机量均超过 10GW，远高于其他国家（图 2-6）。

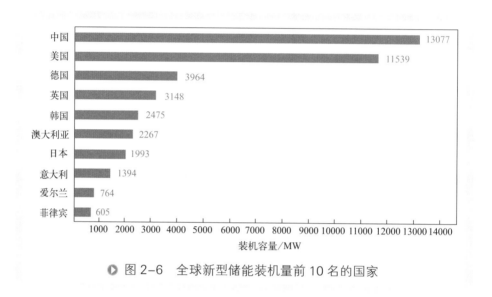

◉ 图 2-6　全球新型储能装机量前 10 名的国家

抽水蓄能方面，2016—2022 年，全球抽水蓄能的累计装机规模呈增长趋势（图 2-7）。截至 2022 年底，全球抽水蓄能累计装机规模为 188.1GW，同比增长 4.2%，装机规模在全球储能市场上占据绝对领先地位。

据国际水电协会（IHA）统计，抽水蓄能累计装机容量排名前三的国家分别为中国、日本、美国，装机量均超过 20GW，三国装机量占比超过全球总装机量的 50%。2022 年全球抽水蓄能装机排名前 10 的国家如图 2-8 所示。

电化学储能是应用范围最广、发展潜力最大的储能技术，目前全球储能技术的开发主要集中在电化学储能领域。如图 2-9 所示，自 2016 年以来，电化学储能装机规模逐年上升。2018 年电化学储能呈现爆发性

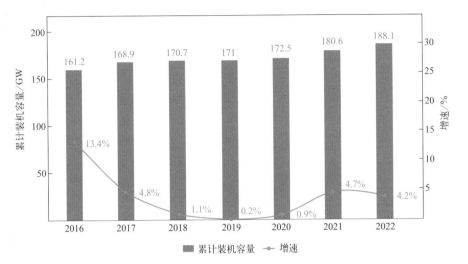

● 图 2-7 2016—2022 年全球抽水蓄能市场累计装机规模及增速

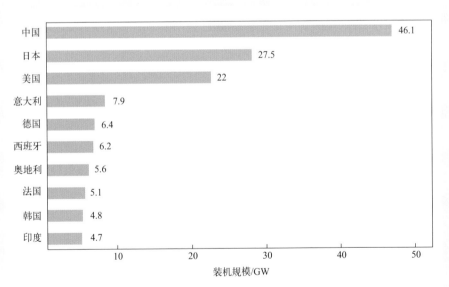

● 图 2 8 2022 年全球抽水蓄能装机前 10 名的国家

增长，装机规模同比增长126%。截至2022年底，全球电化学储能装机规模达到44.7GW，同比增长84%。其中，锂离子电池储能占比最高，达到了96.6%。据测算，2022年全球储能锂电池出货量约为159.3GW·h，从竞争格局来看，我国电池企业占据了储能锂电池市场的主要份额，出货量达到130GW·h，占全球份额的81.6%。

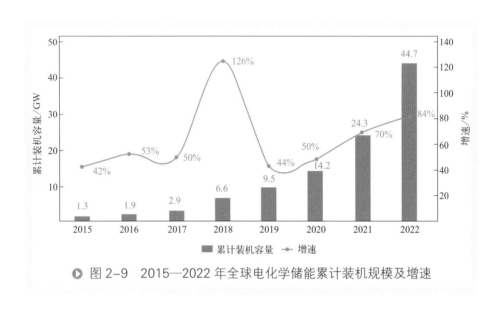

● 图2-9 2015—2022年全球电化学储能累计装机规模及增速

2.2.1 美国储能发展情况

美国积极倡导储能技术研发转化，并从政府不同层面出台了各种储能政策，积极支持储能技术研发转化，制定了战略路线，以保护和满足国内生产制造需求，目的在于形成本土制造、本土应用的市场环境。美国出台的储能政策覆盖面广，包括电化学储能、机械储能、储热以及电力电子等储能技术，不但对顶层设计给予可观的资金支持，而且注重储能技术前瞻性布局和保持储能技术全球化领导地位。美国能源部（DOE）于2018年宣布决定更新由阿贡国家实验室领导的储能研究联合中心，专注于推进电池科学和技术的探索与创新。2020年1月，DOE

宣布投入 1.58 亿美元启动"储能大挑战"计划，并于 12 月 21 日正式推出了美国首个关于储能的综合性战略报告《储能大挑战路线图》，该路线图进一步强调了加速储能技术从实验室向市场的转化。2022 年 8 月，美国签署了总价值为 7500 亿美元的《2022 年通胀削减法案》（IRA 法案），首次将独立储能纳入太阳能投资税收抵免（Investment Tax Credit，ITC）范围。IRA 法案出台前，储能必须搭配光伏才能享受 ITC 的补贴。随着 IRA 法案落地，独立储能纳入 ITC 补贴范围，储能装机对光伏的依赖性将大幅降低，有助于推动美国储能市场高速增长。

美国储能系统总装机容量有近 80% 来自抽水蓄能，但 2004 年以来一直没有新建抽水蓄能发电设施，目前抽水蓄能装机容量约为 22.5GW。近年来，美国新型储能装机保持高速增长，技术路线以锂离子电池（磷酸铁锂和三元锂）为主，新型液流电池、水系锌基电池等新型电化学储能技术也有一定应用。2022 年，美国新增新型储能装机功率 4798MW、装机容量 12181MW·h，同比分别增长 34% 和 12%，如图 2-10 所示。

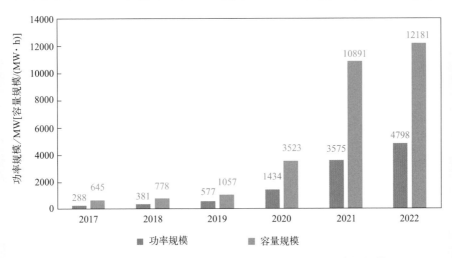

◉ 图 2-10　美国 2017—2022 年新型储能新增装机规模

从细分市场来看，美国储能新增装机主要来源为大型储能市场。2022年，美国大型储能电站新增装机功率为4006MW，同比增长35%；工商业储能新增装机功率为195MW，同比增长43%；户用储能新增装机功率为593MW，同比增长47%。新增储能装机类型占比如图2-11所示。

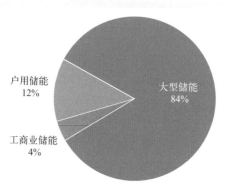

户用储能
12%

大型储能
84%

工商业储能
4%

▶ 图 2-11　2022 年美国新增储能装机类型占比

2.2.2　欧洲储能发展情况

欧盟极为重视对电池储能技术的研发，希望通过开发高性能电池抢占未来电气化社会竞争制高点。2017年10月，欧盟委员会成立了欧洲电池联盟，发布了"战略能源技术规划"电池领域实施计划，提出电池研究创新的重点领域包括电池材料/化学/设计和回收、制造技术、电池应用和集成。2017年至2019年，陆续建立了欧洲电池产业联盟、欧洲电池技术与创新平台"电池欧洲"和欧洲能源研究联盟"电池2030+"联合研究计划工作组，推进不同技术成熟度的研究和开发工作，通过衔接互补的机制构建起欧洲电池研究与创新生态系统。在该机制下，"电池2030+"联合研究计划工作组于2020年3月发布首个电池研究路线图，提出未来10年欧盟电池技术研发重点将围绕材料开发、相界面研究、先进传感器、自修复功能四个主要领域。2020年12月15日，欧洲电池技术与创新平台"电池欧洲"发布了第一个《电池战略研究议程》，旨在推进电池价值链相关研究和创新行动的实施，加速建立具有全球竞争力的欧洲电池产业。2023年上述联合研究计划工作组分别发布《欧洲电池研发创新路线图》和第三版《电池2030+路线图》，指出欧洲必须加强在材料开发、数字化和应用工程方面的能力，指明欧洲电池技术未来发展的方向。

截至2022年底，欧洲电池储能累计装机量达到11GW。2022年新增装机4.5GW，其中表前储能和户用储能分别为2GW与2.5GW；从表前储能装机区域来看，英国是欧洲最大的大型储能市场，爱尔兰、德国、法国紧随其后（图2-12）。户用储能方面，2022年欧洲户用储能新增装机容量3.9GW·h，同比增长71%，累计装机容量达到9.3GW·h，德国、意大利、英国和奥地利在户用储能市场中位居前四。

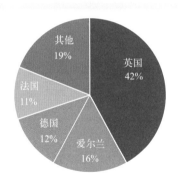

● 图2-12　2022年欧洲各国表前储能新增装机占比

欧洲大型储能项目主要通过提供频率响应服务赚取收入，2022年欧洲储能市场超过80%的收入来自英国、爱尔兰、德国、法国、比利时和荷兰的频率响应，频率响应市场的收益十分丰厚。随着未来调频市场逐渐饱和，欧洲储能项目将更多地转向电价套利和容量市场，目前西班牙、意大利的储能项目电价套利收入占比较高，但仍无法覆盖投资成本，为了降低新项目的收益风险，英国、意大利、波兰、比利时等国已为储能建立容量市场机制，通过容量合同为储能收益托底。

（1）英国

英国在 2022 年部署了 800MW·h 公用事业规模储能系统，截至 2022 年底，英国已经累计部署了 2.4GW/2.6GW·h 电池储能系统。自 2021 年以来，英国新增的储能设备大多是容量超过 50MW·h 的独立储能电站（图 2-13），这表明未来大型独立项目将主导装机的趋势。2022 年 11 月完成部署的 98MW/196MW·h Pillswood 电池储能项目，是迄今为止欧洲储能容量最大的电池储能系统。

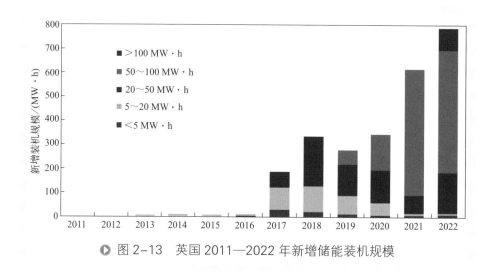

● 图 2-13　英国 2011—2022 年新增储能装机规模

（2）德国

德国是欧洲最大的户用储能市场。2022 年，德国公用事业规模的储能项目部署了约 467MW·h。而户用储能方面，一年内德国部署了约 22 万套住宅电池储能系统，新增装机规模 1955MW·h，累计户用储能装机规模达到 5945MW·h。德国户用储能发展情况见图 2-14。

德国户用储能发展迅速的原因主要有以下几点。

① 德国居民电价全球最高，催生户用光伏需求，进而刺激户用储能市场。德国平均居民电价约 0.3 欧元/（kW·h），为全球最高水平。在高电价下，居民自装光伏系统实现电力的自给自足成为比使用电网电力更好的选择。

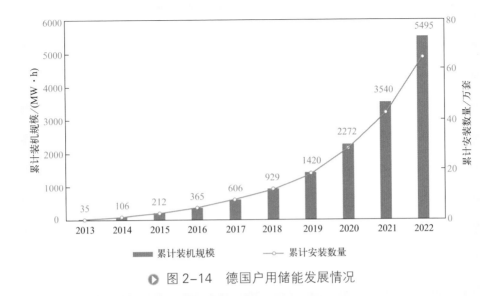

图 2-14 德国户用储能发展情况

② 德国具有完善的电力市场现货交易系统，日内峰谷价差可达 0.7 欧元 /（kW·h），使得储能有较好的经济性。综合来看，光伏 + 储能的搭配度电成本小于居民电价，可以为居民提供经济效益，有助于扩大光储系统需求。

③ 德国针对户用储能实行领先行业的补贴政策，2013 年就开始针对光伏储能进行补贴。

2.3 中国储能发展现状

2.3.1 中国储能发展情况

截至 2022 年底，中国已投运电力储能项目累计装机规模 59.8GW，同比增长 38%，装机规模占全球总量的 25%。其中抽水蓄能累计装机 46.1GW，累计装机占比首次低于 80%。新型储能继续高速发展，累计装机规模首次突破 10GW，达到 13.1GW，相比 2021 年底增长 128%。图 2-15 为 2022 年我国储能市场技术分布占比。

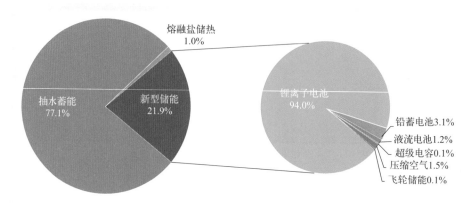

○ 图 2-15　2022 年中国储能市场技术分布占比

2.3.1.1　抽水蓄能

近年来，我国抽水蓄能装机规模稳定增长，据 CNESA 统计，截至 2022 年底，我国抽水蓄能累计装机容量已达 46.1GW，位居世界第一，但装机容量占电源总装机容量比例仅为 1.8%，与发达国家仍有一定差距（意大利、美国、日本、德国、法国抽水蓄能在电力系统中的占比分别为 6.6%、2.0%、8.0%、2.7%、4.3%）。2021 年 12 月，全球最大的抽水蓄能电站丰宁抽水蓄能电站正式投产发电（图 2-16）。丰宁抽水蓄能电站位于河北省承德市丰宁满族自治县境内，总装机规模 3600MW，年设计发电量 66.12 亿千瓦时，年抽水电量 87.16 亿千瓦时。电站创造了四项世界第一，即：装机容量世界第一，储能能力世界第一，地下厂房规模世界第一，地下洞室群规模世界第一。工程还首次实现抽蓄电站接入柔性直流电网，首次在国内采用大型变速抽水蓄能机组技术，首次系统性攻克复杂地质条件下超大型地下洞室群建造关键技术，为抽水蓄能高质量发展提供了工程示范。

图 2–16　河北丰宁抽水蓄能电站

图 2-17 为 2016—2022 年我国抽水蓄能装机量统计。不同于大部分新型储能，抽水蓄能电站建设周期一般在 5 年以上，因此装机增速变化较大。截至 2022 年底，我国已投运抽水蓄能电站总计 40 座，总装机规

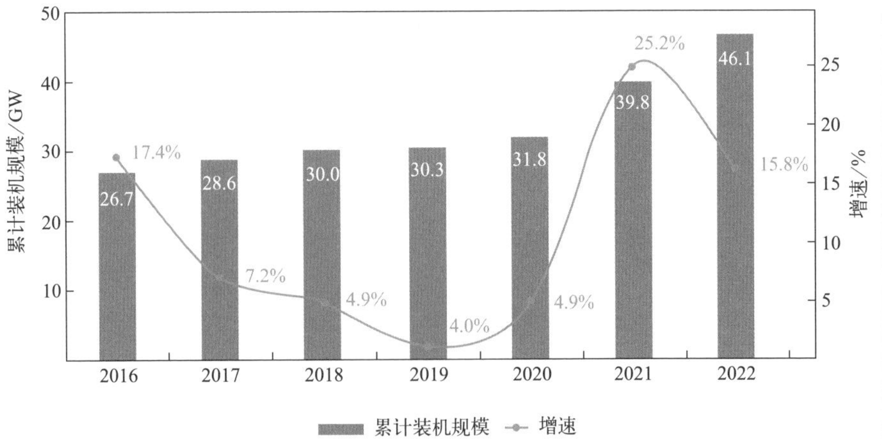

图 2–17　2016—2022 年我国抽水蓄能项目累计装机规模及增速

模为46.1GW，各省份抽水蓄能装机及规划情况如图2-18所示。广东、浙江两省装机规模最大，分别为9680MW和6680MW。在建及规划项目41项，总规模为54GW，其中浙江省在建及规划抽水蓄能电站规模高达8800MW。表2-2列出了2021年至今我国开工的部分抽水蓄能项目。

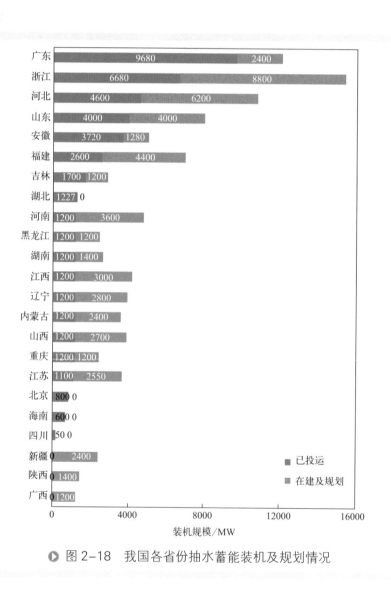

● 图 2-18　我国各省份抽水蓄能装机及规划情况

表2-2 2021年至今我国开工的部分抽水蓄能项目

序号	省份	项目名称	装机容量/MW	机组数及容量/MW	项目投资/亿元	开工时间	预计投产时间
1	浙江	泰顺抽水蓄能电站	1200	4×300	70	2022	—
2	浙江	磐安抽水蓄能电站	1200	4×300	76	2022	2028
3	浙江	天台抽水蓄能电站	1700	4×425	107.4	2022	2027
4	辽宁	庄河抽水蓄能电站	1000	4×250	67.98	2022	2027
5	江西	奉新抽水蓄能电站	1200	4×300	76.4	2022	—
6	黑龙江	尚志抽水蓄能电站	1200	4×300	83.58	2022	2029
7	湖南	安化抽水蓄能电站	2400	8×300	151	2022	
8	宁夏	牛首山抽水蓄能电站	1000	4×250	78	2022	
9	河南	鲁山抽水蓄能电站	1300	4×325	86.77	2022	2028
10	湖北	罗田平坦原抽水蓄能电站	1400	4×350	94.08	2022	—
11	内蒙古	乌海抽水蓄能电站	1200	4×300	86.11	2022	
12	重庆	丰都栗子湾抽水蓄能电站	1400	4×350	101.64	2023	
13	山西	阳泉盂县上社抽水蓄能电站	1400	4×350	73	2022	—

2.3.1.2　新型储能

新型储能是指除抽水蓄能外，以输出电力为主要形式的储能。2022年我国新增7347MW新型储能装机，其中电源侧、电网侧、用户侧新增装机分别为3527MW、3306MW、514MW（图2-19）。

2022年我国新型储能电源侧、电网侧新增装机大幅增长，较2021年分别提升38%和130%，用户侧则下降70%。可见随着我国新能源装机规模与发电量逐步增加，表前储能应用（电源侧+电网侧）占据主要地位，新增装机占比由2017年的40%上升至2022年的93%（图2-20）。

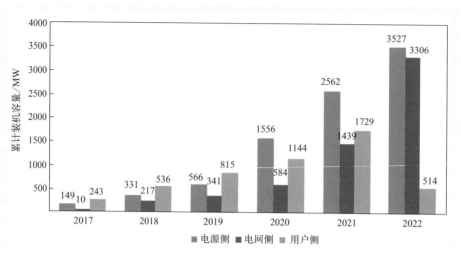

○ 图 2-19　我国各场景新型储能新增装机量

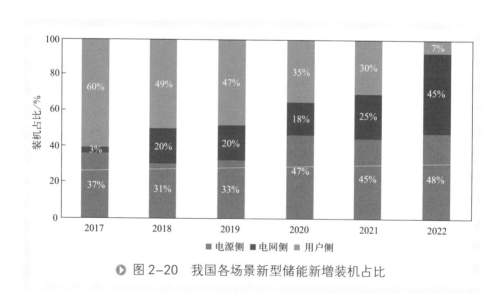

○ 图 2-20　我国各场景新型储能新增装机占比

2022 年，我国新型储能新增装机在电源侧、电网侧、用户侧占比分别为 48%、45%、7%（图 2-20）。电源侧以可再生发电配储（光储 + 风储 + 风光储）为主，占比约为 93%；电网侧以独立储能为主，占比为 81%；用户侧中工商业与产业园储能设施占比分别为 67% 和 20%（图 2-21）。

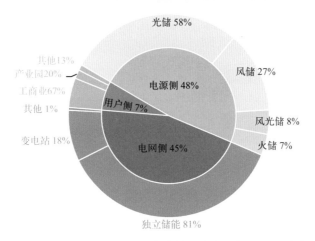

图 2-21　2022 年我国新增新型储能应用场景分布

截至 2022 年底，我国累计装机规模超过 1GW 的省份已达到五个，排名前 10 位的分别是山东、江苏、内蒙古、宁夏、广东、湖南、新疆、甘肃、青海和安徽，这 10 个省份累计装机规模合计 9.7GW，占国内市场规模的 75%（图 2-22）。

在中国新能源发电规模大幅增长、锂电池成本持续下降的推动下，近年来中国电化学储能装机规模保持高速增长，图 2-23 为 2015—2022 年中国电化学储能项目累计装机规模及增速。2018 年是中国电化学储能发展的分水岭，电化学储能呈现爆发式增长，中国电化学储能市场累计装机功率规模达到 1073MW，同比增长 175%。截至 2022 年底，电化学储能累计装机规模突破 10GW，达到约 12.9GW，同比增长 132%。未来五年，随着分布式光伏、分散式风电等分布式能源的大规模推广，电化学储能行业将迎来更广阔的市场前景。

锂离子电池是目前最成熟、应用最广的电化学储能技术，截至 2022 年，我国锂离子电池储能项目累计装机达约 12.3GW，同比增长 139%（图 2-24）。据统计，2022 年我国储能电池出货量达约 130GW·h，较 2021 年增长约 171%，预计未来几年将持续保持高速增长态势（图 2-25）。

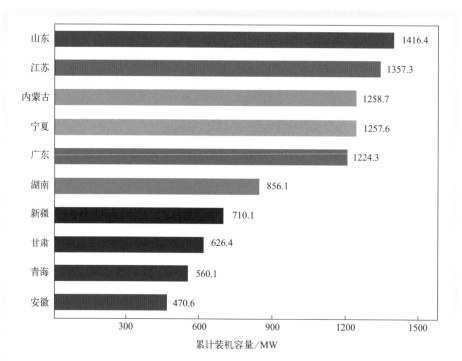

● 图 2-22 我国已投运新型储能项目累计装机排名前 10 的省份

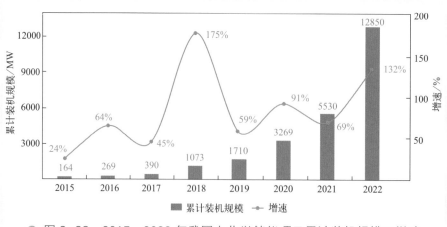

● 图 2-23 2015—2022 年我国电化学储能项目累计装机规模及增速

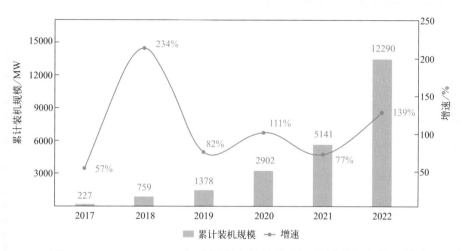

● 图2-24 2017—2022年我国锂电池储能项目累计装机规模及增速

● 图2-25 2017—2022年我国储能电池出货量和增速

2.3.2 储能政策

2.3.2.1 储能政策发展历程

储能电池相关概念在"十二五"规划中就被提及，其政策力度经历了从"增强"到"大力推进"再到"加速"的演变，政策关注点也越来越全面。"十四五"规划纲要中对整体的储能产业和储能应用能力都作出了规划。对此，全国各省市也陆续提出了发展目标，以引导和支持储能行业的健康发展。

我国储能产业战略随着 2005 年《可再生能源产业发展指导目录》的出台开始布局，在发展初期，储能发展首次写入法案，规定电网企业应"发展和应用智能电网、储能等技术"；到"十二五""十三五"，储能产业战略开始在五年规划中占据更加重要的位置；到"十四五"，储能产业战略已经到发展的黄金时期，配套政策将更加完善。具体见表 2-3。

表2-3 我国储能政策发展历程

时期	储能相关政策内容
初期	2005年《可再生能源产业发展指导目录》，开始涉及储能产业战略布局 2010年《中华人民共和国可再生能源法修正案》，储能发展首次写入法案
"十二五"	2011年《国家能源科技"十二五"规划（2011—2015）》，涵盖煤电油气新能源领域，通过"四位一体"保障规划落地 2014年《能源发展战略行动计划（2014—2020年）》，提出利用储能解决并网消纳问题，推动电力体制改革
"十三五"	2016年《能源技术革命创新行动计划（2016—2030年）》，围绕"两个一百年"奋斗目标提供能源安全技术支撑，围绕环境质量改善目标提供清洁能源技术支撑，围绕二氧化碳峰值目标提供低碳能源技术支撑，围绕能源效率提升目标提供智慧能源技术支撑，围绕能源技术发展目标提供关键材料装备支撑 2019年《贯彻落实〈关于促进储能技术与产业发展的指导意见〉2019—2020年行动计划》，旨在促进清洁低碳、安全高效能源体系建设
"十四五"	2021年《关于加快推动新型储能发展的指导意见》，明确3000万千瓦储能发展目标，实现储能跨越式发展 2022年《"十四五"新型储能发展实施方案》，部署储能发展的重点任务

当前，政策和市场环境是促进我国储能产业发展的关键。进入"十四五"发展的新阶段，储能在我国未来能源体系建设中的关键地位越发突显。面对储能商业化和规模化发展的需求，相关部门和机构一直在努力协同产业各方参与者，积极引导储能政策和市场环境的改善。随着风光、新能源汽车行业全面市场化，储能作为配套产业，有望得到更好的实质性支持，将迎来新的政策窗口期。

2.3.2.2 国家层面战略规划

2021年10月24日，中共中央、国务院印发了《关于完整准确全面贯彻新发展理念做好碳达峰碳中和工作的意见》，两天后，国务院印发《2030年前碳达峰行动方案》。储能在碳达峰碳中和顶层设计里多次出现，可见其地位之重要，涉及储能的具体内容见表2-4、表2-5。

表2-4 《关于完整准确全面贯彻新发展理念做好碳达峰碳中和
工作的意见》中储能相关描述

主要章节	储能相关内容
积极发展非化石能源	加快推进抽水蓄能和新型储能规模化应用。统筹推进氢能"制储输用"全链条发展。构建以新能源为主体的新型电力系统，提高电网对高比例可再生能源的消纳和调控能力
深化能源体制机制改革	加快形成以储能和调峰能力为基础支撑的新增电力装机发展机制。完善电力等能源品种价格市场化形成机制
强化基础研究和前沿技术布局	采用"揭榜挂帅"机制，开展低碳零碳负碳和储能新材料、新技术、新装备攻关
加快先进适用技术研发和推广	加强电化学、压缩空气等新型储能技术攻关、示范和产业化应用。加强氢能生产、储存、应用关键技术研发、示范和规模化应用

表2-5 《2030年前碳达峰行动方案》中储能相关描述

主要章节	储能相关内容
加快建设新型电力系统	积极发展"新能源+储能"、源网荷储一体化和多能互补，支持分布式新能源合理配置储能系统。制定新一轮抽水蓄能电站中长期发展规划，完善促进抽水蓄能发展的政策机制。加快新型储能示范推广应用。深化电力体制改革，加快构建全国统一电力市场体系。到2025年，新型储能装机容量达到3000万千瓦以上。到2030年，抽水蓄能电站装机容量达到1.2亿千瓦左右，省级电网基本具备5%以上的尖峰负荷响应能力

主要章节	储能相关内容
加强新型基础设施节能降碳	优化新型基础设施用能结构，采用直流供电、分布式储能、"光伏+储能"等模式，探索多样化能源供应，提高非化石能源消费比重
加快优化建筑用能结构	提高建筑终端电气化水平，建设集光伏发电、储能、直流配电、柔性用电于一体的"光储直柔"建筑
加强创新能力建设和人才培养	创新人才培养模式，鼓励高等学校加快新能源、储能、氢能、碳减排、碳汇、碳排放权交易等学科建设和人才培养，建设一批绿色低碳领域未来技术学院、现代产业学院和示范性能源学院。深化产教融合，鼓励校企联合开展产学合作协同育人项目，组建碳达峰碳中和产教融合发展联盟，建设一批国家储能技术产教融合创新平台
强化应用基础研究	聚焦化石能源绿色智能开发和清洁低碳利用、可再生能源大规模利用、新型电力系统、节能、氢能、储能、动力电池、二氧化碳捕集利用与封存等重点，深化应用基础研究
加快先进适用技术研发和推广应用	集中力量开展复杂大电网安全稳定运行和控制、大容量风电、高效光伏、大功率液化天然气发动机、大容量储能、低成本可再生能源制氢、低成本二氧化碳捕集利用与封存等技术创新，加快碳纤维、气凝胶、特种钢材等基础材料研发，补齐关键零部件、元器件、软件等短板推进熔盐储能供热和发电示范应用。加快氢能技术研发和示范应用，探索在工业、交通运输、建筑等领域规模化应用
开展绿色经贸、技术与金融合作	加大绿色技术合作力度，推动开展可再生能源、储能、氢能、二氧化碳捕集利用与封存等领域科研合作和技术交流，积极参与国际热核聚变实验堆计划等国际大科学工程

2.3.2.3　近期储能政策梳理

抽水蓄能方面，2021年9月，国家能源局印发的《抽水蓄能中长期发展规划（2021—2035年）》中明确提出：到2025年，抽水蓄能投产总规模较"十三五"翻一番，达到6200万千瓦以上；到2030年，抽水蓄能投产总规模较"十四五"再翻一番，达到1.2亿千瓦左右；到2035年，形成满足新能源高比例大规模发展需求的、技术先进、管理优质、国际竞争力强的抽水蓄能现代化产业。

新型储能方面，自2022年以来，我国加速推出储能相关政策，以补足政策方面的短板，促进储能行业健康有序发展（2022年我国颁布的储能产业国家政策详见附表）。2022年3月，国家发展改革委、国家能源局发布了《"十四五"新型储能发展实施方案》（以下简称《实施方案》）。《实施方案》分为八大部分，包括总体要求、六项重点任务和保障措施。其中，六项重点任务分别从技术创新、试点示范、规模发展、体制机制、政策保障、国际合作等重点领域对"十四五"新型储能发展的重点任务进行部署。同时，《实施方案》对"十四五"期间新型储能发展提出了明确目标，指出"到2025年，新型储能由商业化初期步入规模化发展阶段，具备大规模商业化应用条件"，"到2030年，新型储能全面市场化发展"。此外，《实施方案》还对电化学储能、压缩空气储能、飞轮储能、储热储冷等储能技术的发展都提出了要求，全面支撑能源领域碳达峰目标实现。

自2021年8月以来，已有超过12个省（区、市）明确提出"十四五"期间的储能规划，到2025年新型储能装机规划接近40GW，已超过《关于加快推动新型储能发展的指导意见》提及的30GW目标。另外，多个省（区、市）对新建光伏、风电项目提出了批量化配置储能的要求，储能配置比例约占装机总规模的10%～20%。各省（区、市）对于储能、风电、光伏的发展要求详见表2-6、表2-7。

在人才培育方面，2020年1月，教育部、国家发改委、国家能源局印发《储能技术专业学科发展行动计划（2020—2024年）》，提出"加快培养储能领域'高精尖缺'人才，增强产业关键核心技术攻关和自主创新能力，以产教融合发展推动储能产业高质量发展"。2021年2月，教育部下发2021年1号文件《教育部关于公布2020年度普通高等学校本科专业备案和审批结果的通知》（简称《通知》）。《通知》显示，北京科技大学、华北电力大学、中国石油大学、天津大学、华中科技大学、武汉理工大学、重庆大学、哈尔滨工业大学等共20多所高校增设了"储能科学与工程"专业（详见表2-8）。这表明国家与各高校在储能技术推动能源革命和能源新业态发展方面达成共识，立足储能产业发展需求，积极推进储能科学与工程专业学科建设，意在培养储能领域的紧缺人才。

表2-6 各省（区、市）"十四五"风光及储能装机规划

序号	时间	省（区、市）	政策名称	风电新增 /10⁴kW	光伏新增 /10⁴kW	风光合计 /10⁴kW	储能规划 /GW
1	2022年2月22日	北京市	《北京市"十四五"时期能源发展规划》	11	190	201	—
2	2021年12月29日	宁夏回族自治区	《宁夏回族自治区应对气候变化"十四五"规划》	450	1400	1850	—
3	2022年4月14日	贵州省	《贵州省新能源和可再生能源发展"十四五"规划》	500	2043	2543	—
4	2021年8月9日	山东省	《山东省能源发展"十四五"规划》	700	3400	4100	4.5
5	2021年12月31日	甘肃省	《甘肃省"十四五"能源发展规划》	2480	3203	5683	6
6	2022年1月27日	天津市	《天津市可再生能源发展"十四五"规划》	110	400	510	0.5
7	2022年2月21日	青海省	《青海省"十四五"能源发展规划》	807	3000	3807	5.6
8	2021年12月31日	河南省	《河南省"十四五"现代能源体系和碳达峰碳中和规划》	1000	1000	2000	2.2
	2022年8月21日	河南省	《河南省"十四五"新型储能实施方案》	—	—	—	2.2
9	2022年3月2日	内蒙古自治区	《内蒙古自治区"十四五"可再生能源发展规划》	5115	3262	8377	5
	2022年3月28日	内蒙古自治区	《内蒙古自治区"十四五"电力发展规划》	—	—	—	
10	2022年8月17日	安徽省	《安徽省新型储能发展规划（2022—2025年）》	—	—	—	3
11	2021年5月	河北省	《河北省国民经济和社会发展第十四个五年规划和二〇三五年远景目标纲要》	2026	3210	5236	—
	2022年4月10日	河北省	《河北省"十四五"新型储能发展规划》	—	—	—	4

序号	时间	省（区、市）	政策名称	风电新增/10⁴kW	光伏新增/10⁴kW	风光合计/10⁴kW	储能规划/GW
12	2022年4月13日	广东省	《广东省能源发展"十四五"规划》	2000	2000	4000	2
13	2022年5月7日	浙江省	《浙江省能源发展"十四五"规划》	455	1245	1700	>1
	2022年5月25日		《浙江省"十四五"新型储能发展规划》	—	—	—	3
14	2022年4月20日	湖北省	《湖北省能源发展"十四五"规划》	500	1500	2000	—
15	2022年5月7日	四川省	《四川省"十四五"可再生能源发展规划》	577	1019	1596	—
16	2022年6月30日	江苏省	《江苏省"十四五"可再生能源发展专项规划》	1253	1816	3069	—
17	2022年5月7日	江西省	《江西省"十四五"能源发展规划》	200	1600	1800	—
18	2022年7月5日	辽宁省	《辽宁省"十四五"能源发展规划》	1840	600	2440	3（抽水蓄能）+1（新型储能）

表2-7 各省（区、市）新能源配储装机要求

序号	时间	省（区、市）	政策名称	储能配置比例	储能时间
1	2021年1月18日	青海省	《支持储能产业发展的若干措施（试行）》	不低于10%	≥2h
2	2021年3月15日	海南省	《关于开展2021年度海南省集中式光伏发电平价上网项目工作的通知》	10%	—
3	2021年3月18日	江西省	《关于做好2021年新增光伏发电项目竞争优选有关工作的通知》	不低于10%	≥1h

序号	时间	省（区，市）	政策名称	储能配置比例	储能时间
4	2021年5月24日	福建省	《关于因地制宜开展集中式光伏试点工作的通知》	不低于10%	—
5	2021年5月28日	甘肃省	《关于"十四五"第一批风电、光伏发电项目开发建设有关事项的通知》	河西地区（酒泉、嘉峪关、金昌、张掖、武威）不低于10%，其他地区不低于5%	≥2h
6	2021年6月7日	天津市	《关于做好我市2021—2022年风电、光伏发电项目开发建设和2021年保障性并网有关事项的通知》	单体超过50MW，光伏不低于10%，风电不低于15%	光伏≥1h
7	2021年6月7日	湖北省	《湖北省2021年新能源项目建设工作方案（征求意见稿）》	不低于10%	≥2h
8	2021年6月21日	河南省	《关于2021年风电、光伏发电项目建设有关事项的通知》	Ⅰ类区域10%，300MW/600MW·h；Ⅱ类区域15%，150MW/300MW·h；Ⅲ类区域20%	Ⅰ类区域2h，Ⅱ类区域2h，Ⅲ类区域≥2h
9	2021年6月24日	陕西省	《陕西省新型储能建设方案（暂行）（征求意见稿）》	风电：陕北地区10%；光伏：关中地区和延安市10%，榆林市20%	≥2h
10	2021年7月14日	宁夏回族自治区	《自治区发展改革委关于加快促进储能健康有序发展的通知》	不低于10%	≥2h

序号	时间	省（区、市）		政策名称	储能配置比例	储能时间
11	2021年9月16日	辽宁省		《辽宁省新增风电项目建设方案》	10%以上	—
12	2021年8月20日	安徽省		《关于2021年风电、光伏发电开发建设有关事项的通知》	不低于10%	1h
13	2021年8月26日	山西省		《2021年风电、光伏发电开发建设竞争性配置工作方案》	风电10%，光伏10%～15%	—
14	2021年9月18日	河北省		《关于下达河北省2021年风电、光伏发电保障性并网项目计划的通知》	南网不低于10%，北网不低于15%	≥2h
15	2021年8月26日	内蒙古自治区		《关于2021年风电、光伏发电开发建设有关事项的通知》	不低于15%	≥2h
16	2021年10月9日	广西壮族自治区		《关于印发2021年市场化并网陆上风电、光伏发电及多能互补一体化项目建设方案的通知》	风电20%，光伏15%	2h
17	2022年1月24日	广西壮族自治区	梧州市	《关于规范推动我市风光光伏新能源产业发展的通知》	风光不少于10%	—
18	2021年10月13日	湖南省		《关于加快推动湖南省电化学储能发展的实施意见》	风电15%，光伏5%	2h
19	2021年2月7日	山东省		《2021年全省能源工作指导意见》	不低于10%	—
20	2021年11月11日	山东省		《关于公布2021年市场化并网项目名单的通知》	不低于10%	≥2h
21	2021年11月4日	山东省	淄博市	《淄博市实施碳达峰降碳十大行动工作方案》	不低于10%	—

序号	时间	省（区，市）		政策名称	储能配置比例	储能时间
22	2021年11月26日	山东省	枣庄市	《枣庄市分布式光伏建设规范（试行）》	15%～30%	2～4h
23	2022年8月10日	山东省	济南市平阴县	《关于进一步加强分布式光伏项目备案、建设及并网管理的意见》	不低于15%	≥2h
24	2022年8月29日	山东省	胶州市	《胶州市整市分布式光伏开发工作指导意见》	不低于15%	≥2h
25	2021年11月12日	浙江省	义乌市	《关于推动源网荷储协调发展和加快区域光伏产业发展的实施细则》	光伏10%以上	≥2h
26	2021年9月28日	江苏省		《省发展改革委关于我省2021年光伏发电项目市场化并网有关事项的通知》	长江以南光伏8%以上，长江以北光伏10%以上	2h
27	2022年1月10日	上海市		《金山海上风电场一期项目竞争配置工作方案》	不低于20%	≥4h
28	2022年7月12日	辽宁省		《辽宁2022年光伏发电示范项目建设方案》	15%	≥3h
29	2022年7月19日	内蒙古自治区		《内蒙古自治区风光储一体化示范项目实施细则（2022年版）》《内蒙古自治区风光制氢一体化示范项目实施细则（2022年版）》	不低于15%	≥4h
30	2022年7月8日	广东省	肇庆市	《肇庆市促进光伏项目发展若干措施（征求意见稿）》	不低于10%	—

表2-8　2020年度新增备案本科"储能科学与工程"专业高校名单

序号	主管部门	高校	省（市）
1	教育部	北京科技大学	北京
2		华北电力大学	北京
3		中国石油大学（北京）	北京
4		天津大学	天津
5		中国矿业大学	江苏
6		厦门大学	福建
7		山东大学	山东
8		中国石油大学（华东）	山东
9		华中科技大学	湖北
10		武汉理工大学	湖北
11		重庆大学	重庆
12	工业和信息化部	哈尔滨工业大学	黑龙江
13	河北省	河北建筑工程学院	河北
14	辽宁省	辽宁科技大学	辽宁
15		沈阳工程学院	辽宁
16	吉林省	东北电力大学	吉林
17	上海市	上海理工大学	上海
18	江苏省	南京工程学院	江苏
19		江苏理工学院	江苏
20	福建省	福州大学	福建
21		福建师范大学	福建
22	湖南省	长沙理工大学	湖南
23	四川省	西南石油大学	四川
24	云南省	大理大学	云南
25	青海省	青海大学	青海

2.3.3　储能产业

　　我国目前已经形成了较为成熟的抽水蓄能及电化学（锂离子电池）储能产业链，其中上游主要为储能设备供应，中游为储能系统集成及运维，下游为储能系统在电源侧、电网侧与用户侧等各场景的应用。

2.3.3.1 抽水蓄能

抽水蓄能产业上游为抽水蓄能电站的设备供应方，中游为抽水蓄能电站的设计、建设和运营，下游主要为电网系统中的应用，其产业链信息如图2-26所示。

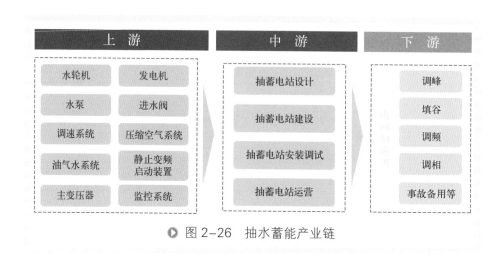

图2-26 抽水蓄能产业链

目前我国抽水蓄能上游水轮机主要厂商有哈尔滨电气、东方电气、浙富控股、通裕重工、杭锅股份、华西能源等；水泵主要厂商有大元泵业、东音股份、凌霄泵业等；发电机厂商有国投电力、华能水电等。中游电站设计、建设厂商主要有中国电建、国投电力等。下游抽水蓄能电站的运营商主要为国家电网与南方电网。

2.3.3.2 锂离子电池

目前我国电化学储能产业以锂离子电池为主，目前已经形成较为完善的产业链（图2-27）。上游主要包括电池原材料（正极、负极、电解液、隔膜及结构材料）及零部件供应商；中游包括储能设备［包括电池组、电池管理系统（BMS）、能量管理系统（EMS）、储能逆变器（PCS）和其他电气设备］供应商，以及储能系统集成与安装供应商；下游包括电源侧、电网侧和用户侧等终端用户。

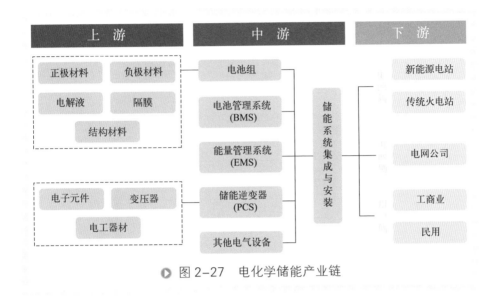

⊙ 图2-27 电化学储能产业链

据统计，2022年全国锂离子电池出货量约660GW·h，其中动力、储能、消费型锂电产量分别为480GW·h、130GW·h、50GW·h，占比见图2-28。

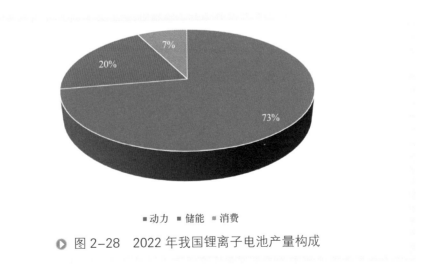

■动力 ■储能 ■消费

⊙ 图2-28 2022年我国锂离子电池产量构成

我国锂电池产量以及储能锂电池产量不断增加，图 2-29 给出了 2018—2022 年我国各类型锂电池出货量统计数据。我国可再生能源发电装机量不断提升，储能在电源侧及电网侧的应用愈发广泛，储能电池在总产量中的占比也随之上涨，2021 年全年占比约 9.9%，到 2022 年提高到 20%。

	2018	2019	2020	2021	2022
■动力	65	71	80	220	480
■储能	7	8.6	16	32	130
■消费	32	37	46	72	50

■动力 ■储能 ■消费

图 2-29　2018—2022 年锂电池出货量统计

随着政策支持力度加大、电力制度商业化、市场机制和商业模式建立、锂电池装机量加速增长，"十四五"时期储能锂电池有望进入商业化加速期。据预测，至 2025 年我国储能锂电池出货量将达到 430GW·h，相较 2022 年规模增长 2 倍以上。

从我国锂离子电池产业区位分布来看，目前在珠三角、长三角、京津冀和川渝等地区形成了较为明显的锂电池产业集群效应。2020 年仅广东、江苏、福建三省的锂离子电池产量占比就达到全国的 55%（图 2-30）。

珠三角地区是目前我国锂电产业链最发达和完善的区域，具有比亚迪、亿纬锂能、新能源（香港）科技（ATL）、天赐材料、德方纳米等大量锂电池上、中、下游龙头企业；长三角地区具备较强的新能源整车产业，同时布局了宁德时代、国轩高科、力神等锂电池龙头企业，目前呈现研发在上海、制造在江浙的分布趋势；京津冀地区的优势在于丰富的高校和科研院所，聚集了大量研发机构和产业链企业；川渝地区依托上游原材料资源优势，不断承接东部地区的产业转移，初步形成一批新的锂电产业集群。

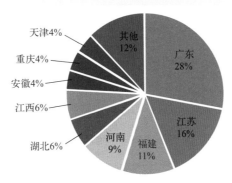

◉ 图 2-30　2020 年我国主要省（市）锂离子电池市场占比

　　锂离子电池的主要构成包括正极、负极、电解液、隔膜及其他材料，电池结构如图 2-31 所示。在上游材料方面，锂电池共有四大关键材料，包括正极材料、负极材料、电解液、隔膜。

　　正极材料是影响锂离子电池性能最重要的材料，2021 年我国正极材料总出货量 112.5 万吨，出货结构如图 2-32 所示。磷酸铁锂、三元锂、钴酸锂、锰酸锂正极出货量分别为 48 万吨、43 万吨、10.6 万吨、10.9 万吨。储能用锂电池基本为磷酸铁锂正极，动力用锂离子电池采用磷酸铁锂或三元锂正极。在近年来锂电产业飞速发展的背景下，磷酸铁锂和三元锂正极 2021 年出货量同比增长 258% 和 80%，占据了我国超过 90% 的市场份额。

图 2-31　锂离子电池组成结构及常用材料

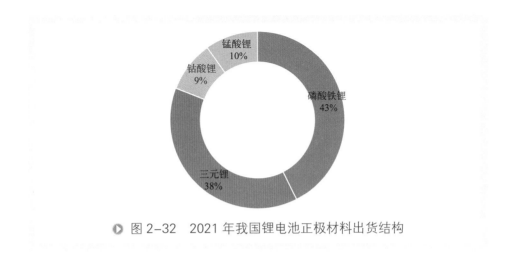

○ 图 2-32　2021 年我国锂电池正极材料出货结构

2017—2022 年我国负极材料出货量如图 2-33 所示。2022 年全球负极材料出货量达到 156 万吨，其中我国负极材料出货量占比 92%，2022年我国出货量达到 143 万吨，同比增长 83%。

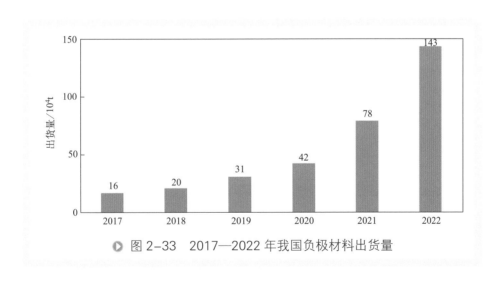

○ 图 2-33　2017—2022 年我国负极材料出货量

2017—2022 年我国隔膜材料出货量如图 2-34 所示。2022 年全球锂离子电池隔膜出货量已经突破 160 亿平方米，其中我国出货量约 133 亿平方米，占比超过 80%。目前主流的隔膜工艺包括湿法隔膜和干法隔膜，我国以湿法工艺为主，2022年湿法隔膜出货量占隔膜总出货量的79%，干法隔膜占21%。

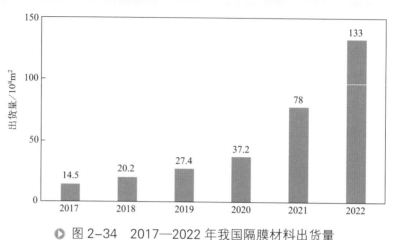

● 图2-34　2017—2022年我国隔膜材料出货量

2017—2022年我国电解液出货量如图2-35所示。2021年全球出货量为61.2万吨，其中我国出货量为50.7万吨，占全球电解液出货量的83%。2022年，我国电解液出货量同比增长75.7%，达到89.1万吨。

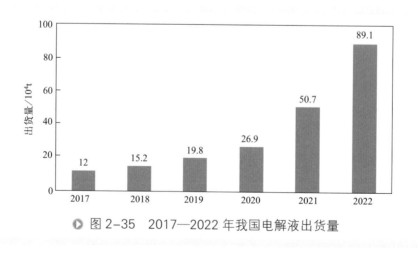

● 图2-35　2017—2022年我国电解液出货量

2.4 典型储能技术

2.4.1 机械储能

2.4.1.1 抽水蓄能

抽水蓄能是当前最主要的电力储能技术。抽水蓄能电站由上水库、输水系统、安装有机组的厂房和下水库等建筑物组成。抽水蓄能电站的上水库是蓄存水量的工程设施，电网负荷低谷时段可将抽上来的水储存在库内，负荷高峰时段将水放下来发电。抽水蓄能电站结构如图 2-36 所示。

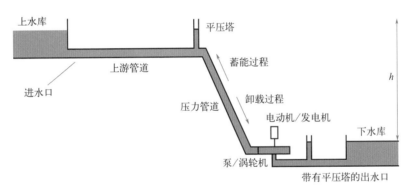

● 图 2-36　抽水蓄能电站示意图

1882 年瑞士苏黎世建成了世界上第一座抽水蓄能电站，到 1950 年，全球共建成 31 座抽水蓄能电站，总规模 1300MW。1973 年全球石油危机致使各发达国家对于能源供给的需求更为紧迫，抽水蓄能进入发展的黄金期，到 1990 年，全球抽水蓄能总装机规模超过 86GW。随后世界抽水蓄能发展速度逐渐放缓，到 2020 年全球抽水蓄能装机规模为 172.5GW。

我国抽水蓄能发展相对较晚。1968 年，河北岗南水库电站从日本引进了第一台 11MW 的抽水蓄能机组。1973 年和 1975 年，北京密云水库白河水电站安装了两套单机容量为 11MW 的国产抽水蓄能机组。随着我国抽水蓄能研发能力不断增强，机组国产化水平不断提高，进入 20 世纪 90 年代，我国抽水蓄能开始快速发展，到 2000 年总装机容量达到 5520MW。2020 年总装机容量达到 35.6GW，占全球总装机容量的 21%。

我国及世界抽水蓄能发展史见图 2-37。

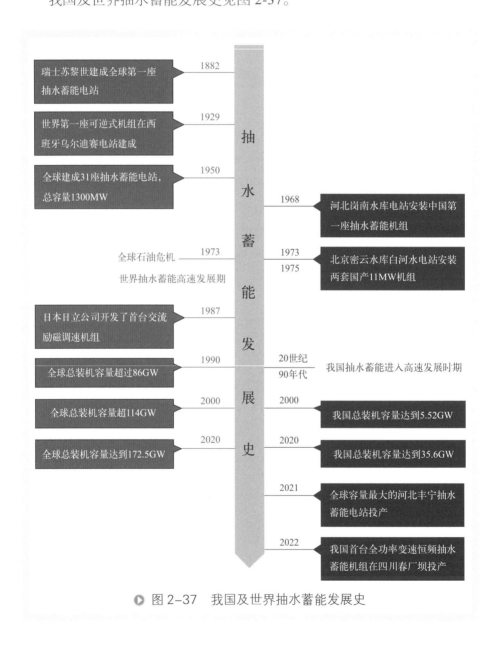

图 2-37 我国及世界抽水蓄能发展史

抽水蓄能的规模可达数百到上千MW，其影响参数主要是水池的落差和蓄水量。抽水蓄能电站的预期使用年限约为40～60年。目前抽水蓄能电站的综合效率约为65%～75%，最高可达80%～85%。一般而言，抽水蓄能的负荷响应速度在分钟级，从全停到满载发电约5min，从全停到满载抽水约1min。抽水蓄能具有日调节能力，可用于配合核电站、大规模风力发电、超大规模光伏发电等。不过由于抽水蓄能电站必须依赖于上下水库及其落差，对站址要求较高，因此可能远离负荷中心，需要考虑长距离输电问题。

经过近二十年的高速发展，中国已成为全球抽水蓄能规模最大的国家。中国抽水蓄能机组装备制造水平持续跃升、制造成就令人瞩目，在水泵水轮机技术和发电电动机技术等方面不断突破，能够承担单机容量450MW的抽水蓄能机组的设计和制造，水头范围覆盖到800m，转轮直径最大可达7m，转速从100r/min到750r/min，实现了单级水泵水轮发电机组水头全覆盖、转速全覆盖、容量全覆盖，为"双碳"目标的实施提供了强有力的装备制造支持。抽水蓄能包括的主要核心技术有以下几种。

（1）可逆式水泵水轮机技术

可逆式水泵水轮机又称为两机式机组，是一种可以双向运行的抽水蓄能机组，向一个方向旋转抽水，向另一个方向旋转发电。可逆式机组具有结构简单、造价低、土建工程量小等优点，目前在水头范围400～600m内的绝大多数抽水蓄能电站均采用可逆式蓄能机组。可逆式水泵水轮机的工作水头范围基于水头不同，可以做成混流可逆式、斜流可逆式及贯流可逆式机组。其中混流可逆式水泵水轮机在可逆式水泵水轮机中应用最为广泛。

可逆式水泵水轮机主要有以下发展趋势。①高水头化。随着技术的发展，单级可逆式水泵水轮机的使用水头越来越高，目前单级可逆式机组的应用水头已超过常规水轮机。②大容量化。采用更大的单机容量，可减少机组台数，从而可以降低机电设备及电站控制系统成本。③高转速化。水泵水轮机的工作水头取决于转轮的线速度，为了达到此线速度，可以使用较大的转轮直径或较高的转速，目前的设计趋势是保持一定范围的转轮直径而采用尽量高的比转速。

（2）变速抽水蓄能机组技术

变速抽水蓄能实现调速可选用全功率方式和交流励磁方式，在变速恒频模式下运行。目前大容量（100MW以上）机组均采用交流励磁方式，其发电电动机定、转子侧都能与电网进行能量传递。变速抽水蓄能机组以其运行灵活、稳定可靠、反应迅速的特点日益受到电网的青睐，与常规定速抽水蓄能机组相比，具有以下优点：较好的转速适应能力，能实现变速恒频发电运行，交流励磁电机具有与异步机一样的变速运行能力；水泵工况时输入功率可调；水轮机工况时运行性能得到改善，解决了传统水轮机效率低、气蚀增大、磨损和振动增加等问题；可实现有功功率快速调节，反应速度达到秒级甚至毫秒级，快速适应电网的功率波动；可实现无功功率快速调节，提高电力系统静态稳定性；交流励磁发电机具有机电解耦运行的特点，不但发电机本体具有良好的稳定运行能力，而且通过适当的控制还能够进一步提高与之相连接的电力系统的稳定性。

2022年5月，由哈尔滨电气集团哈尔滨电机厂有限责任公司研制的中国首台全功率变速恒频抽蓄机组实现了定速发电、变速发电、变速抽水。该工程位于已投产的四川春厂坝水电站，利用上游已有的春厂坝水库及其引水系统、下游已有的三关桥水库新建抽水蓄能电站（图2-38），安装1台变速恒频可逆式抽水蓄能发电机组，装机容量5MW，建成后年发电量12.65GW·h，装机年利用小时数2530h。该抽水蓄能电站的建设，对于中国掌握快速响应全功率变速恒频可逆式抽水蓄能成套设备设计、制造和协同控制关键技术，具有重要的示范意义。

（3）海水抽水蓄能电站技术

海水抽水蓄能系统是指利用海水作为工质的新型抽水蓄能形式，在距离海边一定距离的高地上建造一个蓄水池作为系统的高位蓄水池，利用海洋作为低位蓄水池。其主要特点为：①可节省修建下水库的费用；②不受补水水量的限制，使得大型抽水蓄能电站选址较容易；③下水库

图 2-38 四川春厂坝抽水蓄能电站

的水位变化为潮水变化，使水泵最高扬程与发电最小水头之比较常规淡水抽水蓄能电站小，有利于水泵水轮机的设计，机组综合效率较高；④能建在靠近负荷中心或抽水电源处，有利于输电和系统运行。

日本冲绳海水抽水蓄能电站是世界上第一座海水抽水蓄能电站（图2-39），1987 年开始建设，1999 年竣工，由于运营无法盈利已经于 2016 年拆除。

目前，海水抽水蓄能发展还面临一系列问题。①海水腐蚀问题。海水会腐蚀水泵水轮机、压力管道等设备，缩短使用寿命，增加维护成本。②微生物附着问题。海水中有大量海洋生物，易附着在管道等设备上，影响系统水轮机工况和水泵工况效率。③渗透和泄漏问题。上水库的海水可能渗透到土壤中，导致地表水或地下水被污染，同时上水库海水的泄漏也会对周围动植物产生影响。④稳定运行问题。大海浪会影响进出口处海水的吸入和排出，影响系统稳定性。⑤环境问题。海水抽水蓄能机组的吸水和排水会影响附近海洋生物的生存。

▶ 图 2-39　日本冲绳海水抽水蓄能电站

（4）地下抽水蓄能电站技术

地下抽水蓄能电站结构与传统地表水力发电站近似，采用地下洞穴作为下水库。目前地下抽水蓄能电站在设计和施工方面都面临较大的挑战，还没有实际工程应用。

2.4.1.2　压缩空气储能

压缩空气储能是基于燃气轮机技术的储能系统，在电力负荷低谷期将电能用于压缩空气，将空气高压密封在报废矿井、沉降的海底储气罐、山洞、过期油气井或新建储气井中，在电力负荷高峰期释放压缩空气推动燃气轮机发电的储能方式。世界上第一座投入商业运行的压缩空气储能电站是德国 Huntorf 电站，其机组的压缩机功率为 60MW，释能输出功率为 290MW，该电站运行至今，主要用于热备用和平滑负荷。此外还有美国麦金托什 110MW 压缩空气储能电站，该电站已实现商业化应用。

传统的压缩空气储能系统主要部件包括压缩机、压缩空气储存器、燃烧室、膨胀机和电动机／发电机等。在储能时，压缩空气储能系统中的电动机利用电能，驱动压缩机压缩空气并储存于储气装置中；发电时，高压空气从储气装置中释放，进入燃气轮机燃烧室同燃料一起燃烧后，驱动透平带动发电机发电。为了提高功率密度，可以利用燃料对进入膨胀机前的高压储气进行加温，此过程根据所采用的燃料可能会产生碳排放和污染物。其工作原理如图 2-40 所示。压缩空气储能的规模与储气装置和透平膨胀装置等密切相关，一般在数十到数百 MW，可连续工作数小时，响应时间为分钟级，储能效率为 40% ～ 70%。

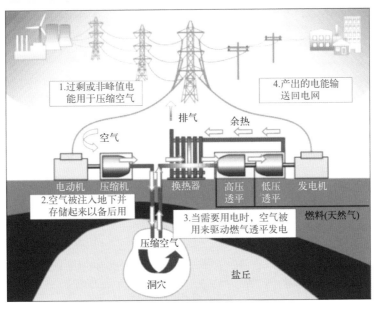

▶ 图 2-40　压缩空气储能工作原理示意图

压缩空气储能系统中空气的压缩过程接近绝热过程，产生大量的压缩热。如在理想状态下，压缩空气至 10MPa，能够产生 650℃的高温。因此可采用储热装置将压缩热储存起来，从而减少能量损耗，这种带储热的压缩空气储能系统又被称为先进压缩空气储能系统（结构示意图见图2-41）。由于回收了空气压缩过程的压缩热，系统的储能效率可以得到较大提高，理论上可达到70%以上。同时，由于用压缩热代替燃料燃烧，系统去除了燃烧室，可以实现零碳排放。

● 图2-41　先进压缩空气储能示意图

近年来我国压缩空气储能技术发展迅速，不断实现理论研究向示范验证的突破，技术方向涵盖绝热压缩空气储能、超临界压缩空气储能及液态压缩空气储能等。中国科学院工程热物理研究所于2016年建成国际首套十兆瓦先进压缩空气储能示范系统，系统效率达60.2%。2022年9月30日，工程热物理研究所研发的国际首套百兆瓦先进压缩空气储能国家示范项目在河北张家口顺利并网发电（图2-42）。该示范项目规模为100MW/400MW·h，系统设计效率达到70.4%，核心装备自主化率100%，每年可发电1.32亿千瓦时以上，能够在用电高峰为约5万户用户提供电力保障，每年可节约标准煤4.2万吨，减少二氧化碳排放10.9万吨，是目前世界单机规模最大、效率最高的新型压缩空气储能电站。

压缩空气储能根据系统具体工作原理不同可分为以下技术。

（1）绝热压缩空气储能技术

绝热式压缩空气储能技术通过储热装置回收压缩热并储存，使压缩及膨胀过程近似于绝热过程，不必燃烧化石燃料，并且能保持较高的储能密度及效率。其工作原理为：储能时，压缩机将空气压缩至高温高压状态，储热系统将压缩热储存起来，空气降温并储存在储罐中；释能时，将高压空气释放出来，利用储存的压缩热使空气升温，由高温高压空气推动膨胀机做功发电。绝热压缩空气储能系统原理见图 2-43。

▶ 图 2-42　国际首套百兆瓦先进压缩空气储能国家示范项目

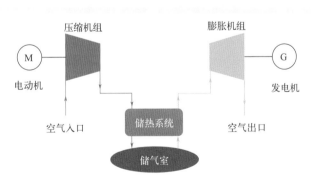

▶ 图 2-43　绝热压缩空气储能系统原理

该系统回收了压缩热并且再利用，使系统效率得到了较大提高，同时去除了燃烧室，实现了零排放。但由于压缩机级间不回收热量、冷却空气，故压缩过程能耗较高。压缩机出口的空气温度高，因此对设备材料要求较高。

（2）蓄热式压缩空气储能技术

蓄热式压缩空气储能又被称作先进绝热压缩空气储能，其原理与绝热压缩空气储能类似，区别在于该系统在压缩过程级间换热及储热（系统示意见图 2-44），绝热压缩空气储能在全部压缩过程结束后储热。相较于绝热压缩空气储能，蓄热式压缩空气储能系统的储热温度及储能密度较低，但其压缩机耗能减小，且对压缩机材料要求不高。该系统的缺点在于增加了多级换热及储热，系统初始投资有所增加。中国科学院工程热物理研究所于 2013 年在廊坊建成国际首套 1.5MW 蓄热式压缩空气储能示范系统，于 2016 年在贵州毕节建成国际首套 10MW 示范系统，效率达 60.2%。

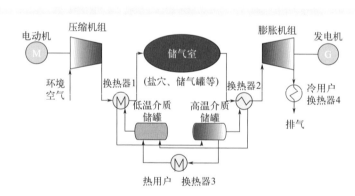

● 图 2-44 蓄热式压缩空气储能系统示意图

（3）等温压缩空气储能技术

等温压缩空气储能系统采用一定措施（如活塞、喷淋、底部注气等），通过比热容大的液体（水或者油）提供近似恒定的温度环境，增大气液接触面积，延长接触时间，使空气在压缩和膨胀过程中无限接近于等温过程，将热损失降到最低，从而提高系统效率。此外，该系统不需要补燃，摆脱了对化石燃料的依赖，但未摆脱对大型储气洞穴的依赖。其理论效率可达 70% 以上，原理如图 2-45 所示。此外，该技术不必提供外部热源，还可以减少部件的热应力。但该系统也存在一定问题，例如在压缩过程中，部分空气溶解于水中而没有储存到储气罐中，造成部分能量损失。

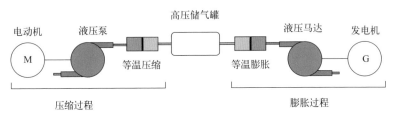

▶ 图 2-45　等温压缩空气储能原理图

美国瑟斯汀 X（Sustain X）公司于 2013 年在美国新罕布什尔州建成 15MW/1.5MW·h 的示范系统。美国通用压缩（General Compression）公司于 2012 年在美国得克萨斯州建成 2MW/500MW·h 的示范系统。目前，上述两家公司已经合并成立 GCX 能源公司，继续开展压缩空气储能技术开发工作。美国的光帆能源（Lightsail）公司也开展等温压缩空气储能技术研发，目前正在加拿大新斯科舍省建设 500kW/3MW·h 的示范项目。

（4）液态压缩空气储能技术

液态压缩空气储能是将电能转化为液态空气的内能以实现能量储存的技术。储能时，利用富余电能驱动电动机将空气压缩、冷却、液化后注入低温储罐储存；发电时，液态空气从储罐中引出，加压后送入蓄冷装置将冷量储存起来，并使空气升温汽化，高压气态空气通过换热器进一步升温后进入膨胀机做功发电。其系统如图 2-46 所示。由于液态空气的密度远大于气态空气，储气室容积可减少到 1/20，大幅压缩系统占地面积，综合成本有下降的空间。但由于系统增加了液化冷却和汽化加热过程，增加了额外损耗。

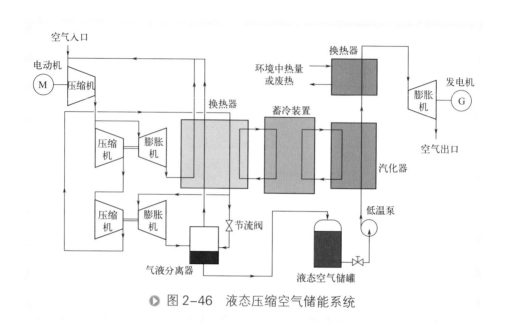

● 图2-46 液态压缩空气储能系统

英国Highview Power储能公司于2010年建成350kW/2.5MW·h液态空气储能示范系统并成功投运，目前正在开展5MW/15MW·h示范电站建设。中国科学院工程热物理研究所于2013年在廊坊建成1.5MW液态空气储能示范系统。其他机构如中国科学院理化技术研究所、智能电网研究院、东南大学、昆明理工大学等也开展了相关理论及实验研究。

（5）超临界压缩空气储能技术

2009年，中国科学院工程热物理研究所在国际上原创性地提出超临界压缩空气储能技术。超临界状态的流体兼有液体和气体的优点，比如接近液体的较高的密度、比热容和溶解度，良好的传热传质特性；同时也具有类似气体的黏度小、扩散系数大、渗透性好、互溶性强等优点。该技术正是利用了超临界空气的以上特性，其工作原理是：储能过程，利用富余电能通过压缩机将空气压缩到超临界状态，通过储热系统回收压缩热后,利用储冷系统储存的冷能将空气冷却液化,并储于低温储罐中;释能过程,液态空气加压后,通过储冷系统将冷量储存起来,空气吸热至超临界状态,并吸收储热系统储存的压缩热进一步升温,通过膨胀机驱动发电机发电。超临界压缩空气储能系统利用液态空气存储提高储能密度,摆脱了对大型储气室的依赖;利用压缩热回收克服了对化石燃料的依赖,并进一步提高了系统效率(原理见图2-47)。

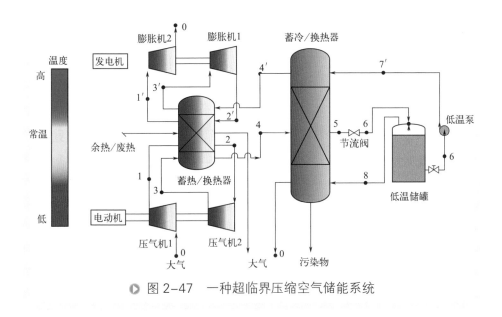

● 图2-47 一种超临界压缩空气储能系统

中国科学院工程热物理研究所于2011年在北京建成15kW原理样机,并于2013年在廊坊建成1.5MW示范系统,系统效率达52.1%。张家口100MW/400MW·h压缩空气储能项目额定工况下系统效率超过70%,2022年9月30日首次成功并网发电。

(6)二氧化碳储能技术

二氧化碳储能系统主要利用二氧化碳从液态转化为气态时可以急剧膨胀,在室温下能膨胀近400倍的特性。其基本原理是:在用电低谷期,利用多余电力将常温常压的二氧化碳气体压缩为液体,并将压缩过程中所产生的热能储存起来；在用电高峰期，利用所储存的热能加热液态二氧化碳至气态，驱动汽轮机发电。

2022年8月，东方电气集团东方汽轮机有限公司、百穰新能源科技（深圳）有限公司、北京泓慧国际能源技术发展有限公司和西安交通大学能源与动力工程学院共同承担的中国首个"新型二氧化碳储能验证项目"在四川德阳正式投入运行（见图2-48）。

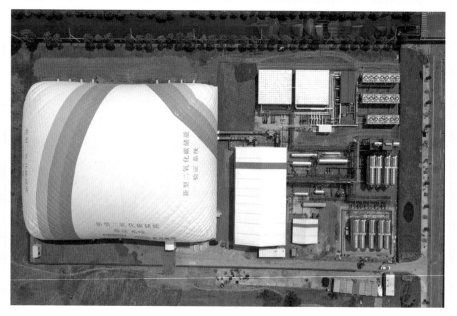

▶ 图2-48　中国首个"新型二氧化碳储能验证项目"

（7）水下压缩空气储能技术

水下压缩空气储能属于等压压缩空气储能的一种，其原理如图2-49所示。该技术将压缩空气储存在水下（如海底和湖底），利用水的静压特性保持储气的压力恒定，保证压缩机出口及膨胀机入口压力恒定，从而使压缩机和膨胀机始终工作在额定工况附近，不需要通过减压阀进行压力调整，进而减少了能量损耗，提高了系统效率。该系统不需要在储气空间保持一定的最小气压，使得空气压缩能可利用比例更高。此外，该系统安全性相对较高，即使发生失效事故，造成的破坏与危害也较小。

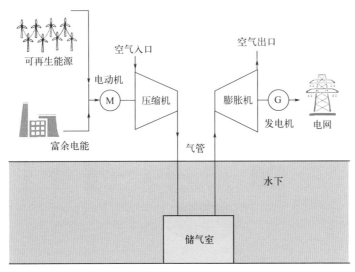

◉ 图 2-49　水下压缩空气储能示意图

　　加拿大 Hydrostor 公司于 2015 年建成 660kW 实验系统。英国诺丁汉大学研制了高 1.8m、直径 5m 的储气包，并进行了实验研究。美国加州大学、佛罗里达大学、北卡罗来纳大学、麻省理工学院，我国的中国科学院工程热物理研究所、华北电力大学都进行了理论及实验研究，目前尚无大规模示范项目建成。

　　（8）外部热源补热类压缩空气储能技术

　　外部热源补热类压缩空气储能技术的原理是：压缩空气储能系统可以利用外界热源来提升空气做功发电能力，提高系统整体效率。该系统可利用的热源包括太阳能，冶金、化工、水泥、玻璃等行业的余热、废热，核电等发电厂的余热，生物质制取的沼气、合成气含有的热能，等等。

目前，应用较广泛的是太阳能补热型压缩空气储能系统（图 2-50），该系统是利用太阳能集热装置聚光形成 500℃以上的高温热源对压缩空气进行补热升温，再推动透平膨胀机组做功，从而提高系统运行效率的储能系统。美国普渡大学，英国华威大学、诺丁汉大学，伊朗德黑兰大学，我国的中国科学院工程热物理研究所、清华大学、华南理工大学等机构开展了相关研究。

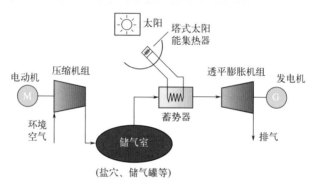

● 图 2-50　太阳能补热型压缩空气储能系统示意图

2.4.1.3　飞轮储能

飞轮储能系统通过加速转子（飞轮）至极高速度的方式，将能量以旋转动能的形式储存于系统中。根据能量守恒原理，当释放能量时，飞轮的旋转速度会降低；而向系统中储存能量时，飞轮的旋转速度会相应地升高。

飞轮储能技术于 20 世纪 50 年代被提出，最早主要用于不间断电源（uninterruptible power supply，UPS）领域。国内飞轮研究起步较晚，20世纪 80 年代国内机构开始关注飞轮储能技术，90 年代开始关键技术基础研究，目前国内也有公司开始从事飞轮储能系统的实际应用开发，并且部分飞轮产品已经投入示范应用，包括石油钻井行业、轨道交通领域、UPS 备用电源领域等。

飞轮储能装置主要由飞轮转子、轴承、电动机/发电机、电力电子转换装置、真空室等五个部分组成，其结构见图 2-51。储能时，电动机带动飞轮转动，电能转化为飞轮的动能；释放能量时，同一电动机可充当发电机，将动能转化为电能释出。飞轮系统的总能量取决于转子的尺寸和转动速度，额定功率取决于电动机/发电机。飞轮储能系统在真空（$10^{-8} \sim 10^{-6}$atm❶）中运行，以降低风阻损耗。

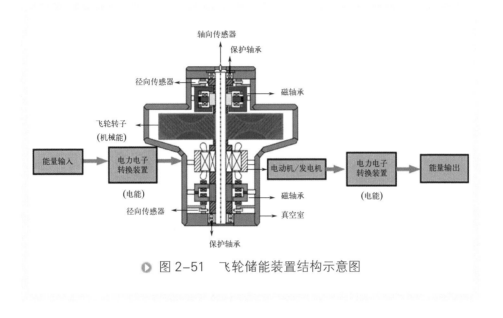

◉ 图 2-51　飞轮储能装置结构示意图

飞轮储能系统具有寿命长（15 ~ 25 年）、效率高（80% ~ 95%）、少维护、稳定性好、响应速度快（毫秒级）等优点，且具有优良的负荷跟踪性能，对环境几乎没有不良影响，可用于在时间和容量要求方面介于短时储能和长时间储能之间的应用场合。不过，飞轮储能系统的能量密度不够高，且自放电现象严重，用于能量型应用时价格昂贵，不适宜在能量型应用领域发展。

飞轮储能性能受关键部件性能的影响巨大，具体包括以下技术。

❶　1atm=101325Pa。

（1）飞轮技术

飞轮是飞轮储能系统中的储能元件，需要高速旋转，主要利用材料的比强度性能，已有较成熟的设计优化方法。目前主要的飞轮结构有金属材料飞轮和复合材料飞轮。飞轮转动时，动能与飞轮的转动惯量（J）成正比，而飞轮的转动惯量又正比于飞轮直径（R）的二次方和飞轮的质量（M），即 $J=（0.5\sim1）\times M\times R^2$，飞轮质量分布均匀时取 0.5，质量完全集中在边缘时取 1。

飞轮技术的发展方向为复合材料高速结构力学飞轮技术：利用超高强新型碳纳米纤维材料，采用二维、三维强化新结构设计，研究微观结构与宏观力学性能的关联；探索短切纤维径向强化新方法，探索纤维强化金属基复合材料可行性；研究复合材料飞轮结构寿命评价方法；提高复合材料飞轮圆周线速度。

（2）轴承技术

轴承系统支撑转子运动，降低摩擦阻力，使整个装置以最小损耗运行。飞轮轴系使用的轴承包括滚动轴承、流体动压轴承、永磁轴承、电磁轴承和高温超导磁悬浮轴承。超导磁悬浮轴承具有无源自稳定性、无须控制、结构简单、可靠性高、摩擦系数较电磁轴承小等优点（超导磁悬浮飞轮技术详见 2.4.2.2 超导储能），近年来成为国内外学者广泛研究的热点。

飞轮系统轴承技术的研究目标主要为提高可靠性、降低损耗和延长使用寿命。其未来发展的方向主要为超导磁悬浮技术，但面临一系列问题：超导材料价格昂贵，造成超导磁悬浮轴承成本过高；超导磁轴承悬浮力、刚度与永磁或电磁轴承相比较低，难以支撑较大飞轮载荷，需要与电磁轴承、永磁轴承配合使用；超导磁轴承悬浮力具有弛豫，将影响转子系统的动态稳定性。

（3）电机技术

飞轮储能电机为双向变速运行模式，根据功率和转速要求选用或定制。其优化设计的重点是高速转子结构以及通过电磁学设计优化减少损耗。目前主要采用磁化复合材料来解决高速电机转子的强度问题。真空中的高速大功率电机与控制技术为主要的发展方向，具体内容包括：开发高速电机的高效设计技术，特别是转子损耗降低技术；探究电机谐波治理的绕组及变流器新方案，精准分析高速电机的电磁场，建立电机转子损耗分析模型，发展降低损耗的转子设计技术，提出高速转子励磁新结构；研究高速电机的外转子及其励磁材料与结构新方案。

（4）阵列化控制与使用技术

飞轮储能同时需要加强阵列化控制与使用的研究，包括电力系统 - 飞轮阵列 - 负载系统能量 / 功率模型，智能化源 - 储 - 荷能量流动管理技术，飞轮阵列控制规模由百台级提升到千台级的信息交换、传递和控制技术，飞轮储能 - 电网并网运行效能评价技术。

2.4.1.4　重力储能

重力储能是一种机械式储能技术，其储能介质主要分为水和固体物质，基于高度落差对储能介质进行升降来实现储能系统的充放电过程。重力储能具有成本低、可扩展、灵活性强、寿命长、环保安全等优势，而且系统全生命周期度电成本低于抽水蓄能和电化学储能。同时，模块化和灵活的设计使系统具有时间持续功能，可满足更长放电持续时间的市场需求，也弥补了地质限制和生态破坏等不足。

与抽水蓄能、电化学储能等传统技术相比，重力储能成本较低，持续时间灵活，可扩展，且其储存介质不易退化，储能过程相对绿色安全。近年来我国重力储能技术发展迅猛，据统计，自 1993 年到 2022 年 5 月，重力储能相关公开专利共计 84 项，主要专利申请人有西安热工研究院、中国科学院电工研究所、国家电网、华能集团等。

重力储能方案结构众多，各有优劣，宜根据不同地形和储能需求来设计重力储能系统。与重力储能相关的电动 / 发电机技术、吊装技术和重物 / 电机群控技术是目前国内外行业研究的重点。重力势能系统的功率和容量与被提升物的质量和抬升高度有关，比较适合建设中等功率和容量的储能系统，通过建设多个重力储能系统集群，可以获得更大功率和容量，从而实现其规模化利用。目前典型的重力储能应用如下所述。

（1）塔式搬砖储能

瑞士 Energy Vault（EV）公司主推储能塔式设计，利用起重机将混凝土块堆叠成塔状，通过混凝土块吊起和降落来实现充放电（图 2-52）。2020 年建造的基于第一代 EV 重力储能技术的 35MW·h 重力储能项目成功并网发电。该项目可以利用本地废弃物制作重物，运营成本较低，安全性更高，难点是需要克服外部环境影响，实现毫秒级别的误差控制。

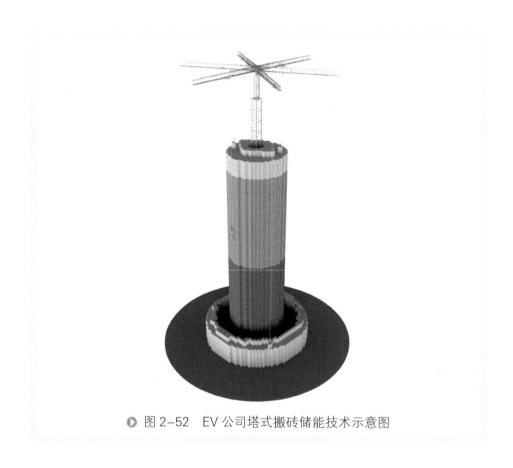

● 图 2-52　EV 公司塔式搬砖储能技术示意图

2022 年 EV 公司从高塔转向 20 层的模块化建筑，这种建筑被称为"Energy Vault Resiliency Center"（EVRC）。EVRC 采用建筑机械流程和能源管理系统来储存和释放电力。当可再生能源发电较多时，EVRC 利用能量将 30t 的砖块"搬"到高处，将势能储存起来；当需要电能时，EVRC 通过控制砖块下降将电能释放回电网。

2022 年 1 月，中国天楹旗下阿特拉斯（江苏）新能源科技有限公司与 EV 公司签署了技术许可使用协议，2023 年 8 月，全球首个 25MW/100MW·h 重力储能示范项目在江苏如东已进入调试第一阶段。该项目还入选了国家能源局《2023 年度能源领域首台（套）重大技术装备（项目）名单》。

（2）海洋泵浦储能

2011 年，霍思特·施密特 - 博金（Horst Schmidt-Böcking）教授和格哈德·路德（Gerhard Luther）博士提出了形似海底"巨蛋"的储能方式。这种储能方式的工作原理是：制造直径 30m、壁厚 3m 的混凝土空心球（球的中心是真空的），将其放置于海底；储能时海水被电泵抽到球体之外，发电时高压海水从管道流入空心球体中，水流推动水轮机发电，在海下完成电能的储存和释放（图 2-53）。2016 年，德国弗劳恩霍夫风能和能源系统技术研究所（IWES）进行了 20MW·h"海底巨蛋"——海洋泵浦储能系统的水下测试。系统的经济安装深度大约在 600 ～ 800m。相同容积增量下，储电能力随着深度线性增加，在 700m 深度时，储能系统的储电能力大约为 20MW·h，转换效率约为 65% ～ 70%。

（3）活塞式储能

2016 年，美国 Gravity Power 公司基于抽水蓄能机组提出活塞式重力储能，2021 年该公司开始在德国巴伐利亚州建设兆瓦级示范工程。活塞式储能按采矿业的标准技术挖出竖井，在竖井中建造一个由加固岩石制成的活塞，在竖井中添加水并密封，形成一个闭环系统。当电力有富余时，由水泵水轮机抽水加压，提升活塞，储存能量；发电时，活塞下落，其势能传递给水流，由水泵水轮机转换为机械能带动发电机发电。活塞式储能的原理见图 2-54。据测算，活塞式储能可实现电网等级的长时间（约 6 ～ 14h）储能目标，提供 40MW/160MW·h 至 1.6GW/6.4GW·h 电量，转换效率可达 75% ～ 80%。

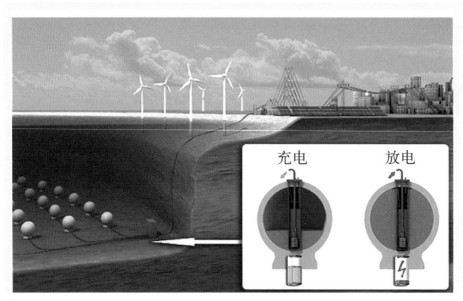

▶ 图 2-53　海洋泵浦储能系统示意图

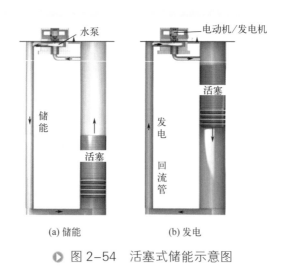

(a) 储能　　　　(b) 发电

▶ 图 2-54　活塞式储能示意图

（4）轨道机车储能

2014年，美国能源公司 Advanced Rail Energy Storage（ARES）公司提出了轨道机车储能解决方案。ARES 公司建造了一条 6mile[1] 长的上坡轨道，配有重装机车，机车装有实心混凝土，每辆重达 300t，最高速度为 16mile/h（图 2-55）。储电时，利用余电推动高效电机将机车推至坡顶"车站"，电能储存为重力势能；发电时，释放机车下坡，重力势能转化为电能，开始发电。

▶ 图 2-55 轨道机车储能示意图

据 ARES 公司公开数据，轨道机车储能系统单站容量在 100 ～ 3000MW，储能时长 2 ～ 24h，转换效率高达 86%。系统具备快速响应能力，最快 5s 完成充电，25s 可完成放电，系统寿命达 40 年以上。

（5）缆车储能

2019年，奥地利维也纳国际应用系统分析研究所提出了一项缆车储

---

❶ 1mile（英里）=1609.344m。

能解决方案（MGES）。MGES 由陡峭山坡、起重机、储存容器（可以装砂石或水）、电缆等组成。储电时，利用余电驱动发动机将装满砂石的缆车从山坡底部移动到顶部，电能转化为势能；发电时，缆车从山坡顶部下降到底部，势能转化为电能。MGES 还可与水力发电相结合，在用电高峰期，用水填充储存容器，系统可在任何高度向储存容器中添加水。MGES 可以实现长时间储能，连续储存能量数月，储能容量设计为 0.5 ~ 20MW·h，发电功率 500 ~ 5000kW。

（6）矿井储能

2016 年，英国 Gravitricity 公司提出钻井储能解决方案。2021 年 4 月，Gravitricity 公司在爱丁堡利斯港完成了 250kW 示范项目（图 2-56）。目前该公司正在研究在英国、东欧、南非、智利等国家和地区的废弃矿井中应用其重力储能解决方案。Gravitricity 公司主要瞄准废弃钻井平台与矿坑，重力介质是 500t 的"砝码"，在深度超 300m 的竖井中重复吊起与放下钻机，通过电动绞盘先将钻机拉到废弃矿井上方，需要用电时再将钻机放下，如此进行电能储存和释放。矿井储能使用寿命在 50 年左右。该解决方案响应速度快，能在不到 1s 内从零功率变为全功率；电能转换效率高达 80%，储能容量可自由配置（1 ~ 20MW），输出持续时间为 15min ~ 8h。

（7）电梯储能

2022 年，奥地利维也纳国际应用系统分析研究所在《能源》杂志上提出一种通过重力势能储存技术将摩天大楼变身为巨型电池的解决方案——电梯储能系统（LEST），利用电梯和高层建筑的垂直高度来储存和释放能量。

LEST 可以利用现有的高层建筑电梯系统，其中许多已经设计了再生制动系统，可以在升力下降时收集能量，可将其视为预先安装的发电机。LEST 还将利用整个建筑的空闲空间，理想情况下靠近顶部和底部。与在其他地方建造专用的重力储能系统相比，在建筑物中利用现有设施改装成重力储能系统可以节约投资。

● 图2-56　爱丁堡利斯港250kW矿井储能示范项目

2.4.2　电磁储能

2.4.2.1　超级电容器储能

超级电容器诞生于1962年，是指介于传统电容器和充电电池之间的一种新型储能装置，它既具有电容器快速充放电的特性，又具有电池的储能特性，组成结构包括电极、电解质、集电极、隔膜、连线极柱、密封材料和排气阀等。超级电容器原理如图2-57所示，其主要由电极与电解质之间形成的界面双层来储存能量。当电极与电解液接触时，在库仑力、分子间力及原子间力的作用下，固液界面出现稳定的符号相反的双层电荷，称为界面双层。双电层电容器根据电极材料的不同，可以分为碳电极双层超级电容器、金属氧化物电极超级电容器和有机聚合物电极超级电容器。

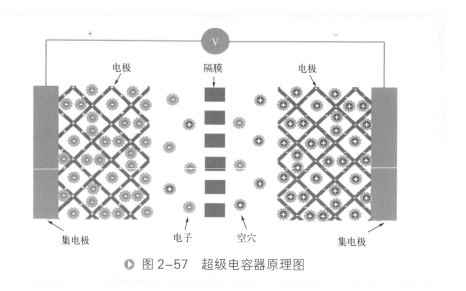

● 图 2-57 超级电容器原理图

超级电容器主要具有以下优点：功率密度高，充放电循环寿命长，充电时间短，高比功率和高比能量输出，储存寿命长，可靠性高，工作温区范围宽，可任意并联增加电容量，可均压串联提高电压等级。

超级电容器在新能源汽车、智能电网、风力发电、太阳能、轨道交通、运动控制、军用设备、电力储能等众多领域拥有广阔的应用前景，成为各国的重点研发项目。我国对超级电容器的研究始于 20 世纪 80 年代，2005 年我国制定了超级电容器技术标准，填补了我国超级电容器行业标准的历史空白。2006 年，首条超级电容器公交线路在上海投入商业化运营。2016 年工业和信息化部发布了我国首项超级电容器基础标准——《超级电容器分类及型号命名方法》，表明超级电容器设备正式步入规范化生产阶段。数据显示，2015—2020 年我国超级电容器行业市场规模逐年增长，2020 年市场规模达到 155 亿元。未来随着新能源汽车、轨道交通、电力系统等领域的需求增长，我国将在"十四五"期间持续进行电容器关键技术创新突破，推动其在新能源汽车和智能化网联汽车、智能终端、第五代移动通信技术（5G）、工业互联网等重要行业的应用。

（1）高比能超级电容器

目前，超级电容器的核心问题是能量密度较低，现阶段研究发展趋势之一是开发新型储能材料，并配合高能量密度电极新工艺实现器件能量密度的提升。未来 3 ～ 5 年，双电层超级电容器单体研发目标为能量密度 15 ～ 20W·h/kg、功率密度大于 10kW/kg、循环寿命 100 万次，主要基于应用致密化石墨烯储能材料、新型集流体以及结合应用高电压离子液体电解液等实现单体能量密度的提升。

（2）混合型超级电容器

双电层超级电容器受制于物理的离子吸附/脱附储能机制，能量密度较低。混合型超级电容器受到学术界和产业界的广泛关注，它结合了锂离子电池和双电层电容器两者的工作原理，从储能机制上大体可以分为两类：一类是在一个电极上进行锂离子储能，在另一个电极上进行双电层电容储能，目前较为成熟的技术主要包括纳米混合型超级电容器锂离子电容器；另一类是至少在同一个电极上既有锂离子储能又具有双电层电容储能，代表性的超级电容器主要有石墨烯表面交换电池和含锂化合物-石墨烯/电池复合负极体系。

混合型超级电容器相比于双电层电容器能量密度性能显著提高，但仍面临一系列问题：并没有达到超级电容器的理想功率密度，在大电流充放电时仍有一定的容量衰减；由于二次电池电极的存在，混合型超级电容器的循环性能和安全性能也受到一定影响。

2.4.2.2　超导储能

超导储能装置是利用超导线圈将电能直接以电磁能的形式储存起来，在需要时再将电能输出给负载的储能装置。

超导储能概念于 20 世纪 60 年代末被提出。70 年代以来，美国、日本、德国等国家先后对超导储能技术进行研究，该技术一直以来都是超导电力技术研究热点之一。现阶段，全球研究超导磁储能的高校、科研机构与企业主要分布在北美、西欧、东亚地区，例如美国 Super Power

公司、德国 ACCEL 集团、波兰电工研究所、日本中部电力、日本东芝、韩国电力研究院、中国华中科技大学、中国科学院电工研究所等。但受制于技术、成本等因素，全球超导储能市场规模较小，2020 年仅为 4.2 亿元。

典型的超导储能技术包括超导磁储能技术与超导磁悬浮飞轮储能技术。

（1）超导磁储能技术

超导磁储能系统利用超导磁体将电磁能直接储存起来，需要时再将电磁能返回电网或者其他负载。超导磁储能系统主要由超导磁体、低温系统、变流器以及状态监测与控制系统、保护系统等构成，结构见图 2-58。超导磁体在储能状态下不会产生焦耳热损耗，可长时间无损耗地储存能量，储能效率高达 95%。超导导线的通流能力比铜导线高出 1～2 个数量级，能实现 5T 以上的磁场，这使得超导磁体具有很高的储能密度（约 0.9～9MJ/m³）。超导磁储能系统的储能与释能是电磁能量的直接转换，能量转换速度及效率高于电能 - 化学能、电能 - 机械能等能量转换形式，这使得超导磁储能系统响应速度快、功率密度高，并且反复充放电次数无限制。在变流器的控制下，超导磁储能系统实施功率补偿的响应时间少于 10ms，能满足电力系统暂态稳定性、瞬时电压跌落等的功率

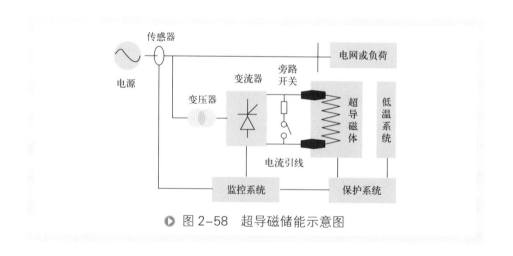

图 2-58 超导磁储能示意图

补偿需求。为了在电力系统中实现超导磁储能系统的规模化应用，未来还需要进一步提高超导导线的性价比、冷却系统的效率以及整个超导磁储能系统的可靠性。

（2）超导磁悬浮飞轮储能技术

飞轮储能的损耗主要来源于轴承部分的摩擦损耗、旋转部件所遇到的空气阻力以及电机本身的损耗。为提高效率，轴承可采用磁悬浮从而成为磁悬浮飞轮储能，也可将整个旋转部件置于真空中以降低空气阻力导致的损耗。采用超导技术实现磁悬浮轴承即可获得超导磁悬浮飞轮储能系统，其结构如图 2-59 所示。

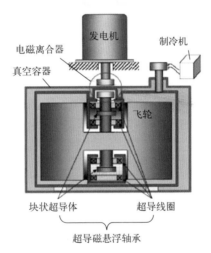

图 2-59　超导磁悬浮飞轮储能系统示意图

与其他储能形式相比，超导磁悬浮飞轮具有储能密度大、储能效率高的特点，技术优势和不足与超导磁储能系统类似，有功无功四象限可控，响应速度快，但实现单机大容量较难，成本较高。随着转子材料性能和电机转速的提高，其储能密度还有巨大的提升空间。

目前在美国、日本、德国等工业发达国家，输出功率为数百千瓦的磁悬浮飞轮储能已实现商业化，这些国家在超导磁悬浮飞轮储能研制方面也处于世界前列。国内已有多家研究单位开展了超导磁悬浮飞轮储能的研究工作，但从所发布的技术参数来看，与世界先进水平尚存在较大差距。

2.4.3 电化学储能

2.4.3.1 铅蓄电池

（1）传统铅蓄电池

铅蓄电池（铅酸电池）是发明最早的电化学储能电池。早在 1859 年法国物理学家加斯顿·普兰特（Gaston Planté）就发明了世界上第一块二次电池，经过 40 多年的发展，20 世纪初铅蓄电池开始大规模商业化应用。直到今天，铅蓄电池仍广泛应用于 UPS、交通运输、军事等领域。

铅蓄电池是一种典型的蓄电池，一般由正极板、负极板、隔板、电池槽、电解液和接线端子等部分组成，其中正极板为二氧化铅板（PbO_2），负极板为铅板（Pb）。充放电示意图见图 2-60。

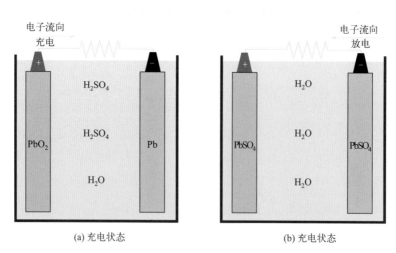

(a) 充电状态　　　　　　　　　(b) 充电状态

▶ 图 2-60　铅蓄电池充放电示意图

铅蓄电池放电时，电池中的正极活性物质（PbO_2）与负极活性物质（海绵铅）和电解液（30%～40% 的稀硫酸溶液）反应生成硫酸铅和水。化学方程式如下：

总反应：$PbO_2(s)+Pb(s)+2H_2SO_4(aq) \longrightarrow 2PbSO_4(s)+2H_2O(l)$

负极反应：$Pb+SO_4^{2-} \longrightarrow PbSO_4+2e^-$

正极反应：$PbO_2+4H^++SO_4^{2-}+2e^- \longrightarrow PbSO_4+2H_2O$

铅蓄电池充电时，硫酸铅和水转化为二氧化铅、海绵铅与稀硫酸。化学方程式如下：

总反应：$2PbSO_4(s)+2H_2O(l) \longrightarrow PbO_2(s)+Pb(s)+2H_2SO_4(aq)$

负极反应：$PbSO_4+2e^- \longrightarrow Pb+SO_4^{2-}$

正极反应：$PbSO_4+2H_2O \longrightarrow PbO_2+4H^++SO_4^{2-}+2e^-$

铅蓄电池内电阻小，可满足大电流放电需要，通常用于不间断电源、控制开关、报警器、汽车牵引电源、电动自行车、大型基站通信后备电源等。同时，铅蓄电池在成本、安全可靠性以及回收利用率等方面在各类二次电池中也占有优势。

我国铅蓄电池研制与产业化已经有 30 余年的发展历程，是国民经济的重要组成部分，并且发挥了巨大优势，在国家重点工程、民生应用、军事配套等领域起到了重要作用。目前，我国已成为世界最大的铅蓄电池生产国、出口国和消费国。

（2）铅炭电池

铅炭电池是一种典型的新型电容型铅蓄电池。该电池将具有双电层电容特性的碳材料（C）与海绵铅（Pb）负极合并制作成既有电容特性又有电池特性的铅炭双功能复合电极（简称铅炭复合电极），铅炭复合电极再与 PbO_2 正极匹配组装成铅炭电池（见图 2-61）。碳材料的加入有效阻止了负极的硫酸盐化现象，使得循环寿命［放电深度（DOD）60%～70%］由铅蓄电池的 500～1000 次提升至 3000 次。

其工作特点为：①在频繁瞬时大电流充放电工作时，电池主要由具有电容特性的碳材料接收或释放电流，抑制铅蓄电池的负极硫酸盐化，有效地延长了电池使用寿命；②当电池处于长时间小电流工作状态时，主要由海绵铅负极工作，持续提供能量；③铅炭双功能复合电极相比于传统铅蓄电池加入了高碳材料，提高了电池的低温启动能力、充电接受能力和大电流充放电性能。

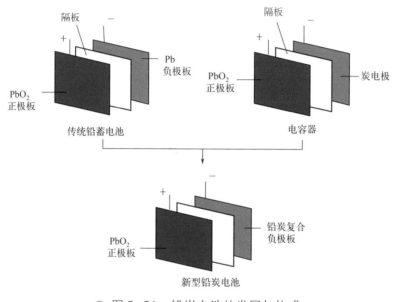

◉ 图 2-61　铅炭电池的发展与构成

（3）铅蓄电池铅回收技术

铅蓄电池的最大优势是循环利用工艺成熟，电池的循环利用率高（>95%）。利用这一特点，可以有效解决我国铅矿产量不足的问题。国家发展改革委 2021 年 7 月印发的《"十四五"循环经济发展规划》中提出，要"加强废弃电器电子产品、报废机动车、报废船舶、废铅蓄电池等拆解利用企业规范管理和环境监管，加大对违法违规企业整治力度，营造公平的市场竞争环境"，构建"城市废旧物资循环利用体系建设工程"。

铅蓄电池的回收技术未来进一步的发展方向主要包括：①火法冶炼回收铅工艺，包括烧结焙烧 - 鼓风炉熔炼流程以及反应熔炼法；②湿法回收铅工艺（分离 - 溶浸 - 电解工艺）；③铅循环过程中污染物控制；
④铅蓄电池无人化工厂。

2.4.3.2　锂离子电池

锂离子电池是一种可重复充电电池，由日本索尼（Sony）公司于
1991 年最先研发成功。锂离子电池的前身是 1973 年英国化学家斯坦
利·惠廷厄姆发明的锂金属负极电池。约翰·古迪纳夫、斯坦利·惠廷
厄姆、拉奇德·雅扎米和吉野彰等人于 20 世纪 70 年代到 80 年代期间
在锂离子电池的设计与开发方面取得了突破。在 1980 年、1983 年，约
翰·古迪纳夫团队研究并分别发现了钴酸锂、锰酸锂可作为锂离子电池
正极材料。1991 年索尼公司和旭化成公司（Asahi Kasei）达成了商业化
的共识，正式推出了以钴酸锂为正极、碳材料为负极的商业化锂离子电
池。随后几年里，三元正极、磷酸铁锂正极材料纷纷被开发应用，锂离
子电池性能不断提高。到 2010 年以后，锂离子电池开始大规模应用于便
携式电池、新能源动力电池、大规模储能等领域。古迪纳夫、惠廷厄姆
和吉野彰因开发锂离子电池而获得了 2019 年诺贝尔化学奖。

锂离子电池是用能可逆地嵌入或脱嵌锂离子的化合物分别作为正负
极构成的二次电池。锂离子电池的主要构成为正极、负极、电解质、隔
膜及外壳。目前国内外产业化应用的锂离子电池正极材料主要有磷酸铁
锂、锰酸锂、钴酸锂、三元锂（镍钴锰酸锂、镍钴铝酸锂）、镍酸锂材料
等。负极材料的活性物质通常为石墨以及钛酸锂。锂离子电池充放电示
意图见图 2-62。

锂离子电池充电时正极锂离子脱嵌，通过隔膜插入负极碳材料，化
学反应方程式如下（以磷酸铁锂正极为例）：

正极：$LiFePO_4 \longrightarrow Li_{1-x}FePO_4 + xLi^+ + xe^-$

负极：$xLi^+ + xe^- + 6C \longrightarrow Li_xC_6$

放电时负极锂离子脱嵌，穿过隔膜嵌入正极材料中，化学反应方程
式如下：

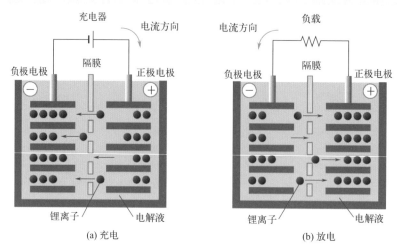

图 2-62　锂离子电池充放电示意图

正极：$Li_{1-x}FePO_4+xLi^++xe^- \longrightarrow LiFePO_4$

负极：$Li_xC_6 \longrightarrow xLi^++xe^-+6C$

锂离子电池具有能量密度高、无记忆效应、循环寿命长、环境污染小、低自放电、充放电速度快等特点，可广泛运用于便携式电子设备、纯电动汽车、储能和航空航天等领域，市场需求较大且保持快速增长。

近年来，工业和信息化部等相关部门对锂离子电池行业的监管力度逐渐加大，地方政府及有关部门也不断规范电池生产制造，有力地引导了电池制造行业进一步规范化、标准化，促进了电池制造企业的发展。

锂电池模块化的特点以及集装箱的形式（图 2-63）可以方便地实现从百瓦时级到百兆瓦时级的应用，可以满足多种工业和家庭储能的需求。在多种锂离子电池种类中，磷酸铁锂电池具有稳定性高、循环寿命长等优点，是目前全球范围内应用最多的电力系统储能电池技术，此外还有三元锂储能电池和钛酸锂储能电池。三种储能锂电池参数与特点对比和技术性能对比详见表 2-9 和图 2-64。

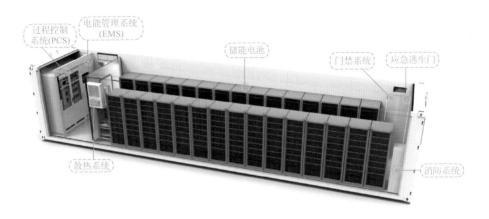

过程控制系统(PCS)　电能管理系统(EMS)　储能电池　门禁系统　应急逃生门

散热系统　消防系统

▶ 图2-63　锂电池储能集装箱结构示意图

表2-9　三种储能锂电池参数与特点对比

电池类型	磷酸铁锂电池	钛酸锂电池	三元锂电池
能量密度/(W·h/kg)	120～140	90～100	135～165
循环性能/次	3500～5000	5000～12000	4000～10000
额定电压/V	3.2	2.3	3.7
电芯热稳定性	热分解温度800℃，挤压测试冒烟	热稳定性好，挤压测试不冒烟、不起火、不爆炸	热分解温度200℃，挤压测试爆炸
倍率	$1C$～$2C$	$5C$	$1C$～$4C$
成本/[元/(kW·h)]	1.8～2.2	3～5	1.6～2
优点	安全稳定性好，能量密度较大，循环寿命足够长	安全性好，倍率特性好，寿命超长	容量高，能量密度高，循环性好
缺点	充放电倍率不高	能量密度低，成本较高	安全性低

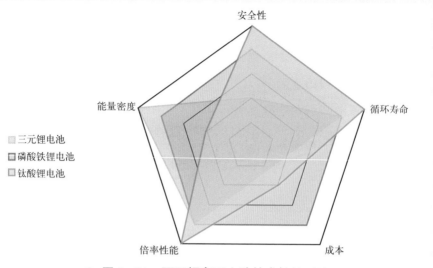

安全性

循环寿命

能量密度

■三元锂电池
■磷酸铁锂电池
■钛酸锂电池

倍率性能

成本

● 图 2-64 不同锂离子电池技术性能对比

锂离子电池在发展过程中存在许多实际问题，包括循环性能差、充电时间长、安全性能低等。这些问题几乎都是由充电过程中形成的锂枝晶引起的。锂枝晶是锂电池在充电过程中锂离子还原时形成的树枝状金属锂，锂枝晶的生长会导致锂离子电池在循环过程中电极和电解液界面的不稳定，破坏生成的固体电解质界面（solid electrolyte interphase，SEI）膜，锂枝晶在生长过程中会不断消耗电解液并导致金属锂的不可逆沉积，形成死锂，造成低库仑效率，甚至还会刺穿隔膜导致锂离子电池内部短接，造成电池的热失控引发燃烧爆炸。

在未来锂离子电池储能的发展中，还需要继续提高锂离子电池循环寿命，开发循环寿命大于万次的锂离子电池以应用于储能系统；进一步降低锂离子电池成本，从而提高锂离子电池在储能方面的市场份额与规模；开发安全性更高的锂离子电池以避免大规模储能中的安全风险。

（1）锂离子电池关键材料

锂离子电池主要由正极材料、负极材料、电解质材料、隔膜及其他非活性成分组成。锂离子电池的发展主要取决于关键电池材料创新研究与应用进展，通过新材料的开发进一步提高电池性能，提高质量，降低成本，改善安全性。

① 正极材料。锂离子电池典型的常用正极材料有磷酸铁锂、锰酸锂、钴酸锂及三元镍钴锰等。正极材料技术指标如表 2-10 所示。磷酸铁锂在目前被认为是最有发展前景的动力电池与储能电池正极材料，具有能量密度高、价格低廉、安全性优异等特点。

表2-10　锂离子电池正极材料技术指标

正极材料	磷酸铁锂	锰酸锂	钴酸锂	三元镍钴锰
化学式	$LiFePO_4$	$LiMn_2O_4$	$LiCoO_2$	$Li(Ni_xCo_yMn_z)O_2$
表观扩散系数 / (cm²/s)	1.8×10^{-16} $\sim 2.2 \times 10^{-14}$	$10^{-14} \sim 10^{-12}$	$10^{-12} \sim 10^{-11}$	$10^{-11} \sim 10^{-10}$
理论密度 / (g/cm³)	3.6	4.2	5.1	—
振实密度 / (g/cm³)	0.8～1.1	2.2～2.4	2.8～3.0	2.6～2.8
压实密度 / (g/cm³)	2.2～2.3	>3.0	3.6～4.2	>3.4
理论比容量 / (mA·h/g)	170	148	274	273～285
实际比容量 / (mA·h/g)	130～160	100～120	135～220	155～220
电芯质量能量密度 / (W·h/kg)	130～160	130～180	180～260	180～240
循环性能/次	2000～12000	500～2500	500～1000	800～2000
电压范围/V	3.2～3.7	3.0～4.3	3.0～4.5	2.5～4.6
安全性	好	良好	良好	良好
毒性	无毒	无毒	钴有毒	镍、钴有毒
适用温度/℃	−20～75	−20～55	−20～55	−20～55
价格/（万元/t）	6～20	3～12	20~40	10～20
应用领域	电动汽车及大规模储能	电动工具、电动自行车、电动汽车及大规模储能	传统3C电子产品（计算机、通信、消费类电子产品）	电动工具、电动自行车、电动汽车及大规模储能

正极材料的主要发展思路是在目前材料的基础上发展相关衍生材料，通过掺杂、包覆，调整微观结构，控制材料形貌、尺寸分布、比表面积、杂质含量等技术手段来综合提高材料的比容量、倍率、循环性能、压实密度、电化学稳定性、化学稳定性、热稳定性。最迫切的是要提高能量密度，其关键在于提高正极材料的容量或电压。

② 负极材料。锂离子电池的负极材料主要有两类，即石墨负极和钛酸锂负极，两种材料的主要技术指标如表 2-11 所示。石墨负极具有理论比容量较高、导电性较好、氧化还原电位较低、来源广泛、成本较低等特点，是目前市场上主流的锂离子电池负极材料。钛酸锂负极材料循环性能、倍率性能、安全性能优异，在动力型和储能型锂离子电池中得到广泛应用，同时嵌锂后的钛酸锂负极体积变化不到 1%，有利于电极结构的稳定，具有极高的循环寿命。

表2-11　锂离子电池负极材料技术指标

负极材料	石墨	钛酸锂
化学式	C	$Li_4Ti_5O_{12}$
理论密度/（g/cm³）	2.25	3.5
振实密度/（g/cm³）	1.2～1.4	1.1～1.6
压实密度/（g/cm³）	1.5～1.8	1.7～3.0
理论比容量/（mA·h/g）	372	175
实际比容量/（mA·h/g）	290～360	约165
电压（Li/Li⁺）/V	0.01～0.2	1.4～1.6
体积变化/%	12	1
表观扩散系数/（cm²/s）	$10^{-11}～10^{-10}$	$10^{-9}～10^{-8}$
完全嵌锂化合物	LiC_6	$Li_7Ti_5O_{12}$
循环性能/次	500～3000	>10000（10C，90%）
安全性	好	很好
毒性	无毒	无毒
适用温度/℃	−20～55	−20～55
价格/（万元/t）	3～14	14～16
应用领域	便携式电子产品、动力电池、大规模储能	动力电池及大规模储能

石墨负极材料发展思路在于对石墨结构进一步改性，例如通过颗粒球形化、表面包覆软碳或者硬碳材料等表面修饰法降低锂离子的嵌入/脱嵌能量势垒。钛酸锂负极材料需通过离子掺杂、减小颗粒尺寸、表面包覆碳材料等方法来提升室温下偏低的电子电导率及倍率性能，同时通过掺杂或表面包覆降低表面活性、减少电池材料中水含量、优化化成工艺等手段解决钛酸锂高温胀气导致的电池容量衰减快、安全性下降等问题。

③ 电解质材料。锂离子电池中的电解质主要起到在正负极之间传输锂离子的作用。目前商用的锂离子电池多为非水液体电解质，由有机溶剂、锂盐与功能添加剂组成。目前常用的锂离子电池有机溶剂主要包括有机醚和有机酯等，而锂盐主要包括高氯酸锂、硼酸锂、砷酸锂、磷酸锂和锑酸锂等。

锂离子电池电解质的发展需要重点解决的问题包括提高电解液与电池的安全性、提高电解质工作电压、拓宽工作温度范围、延长电池寿命、降低成本。值得关注的是，固体电解质在提升安全性、提高电压、适应高温工作、提高界面稳定性等方面具有较高的潜力，是未来深入研究的重点之一。

④ 非活性材料。除正负极与电解质材料外，锂电池中还包括隔膜、黏结剂、导电添加剂、集流体等非活性材料。这类非活性材料的存在显著影响实际能量密度与理论能量密度的比值。在满足其他电化学要求的前提下，非活性材料的轻量化、薄型化是未来的发展趋势。

（2）锂离子电池智能制造技术

锂离子电池的开发需要持续提高产品质量和生产效率，更需要提高设备的柔性化、信息化和智能化水平，从而不断缩短产品的开发时间和交付周期以适应瞬息万变的市场环境。因此，锂离子电池的智能制造仅仅依靠自动化并不能满足未来的需求，必须全面实现数字化和智能化。丰富全面的共享数据库需要涵盖从产品设计到生产规划、工程、生产和服务等众多领域。基于稳定性的高效率、基于模块化的柔性化和标准化，以及基于网络的高度自动化和信息化都是锂电池生产智能装备未来发展的核心特征。

（3）动力锂离子电池梯次利用技术

梯次利用是指使用过的产品达到原设计寿命后，通过其他方式使其功能全部或部分恢复的持续使用过程，属于同级或降级应用。动力锂离子电池在不满足电动汽车使用要求退役后，可采用梯次利用方式用于储能领域。我国虽然在政策方面对梯次利用有推动意向，但同时也表明了对其安全性问题将实施严格管理的态度。国家能源局 2023 年 3 月发布的《防止电力生产事故的二十五项重点要求（2023 版）》提出，中大型电化学储能电站应审慎选用梯次利用动力电池，选用梯次利用动力电池时，应遵循全生命周期理念，进行一致性筛选并结合溯源数据进行安全评估。

（4）锂离子电池回收技术

目前市场应用最多的磷酸铁锂和三元锂电池因其自身性质原因，在回收难度和价值方面存在差异：磷酸铁锂电池因其材料造价低、稳定性较好、循环寿命长，更适合梯次利用；三元锂电池因其材料造价高、稳定性较差、循环寿命短，更适合直接拆解回收。二者回收相关特性对比见表 2-12。

表2-12　磷酸铁锂、三元锂电池回收相关特性对比

电池类型	磷酸铁锂电池	三元锂电池
回收价值	不含稀有金属，理论回收价值约为0.93万元/t	含镍、钴、锰等稀有金属，理论回收价值约为4.29万元/t
循环寿命	平均循环次数在4000次左右，容量呈缓慢衰减趋势	平均循环次数为2000次左右
安全性	放热缓慢，在高温环境下稳定性好	在高温环境下三元材料会发生溶解，易发生自燃、爆炸

锂离子电池的回收处理过程主要包括预处理、二次处理和深度处理。预处理过程包括深度放电过程、破碎、物理分选；二次处理常采用热处理法、有机溶剂溶解法、碱液溶解法或电解法等来实现正负极活性材料与基底的完全分离；深度处理主要通过浸出和分离提纯两个过程提取出

有价值的金属材料。按提取工艺，电池的回收方法主要可分为干法回收和湿法回收。锂电池回收拆解流程见图 2-65。

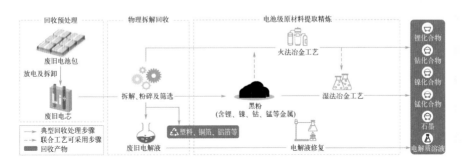

图 2-65　锂电池回收拆解流程示意图

当前我国锂离子电池回收以湿法回收为主，该工艺相对复杂，流程较多。尽管锂离子电池回收已经进行了大量研究，但大部分仅限于实验室阶段，没有实现规模化应用。目前工厂仅回收锂离子电池中的锂、钴、镍和铜等高价值金属，回收过程容易产生二次污染，且回收率较低，同时石墨等低价值组分没有得到有效回收。

（5）锂电池快充技术

锂电池快充技术的关键在于电极材料设计、电池和电池组的设计、快充协议的选择以及充电预热。

① 电极材料设计。重点在于研发无枝晶的快充负极材料。传统石墨负极的电位非常接近锂金属电位，可以使电池具有较高的能量密度，但容易形成锂枝晶，因此对石墨负极的修饰是发展快充材料的重要途径之一。未来还应发展可替代石墨负极的高嵌入 / 脱出能力的钛基和铌基氧化物负极材料。

除了负极材料的选择、改性和纳米结构设计外，电极 / 电解质界面也会极大影响负极材料的性能。通过优化负极 / 电解质界面（例如用无定形碳包覆石墨形成均匀的 SEI 膜），选择合适的锂盐和共溶剂等方法也可以调控锂枝晶的生长。

② 电池和电池组的设计。负极与正极材料的容量比值（N/P）会显著影响锂沉积，因此商业化的锂离子电池 N/P 通常大于 1，此外高的 N/P 可以帮助减轻负极的机械应力，减少石墨的颗粒破裂，从而减少活性锂的损失。

电池的几何参数也是影响快充能力的重要因素。电池的形状会影响电流密度和温度的分布，大几何因子的电池更有可能造成电流和温度的不均匀分布。极耳的位置、材料、结构和焊接工艺对于电流密度的均匀分布、限制局部产热和老化也非常重要。

此外，目前对于电池水平和电池组水平性能上的联系还不明确。尽管已有许多关于电池水平的快充模型，但很少有研究尝试将其扩充到电池组设计上，这也是因为电池组设计具有复杂性，设计模型时需要考虑更多的参数。

③ 快充协议的选择。快充协议主要有以下几种。

a. 标准充电协议。恒流 - 恒压模式（constant current-constant voltage，CC-CV）是目前最常用的充电协议，先恒流充电至截止电压［恒流（CC）模式］，再恒压充电至电流接近 0［恒压（CV）模式］。恒压过程可以使电极材料内部的浓度梯度实现均匀分布，对于材料发挥出高比容量至关重要，当然恒压模式下电流会逐渐减小，使得恒压模式的充电时间比恒流模式更长。CC-CV 充电模式的可操作性使其成为应用最广泛的标准充电协议。

b. 脉冲充电（pulse charging）。脉冲充电过程中，充电电流在周期性地变化。目的是减小浓差极化，降低局部电位过负的风险或减缓局部锂离子不均匀嵌入、脱出所造成的机械应力问题。

c. 急充电协议（boost charging）。初始阶段用较大的平均电流充电，随后用较为中等的电流充电。相比于 CC-CV 模式，这种协议允许更高的电流和更高的电压以缩短总的充电时间。

d. 多步恒流充电（MCC）协议。MCC 是最早用于快充的协议之一，包含两步或多步的恒流阶段，通常还会伴随着一个恒压阶段。初始的 CC 阶段通常为大电流，因为此时为充电初始阶段，负极电位不大可能太负（避免锂沉积）。

e. 变电流充电（VCP）。为了适应快充，该充电过程包含了一系列变化更复杂的电流变化曲线。

f. 多级充电（MS）。充电分为五个阶段。每个阶段都使用恒定的充电电流。

g. 压控充电（voltage trajectory）。在充电过程中应用所需的电压曲线，电流响应取决于电池的充电状态和内部阻抗。

h. 电压斜坡式充电（voltage ramp，VR）。先使用恒定电流充电，然后使用固定上升速率的电压充电。

i. 材料应力降低协议（material stress reduction）。该协议在充电过程中具有最大电流，而在充电开始和结束时电流较低。

④ 充电预热。在充电之前或充电期间加热电池，以利用高温条件增强电解质 Li^+ 传输。电池内部的化学反应速率受到温度的影响。一般来说，锂电池的最佳充电温度为 20 ~ 25℃。在这个温度范围内，锂电池的充电效率最高，充电时间最短，同时也能够保证电池的安全性和寿命。低温环境会导致正负极的动力学性能变差，电解液黏度上升，电导率下降，Li^+ 在正负极之间的迁移活性也就相应降低。在这种情形下使用大电流充电，会导致固相扩散动力不足，负极表面会聚集大量锂原子，引起析锂。常见的四种电池加热方法如下。a. 电池放电加热。这种方法的效率较低。b. 电池驱动电热丝并配合风扇加热。这种方法加热速度相对较快，但效率还不够高，且加热不均匀。c. 相互脉冲加热。即将一个电池组分为两组等容量的电池，电量在两组电池之间进行脉冲交换，利用内阻进行加热。这种方法效率较高，且其效率主要受 DC/DC（直流/直流）转换的限制，使用这种方法可以在 120s 内将 2.2A·h 的 18650 锂电池从 -20℃ 加热到 20℃。d. 交流电加热。这种加热方法速度更快，但其对电池老化和循环稳定性的影响尚不明确。

2.4.3.3 新型锂基电池

（1）锂硫电池

锂硫电池主要由正极、负极、电解质及隔膜组成，正极一般采用单质硫，负极为金属锂。锂硫电池相比锂离子电池具有更高的理论能量密度，可以达到 $500 \sim 600W \cdot h/kg$。其反应机理不同于锂离子电池的离子脱嵌机理，而是电化学反应。放电时，负极金属 Li 失去电子变为 Li^+，正极上 S 与 Li^+ 反应生成 Li_2S_n（$n = 1 \sim 2$），正极和负极反应的电势差即为锂硫电池所提供的放电电压。充电时，在外加电压作用下，锂硫电池的正极和负极反应逆向进行。锂硫电池工作原理见图 2-66。

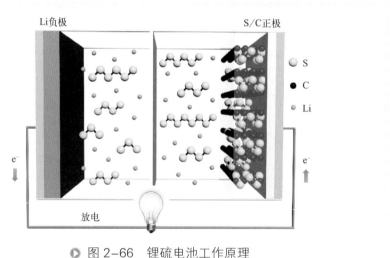

● 图 2-66　锂硫电池工作原理

（2）锂 - 空气电池

锂 - 空气电池负极为金属锂，负极的电解液采用含有锂盐的有机电解液。中间设有用于隔开正极和负极的锂离子固体电解质。正极的水性电解液使用碱性水溶性凝胶，与由微细化碳和廉价氧化物催化剂形成的正极组合。

放电时电极反应如下：

负极：$Li \longrightarrow Li^+ + e^-$

正极：$O_2 + 2H_2O + 4e^- \longrightarrow 4OH^-$

充电时电极反应如下：

负极：$Li^+ + e^- \longrightarrow Li$

正极：$4OH^- \longrightarrow O_2 + 2H_2O + 4e^-$

锂 - 空气电池比锂离子电池具有更高的能量密度，因为其阴极（以多孔碳为主）很轻，且氧气从环境中获取而不用保存在电池中。理论上，由于氧气作为阴极反应物不受限，该电池的容量仅取决于锂电极，其能量密度为 5.21kW·h/kg（包括氧气质量）或 11.14kW·h/kg（不包括氧气质量）。

（3）全固态锂电池

全固态锂电池是使用固态电极材料和固态电解质材料的锂电池，包括全固态锂离子电池和全固态金属锂电池。固态电池采用全新固态电解质取代当前的有机电解液和隔膜，具有高安全性、高体积能量密度，同时可与锂硫电池、锂 - 空气电池等新型高比能电池体系适配，进一步提升质量能量密度，从而有望成为下一代动力电池的终极解决方案，因此引起研究机构和企业的广泛关注。

对于全固态电池的研发，核心在于固态电解质材料的发展以及界面性能的调控与优化。

常见的固态电解质可分为聚合物类电解质和无机物电解质两大类。由于聚氧乙烯（PEO）相比于其他聚合物基体具有更强的解离锂盐的能力，且对锂稳定，因此目前研究热点以 PEO 及其衍生物的改性为主。无机固态电解质主要包括氧化物和硫化物。无机固态电解质可发挥单一离子传导和高稳定性的优势，用于全固态锂离子电池中，具有热稳定性高、不易燃烧爆炸、环境友好、循环稳定性高、抗冲击能力强等优势，同时可与锂硫电池、锂 - 空气电池等体系适配，是未来电解质发展的主要方向。

界面性能调控与优化的主要方向包括：①通过有机预处理、电解液预处理、沉积无机固态电解质膜、包覆聚合物膜、包覆复合电解质膜等方式保护金属锂；②通过共聚与交联、吸附、加入无机填料、加入快离子导体等方法对聚合物电解质进行改性；③采用锂合金、粉末锂电极、泡沫锂电极等方案。

2.4.3.4 钠电池

传统钠电池是由钠离子导电的陶瓷电解质作为隔膜，以金属钠或钠的化合物为活性物质的一类二次电池，目前在储能领域技术较为成熟的钠电池技术主要有两种：高温钠硫电池和钠 - 金属氯化物电池。

（1）钠硫电池

钠硫电池是一种基于固体电解质的高温二次电池，最早由美国福特公司在 1967 年发明，随后钠 - 金属氯化物电池、钠离子电池也纷纷被提出。日本对钠硫电池的研究相对较早，在 20 世纪 80 年代左右研发并投产了一系列钠硫电池储能系统，自 1992 年开始示范起，至今已结合实际应用 30 多年，对储能技术的发展起到了重要作用。以日本 NGK 公司为首的产业公司于 2015 年之前在日本、美国等国家建设了超过 430MW 的储能项目。但由于高温钠硫电池存在安全性问题，近年来国内外对于钠硫电池的研发和应用逐渐放缓。

钠硫电池负极为金属钠，正极为单质硫，β''- 氧化铝陶瓷作为电池隔膜和电解质起到传导钠离子的作用（图 2-67）。其电池形式如下，其中 x=3 ～ 5。

$$(-)Na(液)|\beta''-Al_2O_3|Na_2S_x,\ S(液)(+)$$

其放电时的基本电池反应如下：

负极反应：$2Na \longrightarrow 2Na^+ + 2e^-$

正极反应：$2Na^+ + xS + 2e^- \longrightarrow Na_2S_x$

总反应：$2Na + xS \longrightarrow Na_2S_x$

钠硫电池的工作温度为 300 ～ 350℃，此时钠与硫均呈液态，β''-Al_2O_3 具有较高的离子电导率（约 0.2S/cm），电池具有高速充放电的反应动力学特性。正极最终产物 Na_2S_3 理论比容量约为 558mA·h/g，在 350℃的工作温度下具有 2.08V 的开路电压。

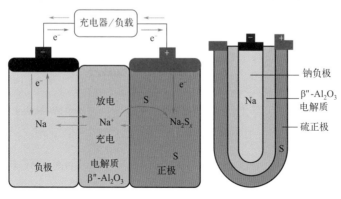

● 图 2-67　钠硫电池结构示意图

　　钠硫电池拥有许多优良特性。①比能量（能量密度）高。钠硫电池质量能量密度和体积能量密度分别可达 240W·h/kg 和 390W·h/L，远高于磷酸铁锂储能电池。②功率密度高。钠硫单体电池功率可达到 120W 以上，形成模块后，功率可达数十千瓦。③寿命长。钠硫电池寿命为 10 ～ 15 年，在 100% DOD（放电深度）下可循环超过 4500 次。④库仑效率高。固体电解质可避免电池自放电效应，充放电效率约为 100%。⑤环境适应性好。电池在保温箱中恒温工作，外界环境温度影响小，可在 -40 ～ 60℃温度区间运行。⑥无污染。电池采用全密封结构，运行中无振动、无噪声，没有气体放出。⑦成本低。原料资源丰富，成本低，电池结构简单，维护方便。

　　钠硫电池最大的问题在于原材料特别易燃，安全性较差。2011 年 9 月日本茨城县发生了一起巨大的钠硫电池储能系统（日本 NGK 公司产品）事故，电池起火引发了时长超过 2 周的火灾。我国国家能源局 2022 年发布的《防止电力生产事故的二十五项重点要求（2022 年版）（征求意见稿）》明确提出中大型电化学储能电站不得选用钠硫电池。

（2）钠 - 金属氯化物电池

钠 - 金属氯化物电池也称 ZEBRA（zero emission battery research activity）电池，结构与钠硫电池类似，负极是液态的金属钠，$\beta''-Al_2O_3$ 陶瓷作为固态电解质。不同点在于，ZEBRA 电池正极由液态 $NaAlCl_4$ 辅助电解液与固态的金属氯化物（多为 $NiCl_2$）组成。ZEBRA 电池的基本反应是：$2Na+NiCl_2 \rightleftharpoons 2NaCl+Ni$。相比于钠硫电池，ZEBRA 电池拥有略低的工作温度（270 ~ 320℃）、更高的开路电压（300℃下开路电压为 2.58V）。在放电态下组装的 ZEBRA 电池，正极以 NaCl 和 Ni 为初始材料，避免了直接使用钠金属负极，因此电池制备过程安全性高。钠金属负极由首圈充电过程中来自正极材料 NaCl 的 Na^+ 通过 $\beta''-Al_2O_3$ 固态电解质迁移到负极所生成。与此同时，正极中的 Ni 失电子后形成 Ni^{2+} 与 Cl^- 在 Ni 颗粒表面形成 $NiCl_2$。正极液态的 $NaAlCl_4$ 熔盐的存在巧妙避免了电解质和正极活性材料之间的固 - 固接触，通过有效 Na^+ 介导保证了正极与固态电解质的离子的高效转移。充电反应原理见图 2-68。

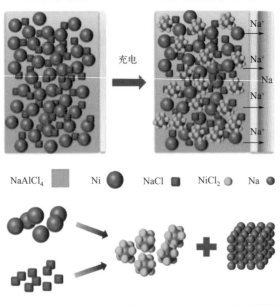

图 2-68　钠 - 金属氯化物电池充电反应原理图

ZEBRA 电池与钠硫电池类似，同样具有寿命长、库仑效率高、环境适应性好、无污染运行等特点。此外还具有其他一些值得关注的优良特性。①高安全性。ZEBRA 电池具有短路温和放热、过充过放可逆等特点，确保电池在电器和机械滥用时的高安全性。②无钠组装。电池以放电态组装，仅在正极腔室装填金属粉体、NaCl 和电解液，制造过程安全性高。③高电压。开路电压较钠硫电池提高 20% 以上。④维护成本低。电池内部短路时特有的低电阻损坏模式大大降低了系统的维护成本。

相对于钠硫电池，钠-金属氯化物电池中的钠镍电池是一种温和的高温电池体系，在 2011—2014 年期间，美国、意大利等国家实施建设了共计约 19MW 的储能项目。虽然钠镍电池接近零安全隐患，但制造难度大及功率特性限制了其快速发展。

（3）钠离子电池

钠离子电池由于其安全性高和成本低的优势，在 2010 年以后逐渐进入人们的视野。钠离子电池工作原理与锂离子电池相似（见图 2-69），锂离子电池的充放电依赖于 Li^+ 在正负极之间的移动，而钠离子电池靠 Na^+ 的移动实现电池的充放电。相比于锂离子电池，钠离子电池具有以下优势。①原材料丰富。钠盐原材料地壳丰度约 2.75%，是锂资源的 420 多倍，且分布广泛，因此钠离子电池材料成本远低于锂离子电池。②同

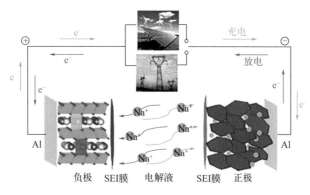

▶ 图 2-69 钠离子电池工作原理

样浓度的电解液，钠盐电导率高于锂电解液 20% 左右，因此钠离子电池可使用低浓度电解液，降低成本。③锂离子电池负极集流体为铜箔，由于钠离子不与铝形成合金，钠离子电池负极集流体可采用铝箔，可以进一步降低成本。④钠离子电池无过放电特性，可放电到 0V。二者成本对比见图 2-70。

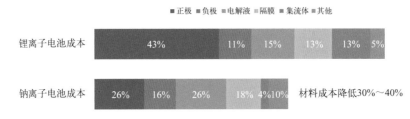

■正极 ■负极 ■电解液 ■隔膜 ■集流体 ■其他

图 2-70 钠离子电池与锂离子电池成本对比

与锂离子电池类似，钠离子电池的主要结构也包括正极、负极、电解质、隔膜、集流体等，其中正极和负极是影响钠离子电池性能最关键的材料，决定电池的能量密度、功率密度、循环寿命、安全性等关键性能指标。

目前主流的钠离子电池正极材料包括层状金属氧化物、聚阴离子化合物和普鲁士蓝类化合物三种体系，其结构及特点如表 2-13 所示。

表2-13 典型钠离子电池正极材料体系的结构及特点

材料	层状金属氧化物	聚阴离子化合物	普鲁士蓝类化合物
结构			

材料	层状金属氧化物	聚阴离子化合物	普鲁士蓝类化合物
优点	可逆比容量高，能量密度高，倍率性能高，技术转化容易	工作电压高，热稳定性好，循环性能好，空气稳定性好	工作电压可调，可逆比容量高，能量密度高，合成温度低
缺点	容易吸湿，循环性能稍差	可逆比容量低，部分含有毒元素	导电性差，库仑效率低

① 该示意图代表 $Na_2M^{II}[Fe^{II}(CN)_6]$ 框架结构，其中 M 表示 Fe、Co、Ni、Mn 等过渡金属元素。

负极材料方面，与锂离子电池采用的石墨材料负极不同，由于石墨层间距过小，半径较大的钠离子嵌入石墨层间需要更大的能量，无法在有效的电位窗口内进行可逆脱嵌，因此认为传统的石墨无法作为钠离子电池的负极，钠离子电池负极材料的研究方向有硬碳、软碳、钛基氧化物以及合金等，针对硬碳的研究最多，目前较为成熟的钠离子电池也以硬碳负极为主。

钠离子电池目前仍面临一系列问题：①Na 的原子质量是 Li 的 3.3 倍，导致钠离子电池能量密度远低于锂离子电池；②目前钠离子电池循环次数约为 2000 次，远低于磷酸铁锂电池；③钠离子电池目前技术仍不够成熟，处于商业化初期，产业链尚未形成，需进一步解决产品性能、成本控制及适配应用场景等问题。

（4）钠 - 空气电池

钠 - 空气电池是一种新型金属 - 空气电池，其以多孔电极作为空气电极，金属钠作为负极，有机溶剂作为电解液。工作过程中，钠负极发生氧化，空气或者氧气在阴极发生还原反应从而实现电流输出。在钠 - 空气电池研究的过程中，发现了许多不同于锂 - 空气电池的电化学性能，例如超氧化钠放电产物的发现、不同电解液中具有不同的充放电反应机理等。目前常温钠 - 空气电池的研究主要分为以超氧化钠为放电产物和以其他含钠化合物为放电产物两个方向。

未来钠 - 空气电池面临的主要挑战有：合理的电池装置的设计，电池装置的进一步优化和研究；充放电机理的深入探索，目前对于电池的充放电机理还没有全面和深入的讨论；长循环稳定的电解液研究，避免

钠 - 空气电池长循环过程中分解情况的发生；高活性空气电极催化剂的研究，需开发能够促进电池放电产物可逆分解的催化剂。

钠 - 空气电池与上文中提及的锂 - 空气电池是两种典型的金属 - 空气电池技术，钙、镁、锌等电极电位较负的金属也可作为金属 - 空气电池负极，目前受到广泛关注的金属 - 空气电池及其性能如表 2-14 所示。

表2-14　典型金属-空气电池的性能比较

金属-空气电池	理论开路电压/V	理论能量密度(含氧气)/（kW·h/kg）	理论能量密度(不含氧气)/（kW·h/kg）
Li/O$_2$	2.91	5.210	11.140
Na/O$_2$	1.94	1.677	2.260
Ca/O$_2$	3.12	2.990	4.180
Mg/O$_2$	2.93	2.789	6.462
Zn/O$_2$	1.65	1.090	1.350

2.4.3.5　液流电池

液流电池是一种大规模高效电化学储能装置，通过溶液中的电化学反应活性物质的价态变化，实现电能与化学能的相互转换与能量储存。液流电池最早在 1974 年由美国化学家塔勒尔（Thaller）提出，而目前技术最为成熟的全钒液流电池于 1985 年由澳大利亚新南威尔士大学的卡扎科斯（Kazacos）提出，并在 2001 年以后逐渐商业化。此外液流电池根据电化学反应中活性物质的不同还包括锌基液流电池、铁基液流电池等。

（1）全钒液流电池

1985 年全钒液流电池概念被提出。经过近 40 年的发展，国外从事全钒液流电池储能技术研发和产业化的单位主要有日本的住友电工，德国的弗劳恩霍夫环境、安全和能源技术研究所（Fraunhofer UMSICHT），美国的西北太平洋国家实验室（PNNL）、UniEnergy Technologies（UET）公司，英国的 Reat 公司等企业与研究机构。在国内，中国科学院大连化学物理研究所与融科储能公司合作实现技术转化，于 2012 年建成了当时全球规模最大的 5MW/10MW·h 全钒液流电池储能系统，产品出口德国、美国、日本、意大利等国家，已完成近 30 项应用示范工程。其领域涉及分布式发电、智能微电网、离网供电及可再生能源发电等，在全球率先实现了产业化，标志着我国液流电池储能技术达到国际领先水平。2022 年 10 月，国家能源局批准建设的首个国家级大型化学储能示范项目——百兆瓦级液流电池储能调峰电站（一期）正式并网发电（见图 2-71）。该项目采用了中国科学院大连化学物理研究所研发的技术，是目前全球功率最大、容量最大的液流电池项目。项目总建设规模为 200MW/800MW·h，一期规模为 100MW/400MW·h。

▶ 图 2-71　大连液流电池储能调峰电站

全钒液流电池通过钒（V）离子价态的相互转换实现能量的储存和释放。全钒液流电池主要由电极、双极板、隔膜和电解液储罐等构成，结构见图 2-72。其中正极、负极电解液分别为含有 VO^{2+}/VO_2^+ 和 V^{2+}/V^{3+} 混合价态钒离子的溶液，两种电解质通过离子交换膜分离。全钒液流电池通过外接的泵将电解液运输至电池堆内的正极室和负极室，使其在不同的储液罐和半液态的闭合回路中循环流动，并采用离子交换膜作为电池组的隔膜，电解质的溶液流过电极表面产生电化学反应，从而实现钒电池的充放电过程。

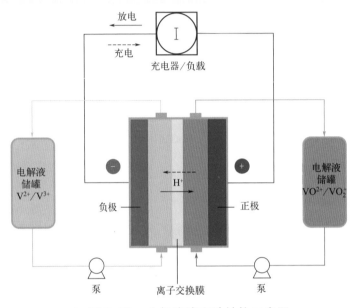

● 图 2-72　全钒液流电池结构示意图

充电时，电子经外部电路由正极流向负极，氢离子经离子交换膜由正极室进入负极室，外部电流方向为由负极至正极，正负极反应如下：

正极：$VO^{2+}+H_2O \longrightarrow VO_2^++2H^++e^-$

负极：$V^{3+}+e^- \longrightarrow V^{2+}$

放电时，电子经外部电路由负极流向正极，氢离子经离子交换膜由负极室进入正极室，外部电流方向为由正极至负极，正负极反应如下：

正极：$VO_2^++2H^++e^- \longrightarrow VO^{2+}+H_2O$

负极：$V^{2+} \longrightarrow V^{3+}+e^-$

全钒液流电池具有以下优点：①可独立设计功率和容量，输出功率由电池堆决定，而容量取决于电解液储量和浓度，易于模块化组合；②电极只提供化学反应的场所，自身不发生氧化还原反应；③只有钒离子一种电解质离子作为活性物质，反应时无物相变化，循环放电次数可达 13000 次以上，使用寿命长；④充放电性能好，可深度放电而不损坏电池；⑤自放电低，系统关闭时无自放电现象；⑥系统可全自动封闭运行，无污染，维护简单，操作成本低；⑦水系循环体系，不可燃，安全性高；⑧钒电解液可回收循环利用；⑨能量效率高，可达 75% ~ 85%；⑩启动速度快，运行过程中充放电状态切换只需要 0.02s。

（2）锌溴液流电池

锌基液流电池主要包括锌溴液流电池、锌镍单液流电池、锌铁液流电池等。其中技术较为成熟的是锌溴液流电池。正/负极电解液同为 $ZnBr_2$ 水溶液，电解液通过泵循环流过正/负电极表面。充放电过程如图 2-73 所示。电极反应原理如下：

充电时正极：$2Br^- \longrightarrow 2Br+2e^-$

充电时负极：$Zn^{2+}+2e^- \longrightarrow Zn$

放电时正极：$2Br+2e^- \longrightarrow 2Br^-$

放电时负极：$Zn \longrightarrow Zn^{2+}+2e^-$

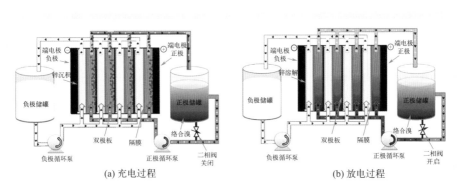

（a）充电过程　　　　（b）放电过程

● 图 2-73　锌溴液流电池充放电示意图

锌溴液流电池具有以下主要特点。①较高的能量密度。锌溴液流电池的理论能量密度可达 435W·h/kg，实际能量密度约 60W·h/kg，远高于钒电池的 12 ~ 40W·h/kg。②正/负极电解液同为 $ZnBr_2$ 水溶液，可避免交叉污染，电解液理论使用寿命无限长。③电解液的流动有利于电池系统的热管理。④电极不参与充放电反应，充电时表面沉积的金属锌可在放电时完全溶解于电解液，可频繁进行 100% 的深度放电，不影响电池性能和寿命。⑤电解液为水溶液，安全性高。⑥所使用的电极及隔膜材料不含重金属，环境友好。⑦系统总体造价低，原料成本远低于钒电池。

目前的主要锌溴液流电池生产商包括澳大利亚的 Red Flow 公司、美国的 EnSync Energy Systems、韩国的乐天化学与美国的 Primus Power。在国内，大连化物所 - 融科储能合作团队在 2017 年实施了国内首套 5kW/5kW•h 锌溴单液流电池储能示范系统。整体来看，锌溴液流电池储能技术仍处于示范阶段，其规模化应用还存在以下关键技术瓶颈亟须解决：电堆或系统的库仑效率偏低，使得电解液维护频率偏高；串联电堆之间的均一性需进一步提高。因此，未来需进一步从关键材料设计、电堆结构设计等角度出发，提高电堆库仑效率，降低电解液维护频率，提高其稳定性；同时，需深入研究开发电池系统的控制管理策略，提出并开发充放电过程中的均衡策略，解决串、并联电堆之间的均一性问题，提高系统运行可靠性。

（3）铁铬液流电池

铁铬液流电池的活性物质为铁离子和铬离子，其正负极电对分别为 Fe^{2+}/Fe^{3+} 和 Cr^{2+}/Cr^{3+}，原理见图 2-74。充放电反应如下：

充电时正极：$Fe^{2+} \longrightarrow Fe^{3+} + e^-$

充电时负极：$Cr^{3+} + e^- \longrightarrow Cr^{2+}$

放电时正极：$Fe^{3+} + e^- \longrightarrow Fe^{2+}$

放电时负极：$Cr^{2+} \longrightarrow Cr^{3+} + e^-$

铁铬液流电池的优势在于：①电解液原料丰富、成本低；②铁离子和铬离子毒性低，对环境危害小；③电池运行温度范围广，可在 $-20 \sim 70℃$ 下运行；④铁、铬离子氧化性较弱，对材料要求相对较低。

2020 年，国内首个 250kW/1.5MW•h 铁铬液流电池储能示范项目于沽源战石沟光伏电站投入应用，该系统可有效提高光伏电站能源利用效率，标志着国家电投自主研发的储能技术正式投入应用。

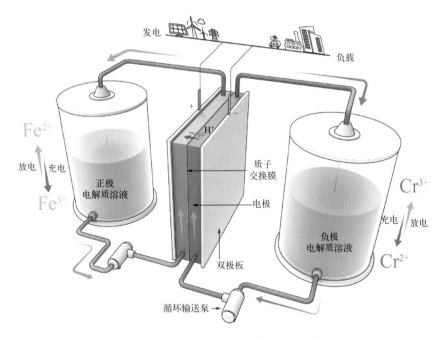

发电

负载

Fe²⁺

放电　充电

正极
电解质溶液

Fe³⁺

H⁺

质子
交换膜

电极

Cr³⁺

充电　放电

负极
电解质溶液

Cr²⁺

双极板

循环输送泵

● 图 2-74　铁铬液流电池原理示意图

目前铁铬液流电池的大规模应用仍面临以下问题：Cr^{3+}/Cr^{2+} 负极电对反应慢、析氢副反应严重的两大弱点难以完全克服，随着运行时间的增加，正、负极电解质溶液中铁离子和铬离子发生微量互串，容易引起正、负极电解质溶液中活性离子交叉污染，造成储能容量的衰减问题；由于 Cr^{3+}/Cr^{2+} 负极反应慢，铁铬液流电池通常需在较高温度下才能获得较好的性能，而铁铬液流电池或电堆在高、低温交错环境下容易发生热胀冷缩，导致电池或电堆容易出现漏液的问题。

（4）锌铁液流电池

锌铁液流电池正极电解液组成为亚铁氰化钾和 KOH 溶液，负极电解液组成为 $[Zn(OH)_4]^{2-}$ 和 KOH 溶液。电极反应如下：

正极：$[Fe(CN)_6]^{4-} - e^- \rightleftharpoons [Fe(CN)_6]^{3-}$

负极：$[Zn(OH)_4]^{2-} + 2e^- \rightleftharpoons Zn + 4OH^-$

美国锌铁液流电池的商业化应用开始较早，美国 ViZn 公司为其中的代表性公司。ViZn 公司在 2015 年 8 月为加拿大安大略电网提供了

2MW/6MW·h 的锌铁液流电池储能系统，2017 年赢得印度电网有限公司（PGCIL）1MW·h 锌铁液流电池订单。2019 年，我国的纬景储能科技有限公司获得 ViZn 公司锌铁液流电池全球生产总部的授权，并同中国电建集团江西省电力建设有限公司（江西电建）展开合作，后者成为电池储能应用领域系统集成商及系统技术支撑方。2019 年，江西电建在江西省余干县建设了一个电源侧示范项目，设置了一套容量为 200kW/600kW·h 的锌铁液流电池系统。

在国内，重庆信合启越科技有限公司同长沙理工大学研发团队进行了锌铁液流电池的产业化工作，并设计出了相应样机，2021 年 10 月，该公司与国家电投集团中央研究院签订了协议，共同开发锌铁液流电池。大连化物所与金尚新能源科技集团股份有限公司合作自主研发的 10kW 级碱性锌铁液流电池储能示范系统于 2020 年在该公司厂区内投入运行。目前锌铁液流电池作为一种较新型的液流电池，其离子传导膜等相关部件产业链不够成熟，也大大制约了其商业化推广和应用。

2.4.4　热储能

热储能技术是以储热材料为媒介将太阳能光热、地热、工业余热、低品位废热等热能储存起来，在需要的时候释放，为解决时间、空间或强度上的热能供给与需求间不匹配的问题，最大限度地提高整个系统的能源利用率而逐渐发展起来的一种技术。目前主要有三种储热方式，即显热储热、相变储热（也称为潜热储热）和热化学反应储热（表 2-15）。

表2-15　储热技术一览表

储热技术	储热形式	
显热储热	液体	水、油、熔盐等
	固体	砂石、混凝土、砖、钢渣、合金等
相变储热	液-气	水、蒸汽等
	固-液	石蜡、熔融盐、水合盐等
	固-固	例：$C_{10}Zn$
热化学反应储热	化学反应	例：$Ca(OH)_2 \rightleftharpoons CaO + H_2O$
	吸附	例：$X \cdot nH_2O \rightleftharpoons X \cdot mH_2O + (m-n)H_2O$

目前显热储热是最为成熟的热储能技术，其规模化应用主要集中在光热电站中。2009年3月，西班牙安达索尔槽式光热电站成为全球首个成功运行的配置熔盐储热系统的商业化聚光太阳能热发电（concentrated solar power，CSP）电站。熔盐储热技术日渐成熟，越来越多的CSP电站开始使用熔盐技术。2021年，新疆哈密50MW熔盐塔式光热发电站（图2-75）实现全容量并网发电。该项目是国家能源局确定的国家第一批太阳能热发电示范项目，也是新疆首个光热发电示范项目。该项目采用塔式熔盐发电技术，可以实现聚光集热系统与发电系统完全解耦运行，具有优越的电力系统错峰调节能力。

▶ 图 2-75 新疆哈密 50MW 熔盐塔式光热发电站

近年来，随着清洁采暖、电力系统调峰等需求的增加，相变储热技术开始越来越多地应用于电源侧和用户侧。典型案例包括：采用江苏金合固体相变储热材料技术的中广核阿勒泰市风电清洁供暖示范项目，采用复合二元盐相变材料的内蒙古丰泰热电厂相变储热供暖调峰项目，采用北京华厚能源相变储能材料的北软双新科创园储能供暖项目，等等。

热化学反应储热技术实现化学反应系统与储热系统的结合目前还处于研究阶段，距离规模应用尚远。

2.4.4.1 显热储热技术

显热储热是利用储热材料的热容量，通过升高或降低材料的温度实现热量储存或释放的技术，是研究最早、利用最广泛、最成熟的储热技术。显热储热技术原理简单，技术较成熟，材料来源丰富且成本低廉，目前主要应用领域包括工业窑炉和电采暖、居民采暖、光热发电等。目前应用的显热储热材料主要有硅质和镁质耐火砖、铸铁、水、导热油、熔盐、砂石等。其中，水的比热容大，成本低，主要用于低温储热；导热油、硝酸盐的沸点比较高，可用于太阳能中温储热。

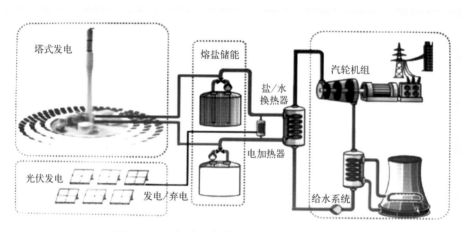

图 2-76　光热 / 光伏 + 熔盐储热电站示意图

目前显热储热技术规模化应用主要集中在光热电站中（示意图见图 2-76）。光热电站发电路径为光能——热能——机械能——电能。以熔盐光热为例，二元盐 Solar Salt（60% 硝酸钠 +40% 硝酸钾）是目前多数光热电站选用的传储热工质。光热电站一般采用冷 / 热熔盐双储罐存放熔盐，冷熔盐储罐内的熔融盐经熔盐泵输送到太阳能集热器内，吸收热能升温后进入热熔盐储罐中，随后高温熔融盐流进熔盐蒸汽发生器产生过热蒸汽，驱动蒸汽涡轮机运行发电，而熔盐温度降低后流回冷熔盐储罐。

2.4.4.2 相变储热技术

相变储热也叫潜热储热，其原理是材料在从一种物态转换到另外一种物态的过程中发生热力学状态（焓）的变化，如图 2-77 所示。比如冰在融化为水的过程中要从周围环境吸收大量的热量，而在重新凝固时又要放出大量的热量。这种吸热 / 放热的过程中，材料温度不变，即很小的温度变化范围能带来大量能量的转换过程，是相变储能的主要特点。

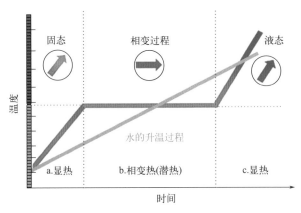

图 2-77　相变储热原理示意图

相变储热技术主要用于清洁供暖、电力调峰、余热利用和太阳能低温光热利用等领域。相比于显热储热技术，相变储热具有体积储热密度大的优点，且在相变温度范围内可以吸收和释放较多能量，能量储存和释放温度范围窄，有利于充热放热过程的温度稳定。但其储热介质一般有过冷、相分离和热导率较小、易老化等缺点。相变储热材料储热密度大，有利于设备的紧凑和微型化，但是相变储热材料的腐蚀性、与结构材料的兼容性、稳定性、循环使用寿命等问题都需要进一步研究，其商业化道路仍然需要探索。常见相变储热材料熔化热性质见图 2-78。

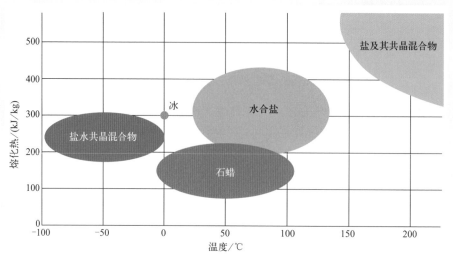

● 图 2-78　常见相变储热材料熔化热性质

2.4.4.3　热化学反应储热技术

热化学反应储热是目前储热密度最大的储热方式，可以实现季节性长期储存和长距离运输，并且可实现热能品位的提升。其原理是利用可逆的热化学反应来实现储热和放热的过程。热化学反应储能的主要优点是储热量大，使用的温度范围比较宽，不需要绝缘的储热罐，而且如果反应过程能用催化剂或反应物控制，可长期储存热量，特别适用于太阳能热发电中的热能储存。图 2-79 列举了典型的热化学反应储热方法及材料。

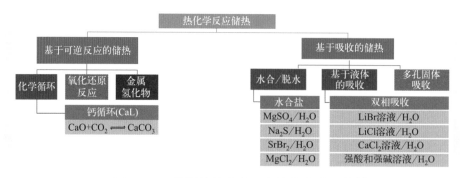

● 图 2-79　典型的热化学反应储热方法及材料

目前热化学反应储热技术存在的问题主要有三点：一是化学反应与传热的匹配问题，二是储热过程中系统运行参数和系统设计参数的控制有待研究，三是稳定性有待进一步测试。热化学反应储热温度范围宽，储热密度较大，但是工艺复杂并且技术成熟度低，尚需开展进一步研究，以实现反应速率和传热性能的良好匹配。

表2-16对比了显热储热、相变储热、热化学反应储热三种储热技术的特点及性能。

表2-16 储热技术特点及性能对比

储热技术	显热储热	相变储热	热化学反应储热
体积能量密度 / (kW·h/m³)	50	100	500
热损失	长期储存时较大	长期储存时较大	低
储能周期	有限（有热损失）	有限（有热损失）	理论上无限
温度	充能阶段的温度	充能阶段的温度	环境温度
运输	短距离	短距离	理论上无限制
优点	低成本、高成熟度	储能密度中等、储热系统体积小	储能密度高、适应长距离运输、热损失小
缺点	热损失大、所需储能装置庞大	热导率小、材料腐蚀性强、热损失大	技术复杂、一次性投资大
技术现状	商业化应用	部分技术已成熟	实验研究阶段

2.4.5 化学储能

化学储能主要是指利用氢气、氨和甲醇等化学品作为二次能源载体的储能技术。

2.4.5.1 氢储能

氢气是一种理想的二次能源，具有较高的热值，其能量密度为140MJ/kg，是其他固体燃料的两倍多。氢气燃烧产物为水，不存在环境污染问题。因此，氢被认为是最有希望取代传统化石燃料的能源载体。

同时氢气是一种极好的能量储存介质。其优势在于：①氢和电之间可实现高效率的相互转化，电解水技术可实现电向氢转化，燃料电池技术可利用氢发电；②相比于其他储能方式，氢气可实现能量的长时间、大规模储存；③氢气具有成比例放大到电网规模应用的潜力；④将弃电、弃风用于电解水制氢，所储存的氢气可用于发电、制备化工原料或燃料，可进一步解决可再生能源消纳问题。

关于氢能作为储能载体的应用详见第 3 章氢能篇。

2.4.5.2　氨储能

氨是肥料的重要成分，约 80% 的氨被用于提高农作物产量。除此之外，由于氢含量高、能量密度高、易于储存 / 运输和零碳排放，氨还被认为是有希望用于长期和大规模储能的能量载体。

如果以液态形式运输氢气，需要将温度降至 −253℃ 左右，而标准大气压下氨气在 −33℃ 就可以实现液化，液氨运输难度更低。同时液氨储氢中体积储氢密度相对液氢提高 1.7 倍，也远高于当前主流的高压长管拖车储运氢气的方式，其优势已较为明显。值得注意的是，液氨本身具有较强的腐蚀性，同时在氢 - 氨、氨 - 氢转化过程中不可避免地存在一定损耗，需进一步提高转换效率以减少能量损耗。

氨也可以直接作为能源物质，掺烧或燃烧供能。液氨的热值仅约为汽油的一半，辛烷值却远高于汽油，氨内燃机的热效率可达到 50% 甚至近 60%，为汽油内燃机的两倍以上，有望用于航运、船舶等大功率运输领域。但是氨具有腐蚀性，在储运过程中有泄漏等风险，管道运输设施不完备；氨作为燃料不能直接采用已有的汽柴油加注体系，且具有强烈刺激性气味，难以在民用汽车上大面积推广。目前氨作为燃料的研究以混氨燃烧为主，直接以纯氨作为燃料尚处于起步阶段，还要解决很多技术上的问题，例如氨不易点燃、燃烧不稳定、燃机技术不成熟、作为内燃机燃料存在 NO_x 排放等问题。

2.4.5.3 甲醇储能

甲醇可直接作为燃料或者作为储氢介质。甲醇作为燃料虽然热值比汽油低一半，但热效率高、辛烷值高、环保性好、适应性好、不用改变发动机部件，许多赛车直接使用甲醇燃料。当甲醇作为储氢介质时，可利用工业排放的二氧化碳为原料通过加氢反应合成，在储氢的同时实现二氧化碳减排。

为解决氢的储存运输难题，中国科学院大连化学物理研究所研究员李灿院士团队采用二氧化碳加氢制甲醇进行储氢，其工艺流程如图 2-80 所示。2020 年 1 月，全球首套规模化液态太阳燃料合成项目一次性试车成功。该项目采用 10MW 光伏电解水制取绿氢，绿氢与从化工企业收集来的二氧化碳进一步合成甲醇。

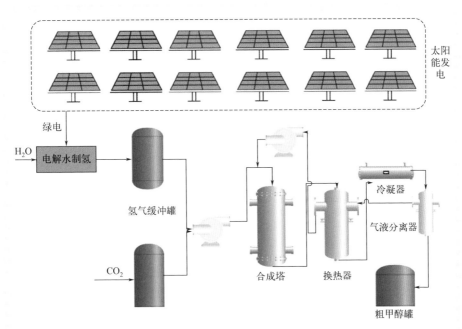

⊙ 图 2-80 二氧化碳加氢制甲醇工艺流程（"液态阳光"）

甲醇储能具有如下优势。①甲醇制取手段多样，既可以通过传统化石能源清洁化生产制得，也可以通过可再生能源转换获得，还可以利用农作物秸秆、动物粪便和有机物发酵获得。②甲醇一定程度上可以实现对石油的替代，既可以以不同比例混入汽油使用，也可以经过脱水反应生成二甲醚，还可以与植物油进行酯交换反应合成生物柴油。③从安全性考虑，甲醇从本质上对人体是安全可控的。④就环境保护而言，甲醇的环保效益较高。⑤甲醇在经济、节能、减排等方面均具有良好效益，具备作为功能资源储备的合理性。

甲醇储能的发展方向主要为甲醇水蒸气催化重整制氢技术，利用甲醇和水作为原料制氢直接发电，从根本上解决氢气储存和运输的安全难题，实现可移动的电力供应，具有安全环保、高效节能、来料方便等优势。制氢化学反应如下：$CH_3OH+H_2O \longrightarrow CO_2+3H_2$。

表2-17对比了氢、甲醇、氨三种典型化学储能载体的性能参数。

表2-17　氢、甲醇、氨作为储能载体的性能参数对比

性质	单位	氢	甲醇	氨
状态	—	液态	液态	液态
密度	kg/m³	70.8	792	610（20℃，10bar①）/ 680（−33℃）
沸点	℃	−253	65	−33
体积H_2含量	kg/m³	70.8	99	107.7/120
体积能量密度	MJ/L	8.49	11.88	12.92/14.4
质量H_2含量	%	100	12.5	17.65
质量能量密度	MJ/kg	120	7.35	21.18
脱氢焓	kJ/mol	0.907	16.3	30.6
蒸发焓	kJ/mol	—	31.7	15.1
制氢方式	—	蒸发	重整（250℃）	裂解（>425℃）
空气中的爆炸极限（体积分数）	%	4～75	6.7～36	15～28
易燃性/毒性	—	高度易燃	有毒	有毒

① 1bar=10^5Pa。

2.5 储能专利及文献分析

2.5.1 专利态势分析

本节分析对象为公开日截至 2023 年 12 月 8 日的全球储能领域专利申请情况，由于氢储能相关内容在氢能篇有详细分析，本节考虑了其他四种储能类型：机械储能（包括抽水蓄能、压缩空气储能、飞轮储能）、电化学储能（包括锂离子电池、钠离子电池、液流电池、铅蓄电池）、电磁储能（包括超级电容器储能、超导储能）及热储能（包括显热储热、相变储热、热化学储热）。检索时间为 2023 年 12 月 8 日，共计 36864 条数据，22751 个专利族。

储能全球专利申请趋势见图 2-81。由图可知，储能专利申请自 2007 年以来呈现爆发式增长，自此之后储能技术创新持续保持活跃状态，2016 年出现第二次储能技术研发热潮。2023 年，储能专利年度申请数量出现下降，这与部分专利申请未公开有关。

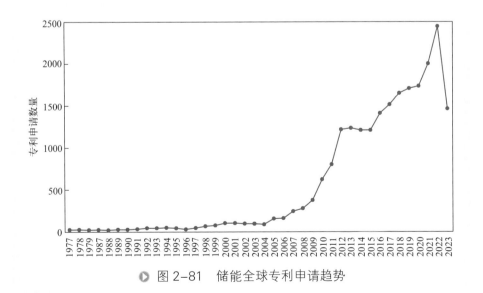

◐ 图 2-81　储能全球专利申请趋势

从储能领域专利技术策源地（图 2-82）分析，储能技术研发热度较高的区域相对集中，全球排名前四的国家专利申请数占比约 89%。我国以 12997 项储能专利位居全球首位，占比达到 57%；随后为日本、美国、德国，占比分别为 14%、10%、8%。

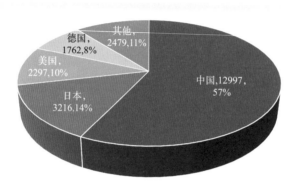

图 2-82　储能领域专利技术策源地

图 2-83 展示了近 20 年中国、日本、美国、德国储能专利申请趋势。依托在锂离子电池领域取得的一系列成果，日本在储能技术领域一直保持较强的研发实力，2012 年日本储能领域专利申请量出现爆发式增长，并在随后几年一直保持全球领先的创新热度。我国对于储能技术的研发热度在近 20 年间保持持续上升，专利申请呈现稳定增长的态势。

从研发主体来看，全球储能领域前 10 位活跃专利申请人（图 2-84）分别为日本丰田工业公司、中国国家电网有限公司、中国西安热工研究院有限公司、德国罗伯特·博世有限公司、德国巴伐利亚汽车股份公司、中国西安交通大学、中国华北电力大学、中国东南大学、中国清华大学、日本汤浅电池。前 10 位储能领域活跃专利申请人国别分布为中国 6 家、日本 2 家、德国 2 家。整体来看，我国储能专利申请量和领先专利申请人数量已经在全球占据领先地位。

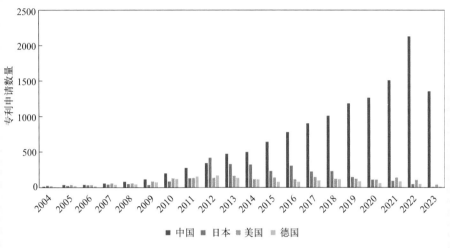

图 2-83　近 20 年中国、日本、美国、德国储能专利申请趋势

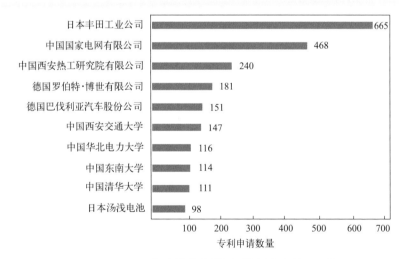

图 2-84　全球储能领域专利申请人前 10 位

储能领域研发热点及专利申请量占比见图 2-85。从储能类型来看，电化学储能一直以来都是储能领域研发的热点，近 20 年来专利申请量占比一直保持 50% 以上，2022 年申请量达到 1605 项。随后为热储能与电磁储能，机械储能研发热度与其他储能技术相比略低。

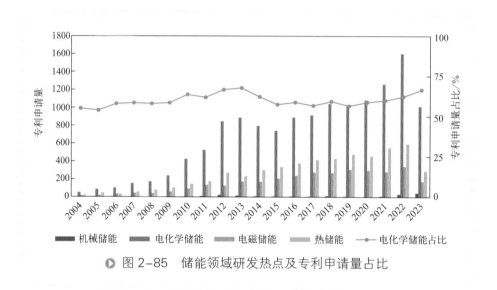

图 2-85　储能领域研发热点及专利申请量占比

2.5.2　文献态势分析

在基础研究方面，储能技术是世界各国重点关注的热点领域，据"Web of Science"核心数据库统计，2022 年全世界以"Energy Storage"（储能）为主题词的 SCI 论文共发表了 27882 篇，其中我国发表量达到13941 篇，位居全球第一，随后为美国、印度，二者发文量也都超过2000 篇（图 2-86）。

从 SCI 论文发表机构来看，2022 年全球储能领域论文发表量位于前10 的机构分别为：中国科学院、印度理工学院、埃及知识库、美国能源部、中国科学院大学、中国清华大学、中国西安交通大学、中国科学技术大学、印度国家技术研究院、法国国家科学研究中心（图 2-87）。

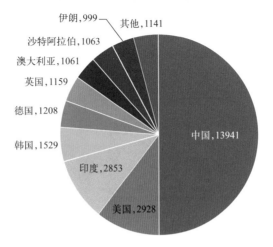

● 图 2-86　2022 年世界储能技术 SCI 论文发表数分布

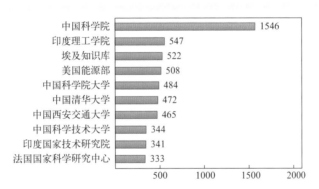

● 图 2-87　2022 年全球储能领域 SCI 论文发表量位于前 10 的机构

　　近年来我国对储能领域的基础研究热度不断提高，SCI 论文发表量持续增加，全球发表总量中的占比在 2022 年达到 50%（图 2-88）。

　　2022 年中国机构和学者发表的超过 1 万篇储能技术 SCI 论文的技术分布如图 2-89 所示。由图可知，锂离子电池、储热储冷、超级电容器、钠离子电池四项储能技术发文量均超过 1000 篇，其中锂离子电池发文量最高，为 2263 篇；随后为铅蓄电池、二氧化碳储能、液态金属电池和液流电池等。

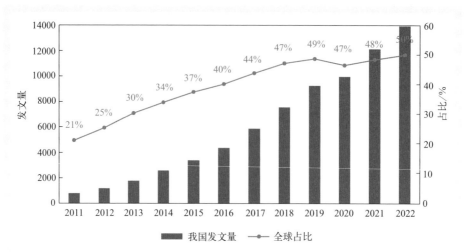

图 2-88　我国储能领域 SCI 发文量及在全球发文总量中的占比

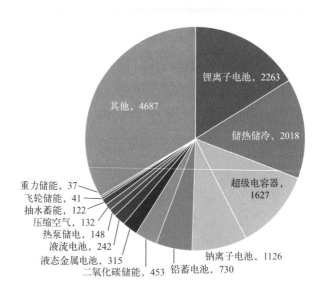

图 2-89　2022 年我国储能技术 SCI 论文发表量分布

从 2022 年我国储能领域论文发表机构（图 2-90）来看，中国科学院 2022 年发表了 1546 篇储能相关 SCI 论文，中国科学院大学、清华大学、西安交通大学等机构也具备较强的储能基础研究力量。2022 年我国 SCI

论文发表量前 10 的科研机构发文约 4800 篇，仅占总发表量的 35%，表明在全国高校及研究机构中，储能已成为广泛关注的研究热点。

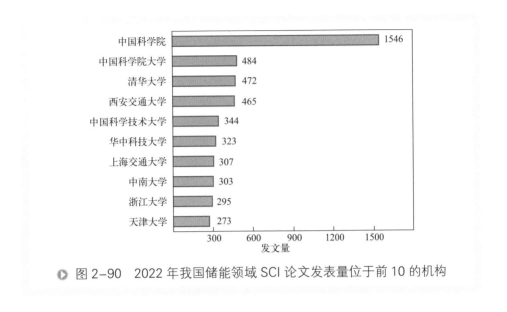

● 图 2-90　2022 年我国储能领域 SCI 论文发表量位于前 10 的机构

2.6　储能技术发展展望

2.6.1　储能面临的挑战及发展方向

目前，国内储能行业处于高速发展期，但仍有不少问题亟须解决。新型储能技术方面主要面临如下挑战。

① 成本问题。目前抽水蓄能的度电成本在 0.25 ～ 0.35 元 /（kW·h），而新型储能的度电成本均在 0.6 元 /（kW·h）以上，仍需要降低成本以实现新型储能的大规模推广应用。

② 安全性问题。储能电站的安全稳定性一直是电化学储能面临的挑战。2021 年 4 月 16 日北京丰台大红门储能电站起火爆炸事故引起全社会的广泛重视。2022 年 4 月 26 日，国家能源局发布《关于加强电化学

储能电站安全管理的通知》，明确表示要从储能电站的规划设计、设备选型、施工验收、并网验收、运行维护安全管理、应急消防处置能力等诸多领域全面对储能电站的安全管理做好规划。

③ 规模化问题。为应对新型储能系统中的大规模可再生能源并网问题，需实现新型储能规模由百兆瓦级向吉瓦级的跨越。

④ 可靠性问题。需提高储能系统在全生命周期的容量及效率的稳定性，减少储能衰减。

⑤ 寿命问题。目前技术最成熟的储能锂离子电池寿命为 5 ～ 10 年，需进一步推进长寿命的新型储能技术研发以降低全生命周期储能成本。

新型储能技术面临的问题及发展方向见图 2-91。

◎ 图 2-91　新型储能技术面临的问题及发展方向

未来，储能本体技术将继续向提升装置系统效率、安全性、寿命，降低成本的方向发展和演进。

中期目标（2030年前后）：储能在电力系统中实现规模化应用，抽水蓄能规模稳定增长，电化学储能、压缩空气储能等技术逐渐成熟，成本进一步降低，实现商业化应用。

远期目标（2050—2060年）：储能在电力系统各环节、各层级广泛应用，满足未来新型电力系统清洁低碳、安全可控、灵活高效、智能友好、开放互动的需求；储能时长超过10小时的长时储能技术得到推广应用，高功率密度全固态锂电池、金属-空气电池、钠系电池等创新型储能技术逐渐成熟并开展示范应用。

在储能系统集成与控制方面，未来将围绕储能系统低成本、高安全性、大规模、高可靠性、长寿命的应用目标，持续提升其综合技术经济性，具体领域包括储能系统控制与能量管理可靠性和可控性提升、高能量转换效率储能系统模块设计与制造、储能系统火灾预警及消防防护、储能系统全尺寸电热耦合模型与仿真、退役动力芯和模块的健康状态与残值评估、梯次利用动力电池快速分选和重组、多场景下的储能系统调度运行控制、分布式储能系统汇聚效应及其与电动汽车的高效协同控制技术等。

中期目标（2030年前后）：实现大规模储能工程设计、元件制造、设备装配、系统集成、生产运维等各环节标准化、模块化；储能系统在配置灵活性、环境适应性、应用安全性、状态评估准确性、能量转换效率、寿命等方面显著提升；在设计制造、运维、安全等多个环节与相关标准相契合；实现吉瓦级新型储能系统的集成优化；源网荷储一体化成为"多能融合"的主要发展模式之一；分布式能源系统聚集管理和控制取得进步。

远期目标（2050—2060年）：功率型、能量型储能技术在各类场景实现完全商业化的成熟应用，技术经济性指标趋于稳定；实现不同类型储能的协同优化管理，主要包括实现吉瓦级以上多类型储能在电力系统发、输、配、用各环节的多样化精确运行控制，实现大规模广域分布的移动式储能、分布式储能高效协同管理。

2.6.2　储能技术发展路线图

储能技术发展路线图见图2-92。

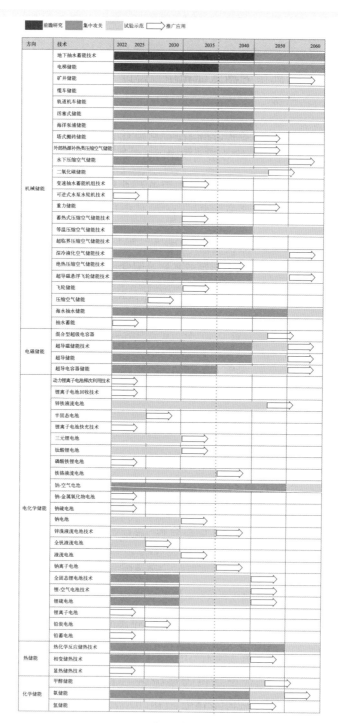

▶ 图 2-92 储能技术发展路线图

"碳达峰、碳中和"目标下储能领域对策建议

"碳达峰、碳中和"背景下，"双碳"标准不断完善，将持续推动新能源发展。大规模、高比例发展可再生能源是实现"双碳"目标的首要条件，但可再生能源波动性、不稳定性、间歇性的特点会导致可再生电力并网消纳问题，而储能技术是可再生能源大规模融合利用和未来智慧能源系统的关键核心技术。对于新型储能行业，需不断完善相关政策，打开储能需求空间。具体对策与建议如下。

2.7.1 升级优化新型储能技术，研发储备变革性储能技术

推进锂离子电池、液流电池、压缩空气储能等新型储能技术向多元化、多时间尺度、大规模、低成本方向发展，加强新技术、新装备、新材料的研发力度。强化全过程安全技术与储能智慧调控技术攻关，实现储能与电力系统的深度融合与协调优化运行。

为进一步提高新型储能技术的能效和可靠性，降低成本，应前瞻性布局更高性能、更低成本、更安全的创新型储能技术，重点针对变革性储能技术，加快关键核心技术的快速突破，推动储能技术的快速转化，为保障新型储能技术与产业的可持续发展提供一批储备技术。

2.7.2 推进新型储能应用示范，促进优秀科技成果转化落地

在适合省市布局新型储能区域示范，大力推进可再生发电和传统电源侧储能，因地制宜布局电网侧储能，灵活多样发展用户侧储能。

联合科研院所、高校、企业等科技创新资源，建立国家级储能技术创新平台，形成储能创新"集团军"，实现"产-学-研-用"深度融合，加速优秀成果转化。出台新型储能专项政策，设立新型储能技术发展专

项资金，支持创新型储能技术研究开发，推动重点技术在储能领域的示范应用，加速占据未来储能科学技术制高点。

2.7.3 完善储能市场机制建设，创新储能发展商业模式

明确新型储能的独立市场主体地位，进一步完善新型储能市场交易机制，推动储能参与各类电力市场，创新投资运营模式，促进储能项目在电源侧、电网侧和用户侧的多场景应用。

加大现有及增量新能源项目配置储能设施的补偿与支持力度，鼓励新能源电场建设储能设施或租赁共享储能设施，并将储能作为新能源项目申报的评价要素；完善电网侧储能价格疏导机制，推动电网侧储能参与电力市场交易，科学评估储能输变电设施投资替代效益，探索将电网侧储能设施成本收益纳入输配电价回收；通过增大峰谷价差、建立链接需求侧与电力现货市场的补偿机制等价格手段，提高用户侧储能收益，加速用户侧储能发展。

2.7.4 建立健全储能标准体系，强化储能项目管理

加速新型储能标准体系建设，完善储能项目准入及评价标准，重点推进安全、质量、环保、多元化应用技术等标准的出台。建立新型储能项目管理机制，明确项目备案及管理流程，构建全生命周期的储能管理体系，保障储能设施长期安全稳定运行及退役回收再利用。

规范安全、环保等方面的管理机制，加强储能电站安全风险防范及应急处理能力，规范项目建设及运行管理水平。

第3章

氢能篇

3.1 氢能概述

氢（H）是元素周期表中第1号元素，是地球的重要组成元素，也是宇宙中最常见的元素。氢主要以化合态的形式出现，单质形态通常是氢气（H_2）。氢气可利用水、化石燃料等含氢物质制取，是重要的工业原料和能源载体。氢能是指氢在物理与化学变化过程中释放的能量，是一种来源广泛、清洁无碳、灵活高效、应用场景丰富的二次能源，可用于工业原料、还原剂、储能、发电、各种交通工具用燃料、家用燃料等，有助于实现能源系统从化石燃料向可再生能源过渡的可持续发展，因此是未来清洁能源系统的重要组成部分。发展氢能是我国应对气候变化、优化能源结构的重要手段，是推动传统化石能源清洁高效利用和支撑可再生能源大规模发展的理想互联媒介，是实现交通运输、工业和建筑等领域大规模深度脱碳的最佳选择之一。

3.1.1 氢能技术分类

氢能产业链按照制氢、储氢、运氢、用氢等分为上中下游（图3-1）。

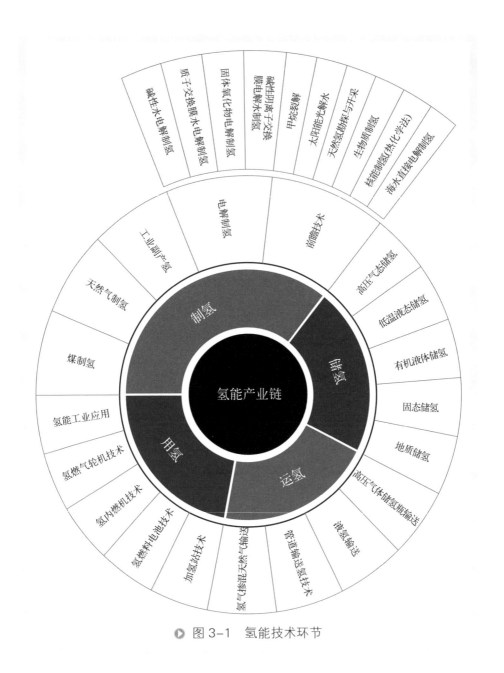

图3-1 氢能技术环节

上游是制氢环节，包括氢气的制备和提纯等，主要技术方向有煤制氢、
天然气制氢、电解水制氢、工业副产氢等；中游是氢气的储存和运输环
节，主要储氢技术包括高压气态、低温液态、有机液态氢载体和固态

材料储氢等，氢运输技术包括高压气体输送、液氢输送、管道输送、天然气掺混氢输送等；下游是用氢环节，氢能的应用范围非常广，包括工业、交通运输、建筑和发电等，主要技术方向是作为工业原料和还原剂，以及直接燃烧和为燃料电池供能。

氢气的制备可选用多种原料与技术，由于氢气原料的不同，氢气制取难易程度、能量转换效率、制氢成本和二氧化碳排放等技术参数差异巨大。特别是在"双碳"背景下，只有低碳清洁的氢气才能够在能源系统绿色低碳转型中发挥积极作用。为表述方便，近年来，人们经常用不同的颜色指代氢的来源，对制氢过程中的碳排放予以区分，例如灰氢、蓝氢、绿氢等（图3-2）。通常，采用气化或者蒸汽重整技术，以煤和天然气等化石能源为原料制取的氢气被称为灰氢，其典型特征是二氧化碳排放比较高。如果对其排放的二氧化碳进行捕集或者封存，则可以大幅度降低二氧化碳排放量，这样得到的氢气被称为蓝氢。采用可再生能源电解水得到的氢气，可以实现近零排放，一般称之为绿氢。然而，该分类方法没有对制氢工艺进行明确量化的区分，即使同一制氢工艺（如电解水制氢）也很难体现为一种颜色。因此，中国氢能源及燃料电池产业创新战略联盟（简称"中国氢能联盟"）提出了全球首个"绿氢"

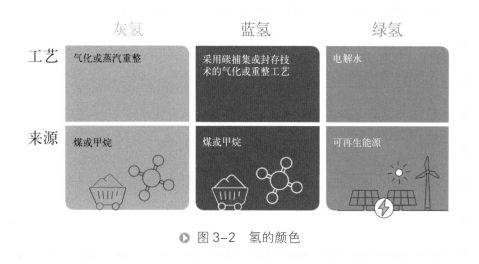

	灰氢	蓝氢	绿氢
工艺	气化或蒸汽重整	采用碳捕集或封存技术的气化或重整工艺	电解水
来源	煤或甲烷	煤或甲烷	可再生能源

▶ 图3-2 氢的颜色

标准——《低碳氢、清洁氢与可再生氢的标准与评价》（T/CAB 0078—2020）。该标准由中国产学研合作促进会于 2020 年 12 月 29 日发布并实施。该标准按照生命周期评价的方法对氢气生产过程中的温室气体排放进行评价，将氢气分为低碳氢、清洁氢与可再生氢（图 3-3）。其中，低碳氢是指温室气体排放值（以 CO_2 和 H_2 质量计）在 14.51kg/kg 以下的氢气，清洁氢是指温室气体排放值在 4.90kg/kg 以下的氢气，可再生氢则采用与清洁氢相同的排放阈值，但同时要求能量来源为可再生能源。

⊙ 图 3-3 低碳氢、清洁氢与可再生氢的标准

3.1.2 氢能应用场景

氢能作为一种理想的清洁能源，具有清洁无污染、应用场景广泛等优势，在推动能源系统绿色低碳化转型的过程中可以发挥关键的作用。在交通领域，氢能通过氢燃料电池发电或氢内燃机燃烧可以为汽车、火车、船舶、飞机等提供动力。其中，氢燃料电池汽车具有环境相容性好、续航里程长、加注燃料时间短、能量转换效率高、噪声小等优点，作为新能源汽车技术路线之一，已在全球范围内引发了广泛关注。

氢气是重要的工业原料，有着广泛的应用。在石油炼制和精制过程中，氢气主要用于加氢脱硫、加氢裂化等工艺，提高油品产量和质量。同时，氢气是合成氨、甲醇等化工产品的主要原料，在化工过程中占有重要地位。目前，化工过程主要依赖化石能源制氢，生产过程中会产生大量的二氧化碳，是碳排放的主要来源之一。随着绿氢技术的不断发展，绿氢将成为化工行业实现脱碳的重要支撑。在钢铁生产中，利用氢气直接还原铁（DRI）是一种具有潜力的新型技术，其优点是可以实现零排放。随着技术的不断发展，DRI工艺有望在未来成为钢铁行业的主流生产工艺。此外，氢气还可以直接燃烧供能，为工业部门提供高品质热源。

氢作为储能介质，可以大规模、长时间跨度地储存能量。氢储能可以与可再生能源发电相结合，形成"风光氢储"一体化系统，将多余的电力用于制氢，一方面氢气可以直接用于下游用户，推动可再生能源的高效消纳，另一方面可以将氢气重新转化为电能，用于平抑可再生能源发电的波动，提高电力系统的稳定性。随着未来可再生能源的大规模发展，氢储能将发挥越来越重要的作用。

3.2　国际氢能发展现状

3.2.1　全球氢能生产概况

2022年，全球氢气产量9500万吨，制氢过程中的二氧化碳排放超过9亿吨。其中，7500万吨（79%）来自专门的制氢工厂；其余21%为混合气体，用于合成甲醇以及冶金。世界范围内，天然气是制氢的主要原料，占比约为62%；煤制氢占比约为21%；工业副产氢气约为16%；电解水制氢、耦合CCUS（碳捕集、利用与封存）的化石燃料制氢等低碳氢生产技术占比不足1%，且主要来源于耦合CCUS的天然气制氢项目（图3-4）。2022年，电解水制氢产能接近10万吨，相比2021年增加了35%，发展迅猛。

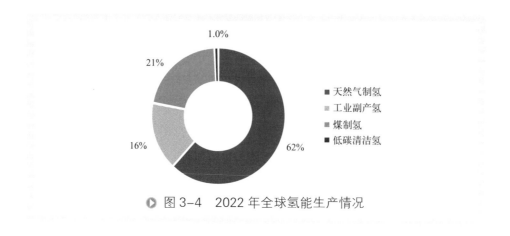

图3-4 2022年全球氢能生产情况

随着对气候变化的担忧加剧，全球规划低碳氢项目数量快速增加。截至2023年10月，全球应对气候变化相关的低碳氢生产项目近2000项，相比2022年同期增加约35%。从现有及规划项目数量上看，电解水制氢技术是未来低碳氢生产的主流，累计超过1700项，占比接近90%；耦合CCUS的化石燃料制氢项目145项，占比约7%。在已经明确技术路线的电解水项目中，质子交换膜（PEM）电解水制氢项目345项，占比最高；碱性（ALK）电解水项目264项；固体氧化物（SOEC）电解水项目48项（图3-5）。

按现有项目统计，如果目前规划的项目全部如期投产，预计2025年低碳氢产能（标准状况）将超过2000万立方米每时（约1500万吨每年）；2030年超过10000万立方米每时（约7500万吨每年），其中电解水制氢占比约为82%，耦合CCUS的化石能源制氢占比约17%，其余低碳氢生产技术占比小于1%（图3-6）。由于耦合CCUS的化石能源制氢技术项目产能通常较大，故其按产能统计的占比要高于按项目数量统计的占比。

目前统计的规划项目中，电解槽装机规模预计到2025年达到80GW；至2030年达到442GW，相比2022年同期统计规模增长超过50%，相比2021年同期更是增加了两倍以上（图3-7）。

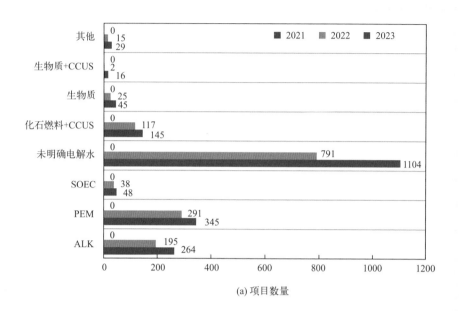

(a) 项目数量

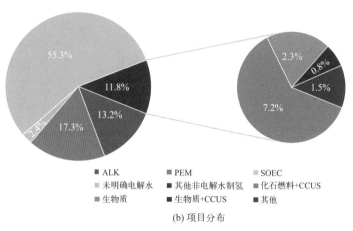

(b) 项目分布

● 图 3-5　全球低碳氢生产项目统计

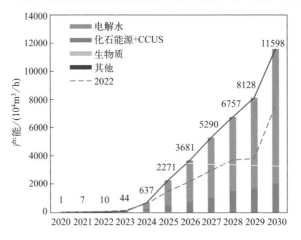

图 3-6　全球低碳氢规划产能

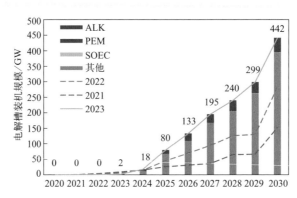

图 3-7　全球电解水制氢规划产能

然而，目前大多数规划项目尚处于早期阶段，项目不确定性较大。如图 3-8 所示，计划 2023 年投产的项目中，目前已投产的项目产能不足9 万立方米每时（约 6 万吨每年），占比不足 30%；已敲定最终投资决定（FID）或者在建的项目产能约 22 万立方米每时（约 16 万吨每年），约占规划产能的 90%。预计 2025 年投产的项目中，达到 FID 或者在建阶段的产能约 150 万立方米每时（约 110 万吨每年），约占规划产能的

9%。预计 2027 年投产的项目中，目前达到 FID 或者在建阶段的产能占比不足 2%。如果没有足够的低碳氢需求及相关产业政策的驱动，大多数规划项目可能都不会持续推进。

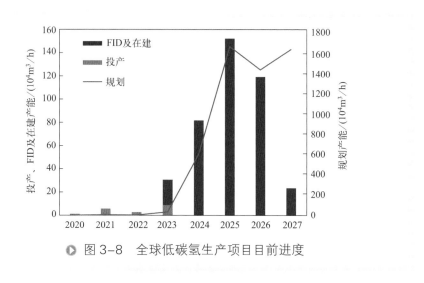

● 图 3-8　全球低碳氢生产项目目前进度

3.2.2　全球氢能消费概况

2022 年，全球氢气消费量约为 9500 万吨，比 2021 年增长了 3%。这些增长主要来源于传统的工业部门，如炼油和化工等（见图 3-9）。氢气在推动能源清洁转型的新兴领域（如交通、氢衍生燃料、氢储能等）的消费量仍然非常少，仅有不到 0.1%。

全球分区域来看，氢气消费主要集中在中国和北美等地区。如图 3-10 所示，2022 年中国和北美地区氢气消费量占比分别达到了 29% 和 17%。2022 年北美和中东地区的氢气消费量增长较为显著，相比 2021 年增加 7% 左右；欧洲地区由于受到俄乌冲突引发的能源危机影响，化工等行业活动减少，氢气消费量下降近 6%；中国仍然是氢气消费量最大的国家，但增长速度较为缓慢（3%）。

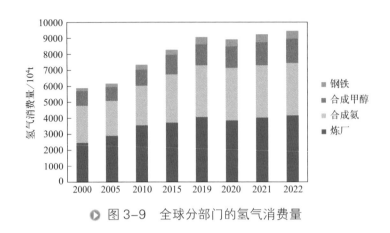

图 3-9　全球分部门的氢气消费量

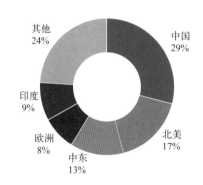

图 3-10　2022 年全球氢气消费地区分布

全球大规模部署氢气是应对气候变化的重要举措之一，具有重要的脱碳潜力。因此，低碳氢的生产备受关注。相比 2022 年，2023 年规划用于各种终端用途的低碳氢项目显著增加，广泛分布在工业、交通、建筑、能源等各个领域。如图 3-11 所示，交通领域项目数量达到 575 项，较 2022 年同期增加 30%；炼厂、合成氨、甲醇、钢铁、其他工业共计达到 923 项，相比 2022 年同期增加 60%，较 2021 年同期增加了两倍。

以上分析说明在工业部门，低碳氢的规划显著提速。**❶**

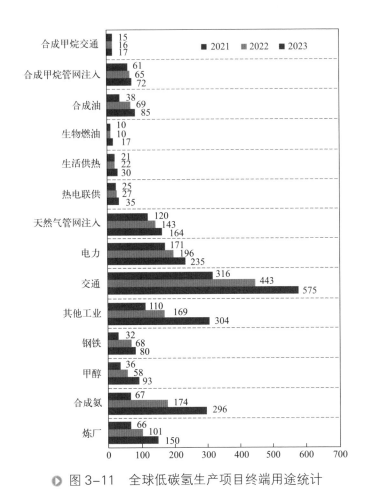

● 图 3-11   全球低碳氢生产项目终端用途统计

2021 年以来，石油需求有所回升。如图 3-12 所示，2022 年，炼厂氢气消费量超过了 4100 万吨，超过 2019 年的水平。相比 2021 年，2022

---

❶   数据库中大多数项目规划了多个终端用途，且未明确各个终端用户氢气的需求量。本节讨论旨在探讨不同部门规划项目的发展趋势，故本节统计终端部门的项目数量以及规划低碳氢产能时，凡是规划中涉及该终端部门的均考虑在内，项目数量及低碳氢产能存在重复统计。

年北美和中东地区的消费量增长最多，合计增加约 100 万吨，占全球炼厂氢气需求增长的四分之三。美国和中国是炼厂氢气消费量最大的两个国家，合计接近全球的一半。

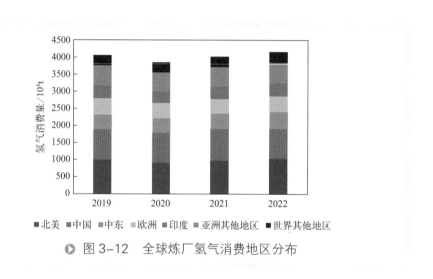

图 3-12　全球炼厂氢气消费地区分布

在炼厂用氢领域，规划的低碳氢生产项目以耦合 CCUS 的化石燃料制氢为主（图 3-13）。按目前规划项目统计，未来几年内低碳氢产能将显著增加，预计 2030 年与炼厂用氢相关的低碳氢产能将达到 850 万吨，较 2022 年同期规划产能增长 20%，较 2021 年同期规划产能增加接近 100%。低碳氢生产技术以化石燃料 +CCUS 技术为主。

炼厂之外的工业部门，2022 年合成氨氢气消费量约 3300 万吨，合成甲醇约 1500 万吨，钢铁工业（DRI）约 500 万吨（图 3-9），氢气消费已经开始恢复，并已超过 2019 年的水平。氢气消费的增长主要受到氨、甲醇和钢铁工业需求的增长推动，但增长率低于前几年的平均水平。如图 3-14 所示，在上述行业中，中国是氢气消费量最大的国家，占世界消费总量的 35%；其次是中东，占 14%；北美和印度分别占 10% 和 9%；欧洲由于受到能源危机的冲击，氢气消费有所下降。

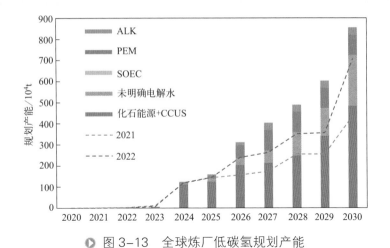

> 图 3-13 全球炼厂低碳氢规划产能

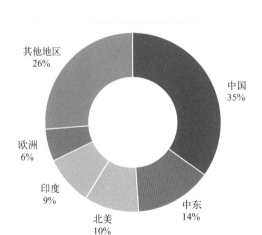

> 图 3-14 2022 年全球合成氨、甲醇和钢铁行业氢能消费地区分布

合成氨及甲醇等化工行业规划的低碳氢生产项目以电解水制氢为主。绿氨和绿色甲醇储氢密度高,可以作为氢气的良好载体,能够支撑长距离海上运输及跨境贸易,因此受到广泛关注。特别是电解水制氢合成绿氨,由于氨分子中完全不含碳,2021 年以来受到的关注更多,是规划项目的热点,截至 2023 年 10 月的规划产能相比 2022 年同期增加了 1.5 倍,

相比 2021 年则增加了 10 倍以上，到 2030 年绿氨合成相关的低碳氢产能将达到约 3800 万吨（图 3-15）。相比绿氨规划项目的爆发式增长，绿色甲醇合成相关的低碳氢项目在 2022 年之前增长相对缓慢，较 2021 年之前规划产能增加 30%，但之后规划产能显著提速，目前规划项目相比 2022 年同期增长 1 倍以上。按目前规划项目预计，2030 年绿色甲醇产能将达到 300 万吨（图 3-16）。

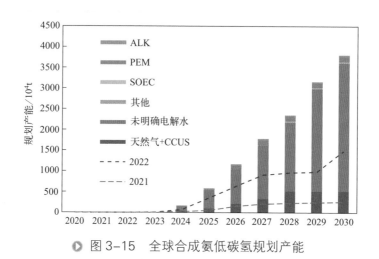

● 图 3-15　全球合成氨低碳氢规划产能

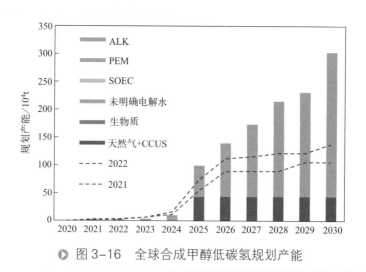

● 图 3-16　全球合成甲醇低碳氢规划产能

钢铁行业直接还原铁（DRI）技术是一项变革性的技术，有望促进钢铁行业的大幅度减排。目前应用的 DRI 技术主要是采用一氧化碳与氢气的混合气体进行还原，未来随着技术的突破，纯氢 DRI 技术能够实现钢铁行业的近零排放。与合成氨、合成甲醇等用途相比，纯氢 DRI 技术尚不够成熟，目前处于技术示范与验证阶段，相关项目的不确定性较大。现有的规划项目主要考虑采用电解水制氢技术满足钢铁行业的氢气需求，预计到 2030 年与钢铁行业相关的低碳氢规划产能接近 500 万吨（图3-17），相比 2022 年报道的规划产能有所减少，原因是部分项目延期或者调整了规划。

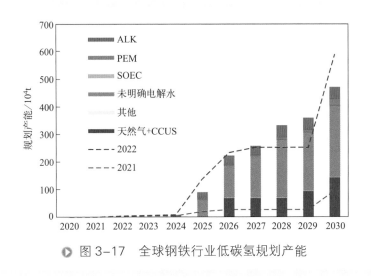

图 3-17　全球钢铁行业低碳氢规划产能

2022 年，全球氢燃料电池汽车保有量超过 7 万辆，投入运营的加氢站累计超过 1000 座，氢燃料电池汽车部署及加氢站等氢能基础设施建设在加速发展（图 3-18）。随着氢燃料电池汽车的加速部署，交通部门氢气消费量也在增加，达到约 3.2 万吨，相比 2021 年增加了约 45%，然而在氢气消费总量中仅占约 0.03%（图 3-19）。燃料电池汽车（FCEV）最早在乘用车和公共汽车领域得以应用，但随着重型燃料电池卡车的销售增加，它们的份额迅速增加，特别是在中国，氢燃料电池重卡等商用车受到广泛重视。因此，尽管中国燃料电池汽车仅占全球的 20%，氢气消费量却占交通部门氢气消费总量的一半以上（图 3-20）。

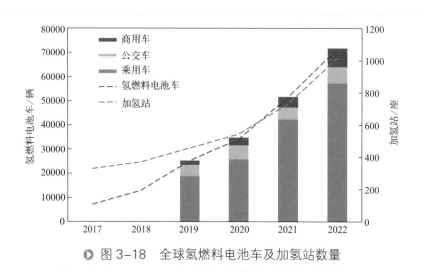

▶ 图 3-18　全球氢燃料电池车及加氢站数量

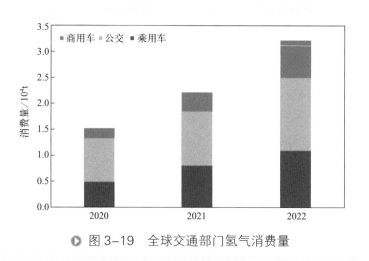

▶ 图 3-19　全球交通部门氢气消费量

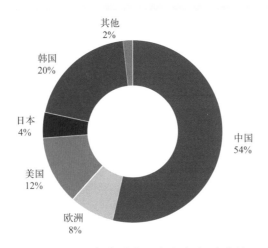

图 3–20　2022 年全球交通部门氢气消费地区分布

在建筑和发电领域，目前氢气的需求量可以忽略。在短期内，建筑部门氢气的需求将主要是以天然气掺氢的形式部分替代目前家庭供热用的天然气。氢气用于发电目前也处于早期阶段。全球范围内，在现有天然气或燃煤锅炉中掺入氢气或者氨可能是近期发电行业减碳的可行路径。

3.2.3　主要国家和地区氢能产业现状及推进方向

自 2000 年以来，全球多个国家和地区将氢能作为其能源系统的重要组成部分，相继发布了氢能相关领域的发展战略和规划，美国、日本、德国等国家甚至将氢能规划提升到国家能源战略的高度（图 3-21）。

3.2.3.1　美国

美国一直倡导支持氢能作为能源载体和采用氢能技术，并将氢能产业发展作为长期战略储备，制定了较为全面的技术发展路线图。美国氢能产业发展的主要目标是确保美国在新兴技术领域的领先地位。为此，美国十分重视氢能产业链上下游相关技术的培育，形成了较为完善的氢能技术产业链，涉及氢气的生产和储运、燃料电池制造、燃料电池汽车

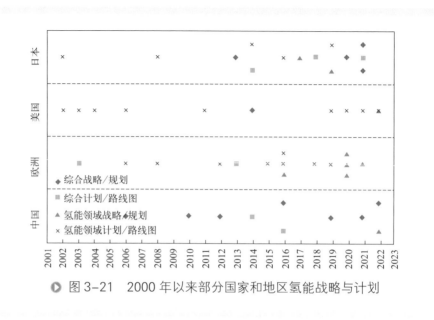

图 3-21 2000 年以来部分国家和地区氢能战略与计划

及加氢站基础设施等。美国氢能政策历程见表 3-1。2002 年，美国先后推出《美国向氢经济过渡的国家愿景——2030 年及以后》和《国家氢能发展路线图》，标志着美国氢能产业发展进入行动阶段。此后，美国陆续出台《氢能技术研究与开发行动计划》和《氢能行动计划》等政策，引导氢能产业发展。2014 年，美国发布《全面能源战略》报告，强调了氢能在推动交通运输业变革方面的重要性。2016 年美国能源部推出 H2@Scale 计划，旨在推进廉价、清洁氢气的生产、储存、运输和使用（图 3-22），从而在交通运输、冶金、发电、供热、合成氨和化肥等部门实现脱碳，该计划侧重于氢能技术的成本和性能指标。2019 年，美国氢能与燃料电池协会发布《氢能经济路线图》，重申美国将继续保持氢能领域技术的优势地位。2020 年，美国能源部发布《氢能计划发展规划（2020—2030 年）》（Hydrogen Program Plan，见图 3-23），旨在推动氢能技术的研究、开发和示范，以应对能源安全和环境挑战。该计划明确了氢能发展的核心技术领域、需求和挑战及研发重点，并确立了氢能计划的主要技术经济目标，以确保氢能技术的可持续发展。2021 年 6 月，美国能源部宣布氢能攻关（Hydrogen Earth Shot）计划，目标是在未来10年内将清洁氢的成本削减80%，达到1美元每千克（即"三个一"，$1 per 1 kilogram in 1 decade，图3-24）。2021年11月15日，美国总统拜登签署了《两党基础设施法案》（Bipartisan Infrastructure Law），该法案包括总共95亿美元的氢能专款，主要用于建设区域性氢能中心、推动清洁氢技术研发示范以及开发低成本的电解水制氢技术。该法案还要求在2026年之前将清洁氢的生产成本降低至2美元每千克，并要求制定国家氢能战略和路线图。2022年9月，美国能源部发布《国家清洁氢能战略和路线图（草案）》（图3-25、表3-2、表3-3），探索清洁氢在多个部门减碳的潜力，指出到2030年、2040年和2050年美国清洁氢需求将分别达到1000万吨每年、2000万吨每年和5000万吨每年。

表3-1 美国氢能政策历程

政策时间	政策名称	氢能发展要点
2002年	国家氢能发展路线图	指明了氢能发展的蓝图
2006年	氢能行动计划	支持美国向以氢能为基础的交通能源系统转变
2011年	氢能及燃料电池项目计划	氢能与燃料电池项目的战略、活动和计划
2014年	全面能源战略	明确氢能在交通运输转型中的引领作用
2016年	H2@Scale计划	推进廉价、清洁氢气的生产、储存、运输和使用
2019年	氢能经济路线图	重申美国将继续保持氢能领域技术的优势地位
2020年	氢能计划发展规划（2020—2030年）	未来10年及更长时期氢能研究、开发和示范的总体战略框架
2021年	能源攻关计划——氢能攻关	削减清洁氢成本
2022年	国家清洁氢能战略和路线图（草案）	美国清洁氢能价值链的近、中、长期行动

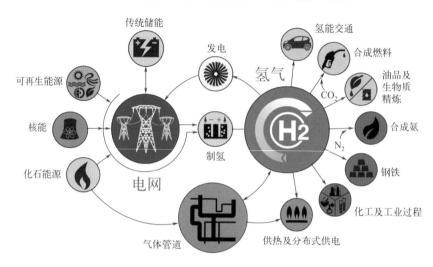

图 3-22　美国能源部 H2@Scale 计划将氢能作为能量载体的愿景

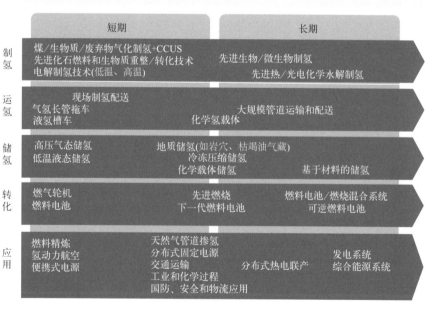

图 3-23　美国《氢能计划发展规划（2020—2030 年）》关键技术选项

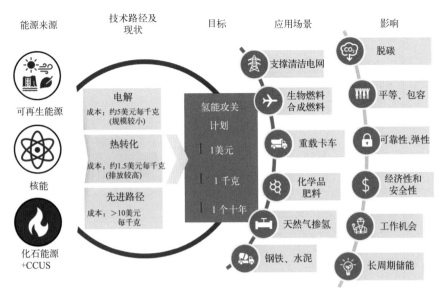

图 3-24 美国氢能攻关计划目标（"三个一"）

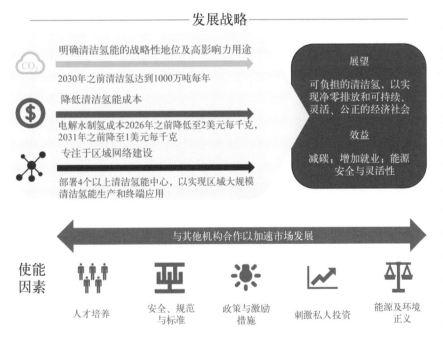

图 3-25 美国《国家清洁氢能战略和路线图（草案）》

表3-2 美国《国家清洁氢能战略和路线图（草案）》关键项目目标（2022—2036年）

项目	2022—2023年	2024—2028年	2029—2036年
清洁制氢	・路径：3种以上 ・10000小时高温电解槽测试 ・生命周期排放评估：3种以上路径 ・核能耦合电解水制氢：1.25MW ・有条件贷款计划协议：2份以上	・清洁制氢示范项目：10个以上 ・规模化电解制氢成本（2026年前）：2美元/kg ・低温电解槽：效率51kW・h/kg；寿命80000小时；成本250美元/kW ・高温电解槽：效率44kW・h/kg；寿命60000小时；成本300美元/kW ・核能高温制氢：20MW	・清洁氢产能1000万吨每年以上 ・清洁氢生产成本：1美元/kg ・低温电解槽：效率46kW・h/kg；寿命80000小时；安装前成本100美元/kW ・高温电解槽：保持或提高现有效率；寿命80000小时；成本200美元/kW
储运基础设施及供应链	・重型应用平均加氢速率：10kg/min ・液氢加氢站占地面积相比2016年基准减少40% ・临氢部件密封和金属耐久性相比2018年基准值提高50% ・高压压缩机和低温泵达到400kg/h ・氢气流量计量精度达到5%以上（最高流量20kg/min）	・氢气液化效率：7kW・h/kg ・氢气储存容器碳纤维成本与2020年相比降低50% ・膜/离子聚合物材料回收率50%；铂族金属（PGM）回收率>95% ・美国本土电解槽制造能力3GW以上	・规模化氢气供应成本4美元/kg（包括加氢站的生产、交付和分配） ・膜/离子聚合物材料回收率70%；PGM回收率99% ・实现3条或更多经验证可减排的路径，同时满足环境和能源正义优先事项

项目	2022—2023年	2024—2028年	2029—2036年
终端用户及使能因素	• 重型卡车燃料电池成本：170美元/kW（基准200美元/kW） • 公交车燃料电池寿命：18000小时 • 数据中心备用燃料电池电源：1.5MW • 海上应用：1MW • 燃料电池送货卡车：15辆 • 耦合清洁氢制备和合成氨示范项目：1个或多个	• 重型卡车燃料电池成本：140美元/kW • PGM消耗量相比2020年基准值减少50% • 氢基还原铁：1t/周（明确5000t/d规模的路径） • 纯氢涡轮机NO_x排放：9μL/L（进一步通过选择性催化还原降低至2μL/L） • 燃料电池超级卡车项目：完成3个 • 区域性清洁氢中心：4个以上	• 重型卡车燃料电池成本：80美元/kW • 固定式燃料电池：成本900美元/kW，寿命40000小时 • 大规模氢能应用示范中心：4个或更多 • 清洁氢能消费量1000万吨每年或更多

表3-3　美国《国家清洁氢能战略和路线图（草案）》近中长期行动时间表

项目	2022—2025年	2026—2029年	2030—2035年
清洁制氢	促进电解、热转化及制氢新技术研发和示范，以实现"氢能攻关计划"目标	示范可复制、可扩展的可再生能源制氢、核能制氢、化石能源耦合CCUS制氢	扩大电解槽生产和再循环再利用能力
储运基础设施	识别基础设施推广障碍并确定其优先次序	部署吉瓦级电解槽，发展国内供应链	实现1000万吨清洁氢产能及1美元/kg目标
终端应用及市场采纳	启动难脱碳行业转型应用示范设施	至少部署4个区域清洁氢能中心	开发可持续的区域清洁氢能网络
使能因素	促进利益相关方参与；出台安全规范和标准；建立关键供应链	确保清洁氢能中心所在区域的弱势群体获得40%的收益	示范商业案例，刺激民间资本；实现"Justice 40倡议"目标，创造高收入工作，确保公共健康和安全

为加快清洁氢的规模化部署，美国希望通过区域性氢能中心的建设，协调氢能发展需求、供应和基础设施，采用政策干预措施降低成本并鼓励采用清洁氢气，加快氢能的规模化。区域性氢能中心是由氢气生产者、潜在或实际的氢气消费者以及相互连接的基础设施组成的网络。为了帮助氢气供应商和用户确定扩大发展以实现区域氢能中心的机会，美国能源部还发布了在线工具——H2 Matchmaker。该工具有助于提高技术开发商和供应商对氢和燃料电池区域项目的认识，支持私营部门发展制氢、储存和运输基础设施以及按区域部署燃料电池，通过为当前和计划中的项目提供氢气供需图，促进区域商业发展。

美国拥有庞大的炼油和化工部门，是世界上最大的氢气生产和消费国之一，年氢气消费量超过 1000 万吨。美国氢气主要来源于天然气重整，以及炼油厂与石化行业的副产氢。

随着美国政府出台具体政策措施鼓励清洁氢生产，并刺激下游需求，美国电解水制氢项目部署显著提速。截至 2023 年 5 月，美国电解水制氢装机规模 67MW（仅统计 120kW 及以上规模），单个项目规模最大为 40MW，规划项目规模为 3.6GW，单个项目最大 1.25GW，总计约 3.7GW，是 2022 年对应规模（620MW）的 6 倍，增长迅速。在美国现有和规划的电解槽装机中，大多数为 PEM 电解装置，碱性和 SOEC 电解装置占比不足 10%。

美国有超过 2600 公里的氢气管道目前已投入商业运营运行，占全球氢管线的一半。大多数管道由氢气生产商运营，主要位于美国炼油能力集中的墨西哥湾沿岸地区。目前，全球运营的四个盐穴储氢项目（表 3-4）中的三个都在美国得克萨斯州，包括 2016 年投入使用的世界上最大的 Spindletop 设施。

2022 年，美国燃料电池汽车保有量超过 13000 辆，燃料电池公交车超过 80 辆，加氢站约 50 座。另外，美国在运营的燃料电池物料搬运车超过 50000 辆，较 2021 年增加约 10000 辆，用于固定式发电和备用电源的燃料电池装机量超过 500MW。

表3-4 全球盐穴储氢运行项目

参数	美国 Clemens Dome	美国 Moss Bluff	美国 Spindletop	英国 Teesside
地质类型	盐穴	盐穴	盐穴	盐床
运营商	康菲石油（Conoco Phillips）	普莱克斯（Praxair）	液化空气（Air Liquide）	沙比克（Sabic Petrochemicals）
启动时间	1983年	2007年	2016年	1972年
储存体积/m³	580000	566000	906000	3×70000
平均深度/m	1000	1200	1340	365
压力范围/MPa	7～13.7	5.5～15.2	6.8～20.2	4.5
工作容量 体积容量/10⁶m³	27.3	41.5	92.6	9.12
工作容量 储存容量（以低位热值计）/（GW·h）	81.9	124.5	277.8	27.36

3.2.3.2 欧洲

欧洲能源和气候政策格局正在发生重大变化，其目标是建立有利于向气候中性经济转型的监管框架，加速温室气体减排，并促进氢能等清洁技术的应用。2019年，欧盟委员会提出了一项欧洲绿色协议（European Green Deal）的提案，该政策路线图意在成为"欧盟的新增长战略"。该提案标志着欧盟能源和气候政策的重大转变，更加强调能源系统的脱碳。此外，欧盟于2021年6月通过了《欧洲气候法》（European Climate Law），将到2050年实现温室气体净零排放（"碳中和"或"气候中和"）的约束性目标写入欧盟法律，并且制定了到2030年欧盟温室气体相比1990年减排至少55%的目标，表明了欧盟对应对气候变化的决心和承诺。

欧盟能源和气候政策转型中与氢能相关的举措主要包括能源系统融合战略（Energy System Integration Strategy）和欧洲氢能战略（European Hydrogen Strategy）。这两项战略显示了氢能在未来经济脱碳中的重要性，比如高温工业（水泥等）、工业原料（钢铁、化肥）以及重载和长途运输（海运、航空、重型车辆等）。在这两项战略中，氢能被视为连接能源系统的关键技术。欧洲氢能战略设定了清洁氢气生产目标：到2024年在欧盟实现至少6GW的可再生氢气生产能力（可生产100万吨可再生氢气），到2030年达到40GW，另外还有40GW安装在欧盟附近（可生产1000万吨可再生氢）。此外，欧盟"Fit for 55"一揽子计划（表3-5）旨在使欧盟走上实现55%目标的轨道，而氢能和脱碳气体市场一揽子计划是旨在实现欧盟气候目标的两大立法。这些举措的目的是为实现到2030年温室气体减排55%、到2050年实现气候中和，以及发展氢经济的目标制定一个有利于清洁能源转型的监管框架。

表3-5　"Fit for 55"一揽子计划中氢能相关政策条目

Main hydrogen relevant policy items	氢能相关政策条目
Carbon Border Adjustment Mechanism	碳边界调整机制
FuelEU Maritime—green European maritime space	FuelEU Maritime——绿色欧洲海洋空间
ReFuelEU Aviation—sustainable aviation fuels	ReFuelEU Aviation——可持续航空燃料
Revision of the Renewable Energy Directive	可再生能源指令的修订
Revision of the EU Gas Regulation	欧盟气体法规的修订
Revision of the EU Gas Directive	欧盟天然气指令的修订
Revision of the EU emission trading system（ETS）	欧盟排放交易体系（ETS）的修订
Revision of the Energy Taxation Directive	能源税指令的修订
Revision of the Energy Performance of Buildings Directive	建筑领域能源性能指令的修订
Revision of the Energy Efficiency Directive	能源效率指令的修订
Revision of the Directive on Deployment of Alternative Fuels Infrastructure（Regulation）	替代燃料基础设施部署指令（条例）的修订
Revised CO_2 emission standards for cars and vans	修订后的汽车和货车二氧化碳排放标准
Review of the Effort-Sharing Regulation	审查共同努力条例

2020 年 7 月的欧盟氢能战略和 2020 年 11 月的欧洲清洁氢联盟是重要的里程碑。欧盟氢能战略强调氢能在工业和重型运输中的使用，以及可再生能源的调峰作用，特别是西北方海上风电和南方光伏发电。欧洲清洁氢联盟汇集了行业、州和地方政府、民间社会和其他利益相关者来共同实施该战略。

在供应方面，可再生能源电解水制氢被认为是制氢的主要方式。近期，其他低碳制氢技术逐渐加入，并开拓氢市场、扩大规模，电解水制氢成本逐渐降低。除生产低碳氢以外，欧盟还将电解水技术视为技术出口的战略机遇。欧盟氢能战略设想了氢应用的三个阶段（如表 3-6 所示）。

表3-6　欧洲氢能战略的三个阶段

阶段	目标
第一阶段（至2024年）	侧重于扩大规模，中期目标为6GW可再生能源电解制氢，以激发在重型运输等领域的新用途
第二阶段（2025—2030年）	氢能成为综合能源系统的重要部分，可再生氢具备成本竞争力，氢能在冶金和航运中有新的应用
第三阶段（2030年后）	可再生氢技术应趋于成熟，并大规模部署，以覆盖所有难脱碳部门

2020 年 12 月，欧盟委员会通过了修改欧盟关于跨欧洲能源网络的规则（TEN-E 法规）的一项提议，终止对天然气管道的支持，并用氢气网络取而代之，氢气网络是符合欧盟标准且共同受益的基础设施项目。该提案涵盖与跨境能源网络相关的专用氢气运输、新型大规模电解槽项目设施和旧设施的再利用等内容。

欧盟已经在氢能应用技术方面取得了一些进展，其中欧洲燃料电池和氢能联合组织（FCH-JU）通过对研究、创新和示范进行支持，在其中发挥重要作用。欧盟目前已安装超过 140MW 的电解水制氢装置，尚处于规划阶段的 20GW 电解水制氢装置中，已经有超过 1GW 处于在建或已承诺资金阶段，新规划的项目数量也在迅速增长。然而，目前的规划项目还未达到欧盟的目标，且受限于电解槽产能不足等因素，目前已实施和规划的电解水制氢项目规模可能无法实现欧盟 2050 年净零排放的承诺。

在交通方面，截至 2020 年底，欧盟国家约有 2200 辆燃料电池汽车（以乘用车为主），加氢站约 165 座，其中德国数量最多。同时捷克共和国、法国、荷兰、葡萄牙和西班牙都有 FCEV 目标，如果这些目标得以实现，到 2030 年欧盟国家将有大约 415000 辆 FCEV。

在工业领域，作为 REFHYNE 项目的一部分，ITM 能源公司和壳牌于 2021 年 7 月在德国莱茵兰炼油厂建设了 10MW PEM 电解槽。在炼钢方面，蒂森克虏伯公司（Thyssenkrupp）展示了在一个高炉中用氢气部分替代煤粉的技术，并正在将这种做法扩展到其他高炉。自 2019 年以来，位于奥地利林茨的 H2FUTURE 项目已将 6MW PEM 电解槽生产的氢气输送到钢铁厂的焦炉煤气管道中。HYBRIT 项目是首个尝试使用纯氢 DRI 生产钢铁的项目，目前处于中试阶段（4.5MW 电解产能），预计 2025 年开始示范。同样在钢铁行业，GrinHy2.0 项目使用了全球最大的 SOEC 电解槽（0.72MW，由 Sunfire 制造）。在化工领域，西班牙的 Fertiberia 和 Iberdrola 两家公司正在建设全球最大的绿色合成氨示范项目（20MW），丹麦的 GreenLab Skive 正在建设 12MW 的甲醇生产示范项目。

在基础设施建设方面，欧洲已经开始着手开发氢气专用基础设施。欧洲拥有超过 1600 公里的氢气管道，其中大部分用于工业部门，且已经投入使用，但低碳氢的大规模部署将需要额外的氢气分配系统。因此，一个天然气网络运营商财团于 2020 年启动了欧洲氢气骨干网（EHB）计划，横跨 21 个国家（包括瑞士和英国等非欧盟国家）。据 EHB 预计，到 2040 年，氢气管道将达到 39700 公里，其中 69% 为天然气网络的重新利用，31% 为新建氢气管道。2018 年 11 月，荷兰国家天然气管网作业公司（加苏尼）首次对天然气管道进行氢气利用改造，并投入商业服务。该管道全长 12 公里，年输送氢气 4000 吨。2021 年 6 月，加苏尼还宣布，已制定到 2027 年的国家氢气运输基础设施发展计划，其中 85% 的基础设施建设将聚焦于天然气管道改造。2021 年 9 月，荷兰政府宣布投资 7.5

亿欧元，将现有的天然气网络转变为氢气传输基础设施。此外，这家天然气管道运营商最新的十年欧洲网络发展计划粗略估计，到2030年，可以改造1100公里的天然气管道，但目前这些项目的投资尚未落实。包括法国、德国、荷兰和葡萄牙在内的多个欧盟国家也在进行天然气掺混氢气输送的试验。2021年5月，德国政府公布了62个大型氢能项目，其中管道运输已入选欧洲共同利益重要项目（IPCEI），获得了高达80亿欧元的财政支持。

在绿氢认证方面，2021年12月，欧盟委员会发布了关于氢能和脱碳市场的立法"一揽子计划"。"一揽子计划"提出了欧盟氢能市场发展的新规则，为欧盟气候转型能源监管框架内蓝氢和绿氢的概念及作用带来了期待已久的法律明确性。可再生氢必须符合以下条件：①从生物质以外的可再生资源中获取能量；②与化石燃料相比，温室气体排放量减少70%。低碳氢被定义为来自不可再生能源的氢气，并且与化石基氢气相比，满足70%的温室气体减排阈值。这意味着欧盟关于可再生氢（绿氢）和低碳氢（蓝氢）的最大温室气体排放强度的规则将大体相似，遵循相同的脱碳标准（即减排70%温室气体）。

3.2.3.3 日本

在日本，氢能被视为转变能源结构、保障能源安全和应对气候变化的关键因素。氢能源已经成为日本国家能源战略的重要组成部分，目标是实现"氢能社会"。日本的氢能产业发展迅速，在家用分布式燃料电池热电联供系统和燃料电池汽车等领域取得了突破性进展，成为引领全球氢能应用的先驱。日本于2017年发布《氢能基本战略》，将氢能提升至国家战略高度，并自2018年以来通过年度氢能部长级会议一直引领国际合作。2020年10月，日本宣布将扩大可再生能源和氢能的使用，并加快关键技术的研发，到2050年实现碳中和。之后，日本于2021年5月正式通过修订后的《全球变暖对策推进法》，以立法的形式明确了日本政府提出的到2050年实现碳中和的目标。日本氢能基本战略情景见表3-7。

表3-7　日本氢能基本战略情景简表

项目	目前状况	2030年目标	未来目标
供给	主要来源于化石能源的副产品和天然气重整，正在进行氢能供应链的开发及量产示范	开拓国际氢能供给链，开发国内电解水制氢提供可再生氢能	零排放氢能（耦合CCUS的褐煤气化制氢，可再生能源制氢）
产量	当前200吨每年，到2020年达到4000吨每年	形成30万吨每年的商业化供应能力	500万吨每年至1000万吨每年以上，主要用于氢能发电
成本	100日元每立方米（加氢站价格）	减少至1/3以下，达到30日元每立方米	减少至1/5，达到20日元每立方米
发电	研发阶段：氢能发电示范，建立环境价值评估系统	17日元每千瓦时	12日元每千瓦时，取代天然气发电
交通	加氢站100座，2020年160座 燃料电池汽车2000辆，2020年40000辆 燃料电池公交车2辆，2020年100辆 燃料电池叉车40辆，2020年500辆	加氢站900座 燃料电池汽车800000辆 燃料电池公交车1200辆 燃料电池叉车10000辆	加氢站取代加油站 燃料电池汽车取代传统汽油燃油车 引入大型燃料电池车
燃料电池应用	家用热电联供分布式燃料电池22万台	家用热电联供分布式燃料电池530万台	家用热电联供分布式燃料电池取代传统居民的能源系统

　　鉴于2020年10月日本首相宣布2050年达到碳中和，日本经济产业省启动氢能政策检讨与修正工作，并于12月发布《2050碳中和绿色增长战略》（表3-8），氢能被列为达成2050年碳中和目标的重点发展产业领域。2021年3月，日本新能源技术综合开发机构（NEDO）设立了总额2万亿日元的"绿色创新基金"，在首批资助对象中，选定的氢能相关项目可分为两类：一类是建设大型氢气供应链；另一类是利用可再生能源和其他来源的电力，通过电解水生产氢气。此外，氢气在炼钢过程中的应用也是NEDO重点关注的领域之一。

表3-8　日本《2050碳中和绿色增长战略》中的发展目标和重点任务

产业名称	发展目标	重点任务
氢能	到2030年将氢能年度供应量增加到300万吨，其中清洁氢（由化石燃料+碳捕集、利用与封存/碳循环或可再生能源等方式生产的氢）供应量力争超过德国2030年可再生氢供应目标（约42万吨每年）水平，到2050年氢能供应量达到2000万吨每年。力争在发电和交通运输等领域将氢能成本降低到30日元每立方米，到2050年降至20日元每立方米	发展氢燃料电池动力汽车、船舶和飞机 开展氢燃气轮机发电技术示范 推进氢还原炼铁工艺技术开发 研发废弃塑料制氢技术 研发新型高性能低成本燃料电池技术 开展长距离远洋氢气运输示范，参与制定氢气输运技术国际标准 推进可再生能源制氢技术的规模化应用 开发电解制氢的大型电解槽 开展高温热解制氢技术研发和示范

为了支持上述目标，日本政府宣布了一项7000亿日元（约66亿美元）的公开投资计划，用于开发日本的氢能供应链。该计划包括高达700亿日元（约7亿美元）的国内绿氢生产和高达3000亿日元（约28亿美元）的使用液态氢和液态有机氢载体（LOHC）的国际供应链，以及天然气掺混氢气或纯氢气在化石燃料发电厂的示范。另外，330亿日元（约31亿美元）用于航空、航运、炼钢、合成氨等领域的创新项目。在制氢方面，2020年，福岛设立了10MW光伏电解水制氢项目，是当时世界上规模最大的装置。

日本在2021年10月公布了《第六版能源基本计划》（表3-9），该计划围绕应对气候变化和能源供需结构转型两个核心目标制定，并将氢能定位为一种新的资源。该计划力求在2030年将氢的成本降至与化石燃料相同的水平，加快社会应用，并通过设立绿色创新基金来支持技术创新，以实现2050年碳中和目标。此外，日本政府还拓展了氢能的内涵，将氨能也作为一种富氢燃料资源，统筹推进氢能和氨能的应用。日本政府还宣布了发展氨能的计划，计划到2030年利用氢气和氨生产的电能将占日本能源消耗的1%。为实现这一目标，日本将通过多种途径实现氢能社会的建设，包括加强技术研发、不断增加产业投资、强化规模效应、建立政企协力合作模式、国际供应链和先进标准合作等方式。

表3-9　日本《第六版能源基本计划》与上一版本对

2030年能源结构展望的对比　　　　　　　　单位：%

项目	太阳能	风能	水能	地热能	生物质能
上一版	7	1.7	8.8～9.2	1～1.1	3.7～4.6
第六版	14～16	5	11	1	5

项目	氢/氨	核能	天然气	煤炭	原油
上一版	—	20～22	27	26	3
第六版	1	20～22	20	19	2

2021 年 2 月，日本政府发布了一份关于燃料氨的中期报告，强调氨在航运和燃煤电厂混烧中的潜在用途。由于燃煤电厂对日本的电力供应安全至关重要，这些方式可以降低碳排放强度并避免将其直接退役。三菱动力宣布正在开发 40MW 氨燃气轮机，目标是在 2025 年将其商业化。国际能源署（IEA）预计，2030 年日本将消费接近 300 万吨氨燃料，主要用于燃煤电厂的混烧，其中小部分（约 25 万吨）氨作为海上运输的燃料，另有 70 万吨用作化学工业的原料。

日本一直是氢气在交通运输领域应用的先行者。本田在 2008 年开发了第一款商用 FCEV，而丰田 Mirai 则是全球第一款量产的燃料电池汽车。2021 年，日本大约有 6700 辆 FCEV（包括汽车和公共汽车），是世界第四大市场。

日本在开展国际氢能贸易方面一直非常积极，与澳大利亚、文莱、印度尼西亚、沙特阿拉伯和阿拉伯联合酋长国一直有各种项目合作。此外，日本国家石油、天然气和金属公司（JOGMEC，现日本金属和能源安全组织）推出了与日本及世界各地的合作倡议。为供应低碳氨，JOGMEC、三菱公司、万隆理工学院于 2021 年 3 月在印度尼西亚中苏拉威西省的 PAU 工厂合作研究配备 CCUS 的天然气合成氨项目。

日本川崎重工公司和澳大利亚政府参与的一个项目为氢气的生产和运输提供了一个典型的范例。该项目包括使用褐煤进行煤气化制氢，然后通过卡车将氢气运输到澳大利亚黑斯廷斯港，液化之后，再通过液氢储罐运往日本神户。该项目于 2022 年 1 月实现第一次交付。另一个重大项目由千代田公司（Chiyoda）牵头，在文莱通过蒸汽重整产生的氢气转化为有机介质（甲苯氢化成甲基环己烷）之后，通过船舶运输到日本。

3.2.4　进出口贸易

　　长距离、大规模储运氢气的成本瓶颈在短期内难以得到突破，因此氢仍是一个较为本地化的产业。近年来，部分国家在积极建设跨境氢能贸易示范项目并已经取得一定进展。全球首条跨境氢气供应链于 2020 年在文莱和日本正式启动。这个示范项目使用了 LOHC 技术，在文莱通过甲苯加氢反应，通过化学固定的方式将氢气固定在甲基环己烷（MCH）中，再冷却成液态。之后，MCH 被运往日本的川崎市，在那里通过脱氢装置提取出氢气，并被用作燃气轮机的燃料。

　　2020 年 9 月，沙特阿拉伯国家石油公司（沙特阿美）和日本能源经济研究所（IEEJ）与沙特基础工业公司（SABIC）合作，成功地示范了生产和运输蓝氨至日本的项目。该项目已成功运送了 40 吨高品质蓝氨到日本，并用于生产低碳电力。沙特 - 日本的蓝氨供应网络对整个产业链进行了示范，包括将碳氢化合物转化为氢，然后转化为氨，同时对排放的 CO_2 进行捕集。在这一过程中，其中 30 吨捕集的 CO_2 用于 SABIC 的 Ibn-Sina 工厂生产甲醇，而另外 20 吨 CO_2 用于提高沙特阿美的 Uthmaniyah 油田的原油采收率。这一里程碑彰显了全球循环碳经济模式中的一条重要路径，即减少、去除、回收和再利用二氧化碳排放，而不是将其释放到大气中。

　　澳大利亚和日本已经合作共同建立了首个液态氢国际贸易示范项目，即 HESC。在澳大利亚，氢气通过煤炭气化和天然气精炼过程生产，然后由氢气长管拖车运送到港口，在工厂内被冷却到 −253℃，从而使其变为液态。液态氢被装载到全球首艘液态氢运载船 Suiso Frontier 号上，运往日本神户港，并卸载到一个专门建造的储存罐中。2022 年 1 月，Suiso Frontier 号载着液态氢离开澳大利亚，并在日本神户港的码头安全卸货，这标志着 HESC 示范项目的成功。HESC 项目展示了世界上第一个集成的氢能供应链（图 3-26），预计将在 2025—2030 年达到商业规模。根据公开信息，在商业阶段时，该项目计划在生产氢气的过程中捕集 CO_2，并将其储存在地下深处，即碳捕集与封存（CCS）。

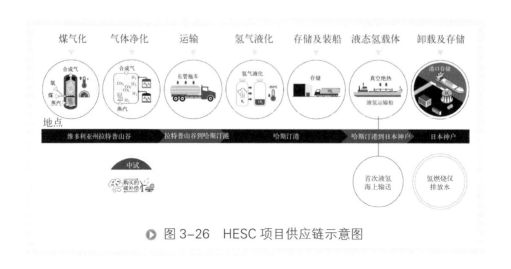

图 3-26　HESC 项目供应链示意图

3.3 我国氢能发展现状

3.3.1　政策导向

3.3.1.1　国家层面战略规划

为了把握能源革命和碳达峰碳中和的战略机遇，我国不断探索中国特色的氢能产业发展道路，建立健全氢能产业相关政策体系，采取多种规划措施促进氢能产业高质量发展，包括加快推进规划引领、科技创新、市场导向、完善政策、完备标准、提升企业主体作用、促进协同创新、开放合作、社会普及等。自 2020 年以来，我国进一步加快完善氢能产业相关政策，统筹规划部署氢能产业发展路径，提升氢能产业链技术创新能力，推动氢能规范化、多元化应用，为氢能源行业健康有序发展构建良好的政策环境（表 3-10）。

表3-10 2020年以来我国氢能产业政策汇总

时间	政策	发布单位	内容
2023年12月	《产业结构调整指导目录（2024年本）》	国家发展改革委	鼓励可再生能源制氢、运氢及高密度储氢技术开发应用及设备制造，加氢站及车用清洁替代燃料加注站、新一代燃料电池技术研发与应用，可再生能源制氢、液态、固态和气态储氢、管道拖车运氢、管道输氢、加氢站、氢电耦合等氢能技大推广应用
2023年10月	《绿色航空制造业发展纲要（2023—2035年）》	工业和信息化部 科学技术部 财政部 中国民用航空局	布局氢能航空等新赛道，积极布局氢能航空关键技术研发
2023年7月	《氢能产业标准体系建设指南（2023版）》	国家标准化管理委员会 国家发展改革委 工业和信息化部 生态环境部 应急管理部 国家能源局	系统构建了氢能制、储、输、用全产业链标准体系。涵盖基础与安全、氢制备、氢储存和输运、氢加注、氢能应用五个子体系，按照技术、设备、系统、安全、检测等进一步分解，形成了20个二级子体系，69个三级子体系
2023年1月	《关于推动能源电子产业发展的指导意见》	工业和信息化部 教育部 科技部 人民银行 银保监会 国家能源局	加快高效制氢技术攻关，推进储氢材料、储氢容器和车载储氢系统等研发

续表

时间	政策	发布单位	内容
2022年9月	《能源碳达峰碳中和标准化提升行动计划》	国家能源局	加快完善氢能标准顶层设计和标准体系。开展氢制备、氢储存、氢输运、氢加注、氢能多元化应用等技术标准研制，支撑氢能"制储输用"全产业链发展
2022年8月	《工业领域碳达峰实施方案》	工业和信息化部、国家发展和改革委员会、生态环境部	实施低碳零碳工业流程再造工程，研究实施氢冶金行动计划
2022年8月	《科技支撑碳达峰碳中和实施方案（2022—2030年）》	科学技术部、国家发展改革委等九部门	重点研发可再生能源高效低成本制氢技术、大规模物理储氢和化学储氢技术、大规模及长距离管道输氢技术、氢能安全技术等
2021年11月	《"十四五"能源领域科技创新规划》	国家能源局、科学技术部	攻克高效氢气制备、储运、加注和燃料电池关键技术，推动氢能与可再生能源融合发展
2022年1月	《"十四五"现代能源体系规划》	国家发展改革委、国家能源局	强化储能、氢能等前沿科技攻关和创新示范，推动氢能全产业链技术发展和示范应用
2022年1月	《"十四五"新型储能发展实施方案》	国家发展改革委、国家能源局	拓展氢储能应用领域，重点示范可再生能源制氢长周期储能技术
2022年3月	《氢能产业发展中长期规划（2021—2035年）》	国家发展改革委、国家能源局	详见表3-13
2021年11月	《"十四五"工业绿色发展规划》	工业和信息化部	加快氢能技术创新和基础设施建设，推动氢能多元利用
2021年12月	《关于启动新一批燃料电池汽车示范应用工作的通知》	财政部、工业和信息化部等五部门	要求河北省、河南省有关部门切实加强燃料电池汽车示范应用工作

时间	政策	发布单位	内容
2021年11月	《关于深入打好污染防治攻坚战的意见》	国务院	明确提到推动氢燃料电池汽车示范应用，有序推广清洁能源汽车
2021年11月	《综合运输服务"十四五"发展规划》	交通运输部	主要任务中提到：打造清洁低碳的绿色运输服务体系，大力发展清洁化运输装备，加快充换电、加氢等基础设施规划布局和建设
2021年10月	《"十四五"全国清洁生产推行方案》	国家发展改革委等十部门	实施绿氢炼化、二氧化碳耦合制甲醇等降碳工程
2021年11月	《关于加强产融合作推动工业绿色发展的指导意见》	工业和信息化部等四部门	推动电能、氢能、生物质能替代化石燃料，加快充电桩、换电站、加氢站等基础设施建设运营
2021年10月	《2030年前碳达峰行动方案》	国务院	详见表3-12
2021年10月	《关于完整准确全面贯彻新发展理念做好碳达峰碳中和工作的意见》	中共中央 国务院	详见表3-11
2021年4月	《2021年能源工作指导意见》	国家能源局	（1）开展氢能产业试点示范。探索多路径。（2）结合氢能、储能和数字化与能源融合发展等新领域，产业发展亟需的重要领域，研究增设若干创新平台。（3）深化中欧智慧能源、氢能、风电、储能等能源技术创新合作，推动一批合作示范项目落地实施
2021年3月	《中华人民共和国国民经济和社会发展第十四个五年规划和2035年远景目标纲要》	全国人大	要前瞻谋划未来产业，在类脑智能、量子信息、基因技术、未来网络、深海空天开发、氢能与储能等前沿科技和产业变革领域，组织实施未来产业孵化与加速计划，谋划布局一批未来产业
2021年2月	《关于加快建立健全绿色低碳循环发展经济体系的指导意见》	国务院	提升可再生能源利用比例，大力推动风电、光伏发电发展，因地制宜发展水能、地热能、海洋能、氢能、生物质能、光热能、光热发电

时间	政策	发布单位	内容
2021年1月	《西部地区鼓励类产业目录（2020年本）》	国家发展改革委	陕西省：风电、光伏、氢能、地热等新能源及相关装置制造产业；地热、氢能等新能源产业运营服务贵州省：氢加工制造，氢能燃料电池制造、输氢管道和加氢站建设内蒙古：储氢等稀土功能材料；氢加工制造，氢能燃料电池制造、输氢管道和加氢站建设
2020年12月	《新时代的中国能源发展》白皮书	国务院新闻办公室	面向重大共性关键技术，部署开展新能源汽车、智能电网技术与装备、煤矿产智能化开采技术与装备、煤炭清洁高效利用与新型能技术，可再生能源与氢能技术等方面研究加速发展绿氢制取，储运和应用等氢能产业链技术装备，促进氢能燃料电池技术应用，氢燃料电池汽车产业链发展
2020年10月	《新能源汽车产业发展规划（2021—2035年）》	国务院办公厅	攻克氢能储运、加氢站、车载储氢等氢燃料电池汽车应用支撑技术；提高氢燃料制储运经济性。因地制宜开展工业副产氢及可再生能源制氢技术应用，加快推进先进适用储氢材料产业化。开展高压气态、深冷气态、低温液态及固态等多种形式储运技术示范应用。探索建设氢燃料运输管道，逐步降低氢燃料储运成本。健全氢燃料制储运加注等标准体系。加强氢燃料安全研究、强化全链条安全监管。推进加氢基础设施建设。建立完善氢基础设施的管理规范。引导企业根据氢燃料供给、消费需求等合理布局加氢基础设施，提升氢能运行水平。支持利用现有场地和设施，开展油、气、氢、电综合供给服务

时间	政策	发布单位	内容
2020年9月	《关于开展燃料电池汽车示范应用的通知》	财政部 工业和信息化部 科学技术部 国家发展改革委 国家能源局	针对产业发展现状，五部门将对燃料电池汽车的购置补贴政策调整为燃料电池汽车示范应用支持政策，对符合条件的城市群开展燃料电池汽车关键核心技术产业化攻关和示范应用给予奖励
2020年6月	《2020年能源工作指导意见》	国家能源局	从改革创新和推动新技术产业发展角度推动氢能产业发展
2020年4月	《中华人民共和国能源法（征求意见稿）》	国家能源局	优先发展可再生能源，支持开发应用替代油气的新型燃料和工业原料，氢能纳入能源范畴
2020年4月	《关于完善新能源汽车推广应用财政补贴政策的通知》	财政部 工业和信息化部 科学技术部 国家发展改革委	争取通过4年左右时间建立氢能和燃料电池汽车产业链
2020年3月	《加快建立绿色生产和消费法规政策体系的意见》	国家发展改革委 司法部	2021年将完成氢能、海洋能等新能源发展的标准规范和支持政策

2021年10月24日，中共中央、国务院印发《关于完整准确全面贯彻新发展理念做好碳达峰碳中和工作的意见》，两天后，即10月26日，国务院又印发了《2030年前碳达峰行动方案》。在这两项碳达峰碳中和顶层规划中，氢能分别被提及了4次和11次，表明了氢能的重要性（表3-11、表3-12）。我国正着力加快氢能技术研发推广，推进氢能在工业、交通运输、建筑等领域示范及规模化应用，氢能将在我国实现碳达峰碳中和战略目标中发挥极其重要的作用。

表3-11 《关于完整准确全面贯彻新发展理念做好碳达峰碳中和工作的意见》涉及氢能的内容

主要章节	涉及氢能部分内容
积极发展非化石能源	统筹推进氢能"制储输用"全链条发展
推广节能低碳型交通工具	加快发展新能源和清洁能源车船，推广智能交通，推进铁路电气化改造，推动加氢站建设，促进船舶靠港使用岸电常态化
强化基础研究和前沿技术布局	推进高效率太阳能电池、可再生能源制氢、可控核聚变、零碳工业流程再造等低碳前沿技术攻关
加快先进适用技术研发和推广	加强氢能生产、储存、应用关键技术研发、示范和规模化应用

表3-12 《2030年前碳达峰行动方案》涉及氢能的内容

主要章节	涉及氢能部分内容
推动钢铁行业碳达峰	推广先进适用技术，深挖节能降碳潜力，鼓励钢化联产，探索开展氢冶金、二氧化碳捕集利用一体化等试点示范，推动低品位余热供暖发展
推动石化化工行业碳达峰	调整原料结构，控制新增原料用煤，拓展富氢原料进口来源，推动石化化工原料轻质化。优化产品结构，促进石化化工与煤炭开采、冶金、建材、化纤等产业协同发展，加强炼厂干气、液化气等副产气体高效利用

主要章节	涉及氢能部分内容
推动运输工具装备低碳转型	积极扩大电力、氢能、天然气、先进生物液体燃料等新能源、清洁能源在交通运输领域应用
	大力推广新能源汽车，逐步降低传统燃油汽车在新车产销和汽车保有量中的占比，推动城市公共服务车辆电动化替代，推广电力、氢燃料、液化天然气动力重型货运车辆
加快绿色交通基础设施建设	有序推进充电桩、配套电网、加注（气）站、加氢站等基础设施建设，提升城市公共交通基础设施水平
加强创新能力建设和人才培养	创新人才培养模式，鼓励高等学校加快新能源、储能、氢能、碳减排、碳汇、碳排放权交易等学科建设和人才培养，建设一批绿色低碳领域未来技术学院、现代产业学院和示范性能源学院
强化应用基础研究	聚焦化石能源绿色智能开发和清洁低碳利用、可再生能源大规模利用、新型电力系统、节能、氢能、储能、动力电池、二氧化碳捕集利用与封存等重点，深化应用基础研究
加快先进适用技术研发和推广应用	集中力量开展复杂大电网安全稳定运行和控制、大容量风电、高效光伏、大功率液化天然气发动机、大容量储能、低成本可再生能源制氢、低成本二氧化碳捕集利用与封存等技术创新，加快碳纤维、气凝胶、特种钢材等基础材料研发，补齐关键零部件、元器件、软件等短板
	加快氢能技术研发和示范应用，探索在工业、交通运输、建筑等领域规模化应用
开展绿色经贸、技术与金融合作	加大绿色技术合作力度，推动开展可再生能源、储能、氢能、二氧化碳捕集利用与封存等领域科研合作和技术交流，积极参与国际热核聚变实验堆计划等国际大科学工程
健全法律法规标准	建立健全氢制、储、输、用标准

《氢能产业发展中长期规划（2021—2035 年）》是我国首个氢能产业中长期规划，也是碳达峰、碳中和"1+N"政策体系中的"N"之一，紧扣碳达峰、碳中和目标，对我国氢能发展作出顶层设计和积极部署。该规划首次明确了氢的能源属性，作为未来国家能源体系的组成部分，氢能的清洁低碳特点对碳达峰、碳中和目标具有重要的支撑作用，助力推动交通、工业等用能终端和高耗能、高排放行业绿色低碳转型。氢能是国家战略性新兴产业的重点方向，是我国构建绿色低碳产业体系、推动产业转型升级的新动力，是国民经济新的增长点。该规划提及的目标见表 3-13。

表3-13　《氢能产业发展中长期规划（2021—2035年）》提及的目标

目标年份	氢能产业阶段性目标					
2025	基本掌握核心技术和制造工艺	氢能示范应用取得明显成效	初步建立以工业副产氢和可再生能源制氢就近利用为主的氢能供应体系	燃料电池车辆保有量约5万辆	部署建设一批加氢站	可再生能源制氢量达到10万～20万吨每年	实现二氧化碳减排100万～200万吨每年
2030	形成较为完备的氢能产业技术创新体系	产业布局合理有序	形成清洁能源制氢及供应体系	—	—	可再生能源制氢广泛应用	—
2035	形成氢能产业体系	构建涵盖交通、储能、工业等领域的多元氢能应用生态				可再生能源制氢在终端能源消费中的比重明显提升	—

为贯彻落实国家关于发展氢能产业的决策部署，2023年7月，国家标准委等部门联合印发《氢能产业标准体系建设指南（2023版）》，该文件是国家层面首个氢能全产业链标准体系建设指南，明确了未来三年氢能标准化工作的重点任务，重点面向低碳氢生产、高效氢储运、可靠氢加注、多元化氢能应用，重点关注氢能制储输用各环节的关键核心技术、产品，协同推进技术创新、标准研制、产业发展，构建涵盖基础与安全、氢制备、氢储存和输运、氢加注、氢能应用五个子体系的氢能制储输用全产业链标准体系框架，注重创新技术与标准的协同，以标准促进技术创新与产业创新，提高产品技术门槛，降低产业链各环节衔接成本，促进氢能产业高质量发展。

3.3.1.2 地方层面

2020年，财政部等五部门联合发布《关于开展燃料电池汽车示范应用的通知》，提出将在国内开展燃料电池汽车示范应用工作，对符合条件的城市群开展燃料电池汽车关键核心技术产业化攻关和示范应用给予奖励。文件发布后，京津冀、上海、广东、江苏、浙江、山东等近20个城市群向五部门提交了方案。2021年8月，京津冀、上海、广东燃料电池汽车示范应用首批示范城市群正式获批。2022年1月，由郑州牵头的河南城市群和由张家口牵头的河北城市群获批。在获批的示范城市群中，政府先后出台氢能产业发展指导意见、行动规划、实施方案等文件，提出了示范目标、重点任务和各具特色的实施路径，明确了氢燃料电池汽车运营数量、加氢站建设数量、加氢能力和产氢能力等目标，获批的示范城市群先后制定、落实具体的推广规划与补贴细则。燃料电池汽车示范应用城市群政策为氢能产业链布局及其在交通领域发展注入了强劲动力。

氢能产业与能源、材料、装备制造等多个领域密切关联，既能带动传统产业转型升级，又能催生新兴产业链条。因此，各地方政府积极制定相关政策规划、行动方案、管理办法等，加快出台具体落实措施，促进本地加快发展氢能产业。截止到 2023 年底，20 余个省份先后发布省级氢能规划，未发布省级规划的省份也均制定支持氢能产业发展相关的政策文件，我国氢能产业发展进入快车道。我国各省份氢能源产业发展目标见表 3-14。

表3-14 我国各省份氢能源产业发展目标

省市	规划年份	产业规模	企业数量	燃料电池车产能	推广/应用燃料电池车	累计加氢站	燃料电池发动机产能
北京	2023	500亿元（京津冀）	5～8家龙头企业	—	3000辆	37座	—
	2025	1000亿元（京津冀）	10～15家龙头企业	—	10000辆	72座	—
山东	2022	200亿元	100家相关企业	5000辆	3000辆	30座	20000台
	2025	1000亿元	10家知名企业	20000辆	10000辆	100座	50000台
	2030	3000亿元	一批知名企业	50000辆	50000辆	200座	100000台
河北	2022	150亿元	—	—	1000辆	25座	—
	2025	500亿元	10～15家领先企业	—	50000辆	100座	—
河南	2023	—	30家相关企业	—	3000辆	50座	—
	2025	1000亿元	100家相关企业	—	5000辆	80座	—
重庆	2022	—	6家相关企业	—	800辆	10座	—
	2025	—	80家相关企业	—	1500辆	15座	—
天津	2022	150亿元	2～3家龙头企业	—	1000辆	10座	—
四川	2025	初具规模	25家领先企业	—	6000辆	60座	—
浙江	2025	100亿元	50家相关企业	—	5000辆	50座	—
上海	2025	1000亿元	5～10家独角兽企业	—	10000辆	70座	—
江苏	2021	500亿元	1～2家龙头企业	2000辆	—	20座	—
	2025	—		10000辆	—	50座	—
广东	2025			—	1000辆	200座	—
	2027	3000亿元	—	—	—	—	—

省市	规划年份	产业规模	企业数量	燃料电池车产能	推广/应用燃料电池车	累计加氢站	燃料电池发动机产能
内蒙古	2025	1000亿元	50家相关企业，5~10家龙头企业	—	5000辆	60座	—
宁夏	2025	—	10家以上龙头企业	—	500辆	10座	—
山西	2025	—	10家以上产业链主企业	—	10000辆	一批加氢站	—
	2030	—	—	—	50000辆	30座	—
辽宁	2025	600亿元	100家相关企业，10家知名企业	—	2000辆	30座	10000台
	2035	5000亿元	50家龙头企业	—	150000辆	500座	300000台
陕西	2025	1000亿元	—	—	1000辆	100座	—
吉林	2025	100亿元	3~4家相关企业，1家龙头企业	—	500辆	10座	—
	2030	300亿元	5家零部件企业，3~5家龙头企业	—	7000辆	70座	—
	2035	1000亿元	—	—	70000辆	400座	—
安徽	2025	500亿元	—	5000辆	—	30座	—
	2030	1200亿元	—	20000辆	—	120座	—
湖南	2025	—	100家相关企业	—	500辆	10座	—
	2030	—	5~10家核心企业	—	—	—	—
福建	2025	500亿元	20家知名企业	—	4000辆	40座	—
甘肃	2025	100亿元	20家氢能企业	—	—	—	—
青海	2025	35亿元	10家氢能企业	—	250辆	3~4座	—
	2030	160亿元	50家氢能企业	—	1000辆	15座	—
江西	2025	300亿元	—	—	500辆	10座	—
广西	2025	—	—	—	500辆	10座	—
	2030	—	—	—	—	50座	—

3.3.2　我国氢能产业现状

经过近几年的快速发展，我国的氢能产业已初具规模。碳达峰碳中和"1+N"相关政策文件的发布、燃料电池汽车示范城市群的启动、各地利好政策密集出台以及大中型央企积极布局、资本市场高度青睐等，都极大助推了我国氢能产业的发展。在供给方面，可再生能源制氢备受关注，绿氢规模持续扩大。应用方面，五大示范城市群（分别为北京市、上海市、广东省、河北省和河南省牵头的城市群）燃料电池汽车推广、"氢进万家"示范工程、氢冶金示范、风光氢储一体化示范等项目推动氢能在交通、建筑、工业、储能领域的应用。近年来，在国家能源战略转型背景下，国内以大型央企为代表的企业对氢能产业进行了全面的布局，产业链覆盖"制、储、运、加、用"等各个环节。

现阶段，我国氢气生产依然以化石能源制氢为主，工业副产氢为辅（图 3-27），电解水制氢规模较小。从终端消费来看，合成氨、合成甲醇是最大下游消费领域，交通领域较少。

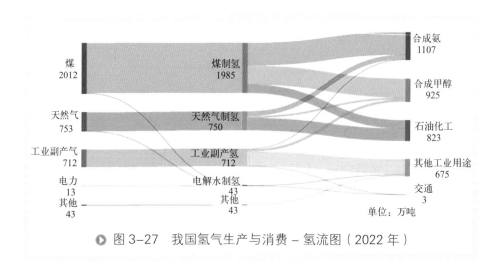

▷ 图 3-27　我国氢气生产与消费 – 氢流图（2022 年）

3.3.2.1 制氢

"双碳"目标下，发展氢能已经成为能源行业减碳共识，我国氢气产量有望迎来快速增长阶段，氢气在终端消费中的占比也将逐渐提升。2022年，我国氢气产量约3533万吨。其中，煤制氢约1985万吨，天然气制氢750万吨，工业副产氢712万吨，电解水等其他制氢途径约86万吨。组成见图3-28。产能主要集中在西北、华北和华东地区。

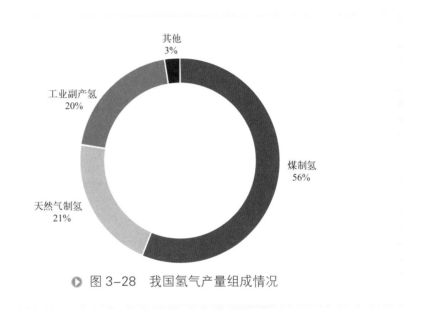

● 图3-28 我国氢气产量组成情况

我国煤制氢技术成熟，传统煤化工和焦炭行业已形成完整的制氢工艺体系和完整的产业链条，原料煤来源稳定，经济性较好，占国内氢气产量的60%以上。然而，煤制氢过程碳排放量大，未来可能会逐步被低碳清洁氢生产工艺取代，但由于基数较大，在今后一段时间内仍将是我国氢能供应体系的重要组成部分，也是近中期低成本氢气的主要来源。我国电解水制氢仍处于初期，未来增长空间巨大。低成本供应是氢能规模化应用的前提，现阶段尽管煤制氢成本较低，但考虑未来CCUS及碳税等因素，成本将不断提高，而绿氢受益于新能源发电的快速发展，制氢成本将不断降低。

2021年以来，国内绿氢示范项目数量持续增长，电解水制氢进入大规模示范阶段。随着大容量电解槽的出现，部分项目开始探索商业化运营模式。大规模示范有利于提高国内可再生能源制氢的工程能力，扩大绿氢生产规模（图3-29），降低绿氢成本（图3-30）。2021年2月，宁夏宝丰能源第一台电解槽开始送电测试，首批建设30台1000立方米每时的电解水制氢设备，绿氢产能2.14万吨，为已知全球单厂规模最大和单台产能最大的电解水制氢项目。2022年1月，张家口市交投壳牌新能源有限公司绿色氢能一体化示范基地项目投料试车成功，该项目规模4000立方米每时，年产氢能力2800吨，与已投产的张家口海珀尔（4吨每日）制氢项目联合为北京2022年冬奥会张家口赛区氢燃料电池汽车供应氢气。尽管目前国内绿氢项目发展迅速，但大家也注意到，国内的风电、光伏发电制氢项目大多集中在西北、东北、华北北部等可再生能源资源富集地区，与氢能资源主要消费地存在偏差。目前，宁夏宝丰能源和中石化库车项目均提出了绿氢与大规模用氢化工项目结合的方案，积极开拓绿氢下游应用。另一个解决思路则是通过氢气储运技术，将氢气从生产地输送到消费地。

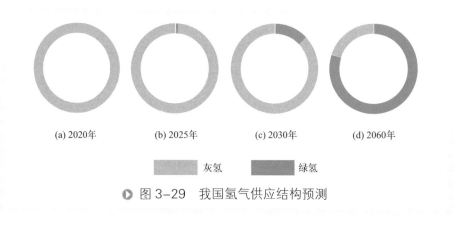

(a) 2020年　　　　(b) 2025年　　　　(c) 2030年　　　　(d) 2060年

灰氢　　　　绿氢

▶ 图3-29　我国氢气供应结构预测

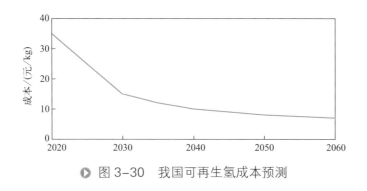

图 3-30　我国可再生氢成本预测

在"双碳"目标驱动下，我国电解水制氢装备产业发展迅速，2020年以来，我国电解槽装备企业达到上百家，相关的零部件研发制造企业也在逐渐增多。2022年，我国电解水制氢设备的出货量约800MW，其中主要是碱性电解槽。国内主流的碱性电解槽生产企业均具备大功率电解槽的生产能力，产品成熟度高，且成本较低，在国际上具备竞争优势。2022年，我国碱性电解槽企业披露产能接近11GW。相比碱性电解水制氢技术，国内涉及PEM电解水制氢技术的企业相对较少，目前布局兆瓦级PEM制氢设备的企业和科研单位包括中国科学院大连化学物理研究所、中船718所、山东赛克赛斯氢能源有限公司等。

3.3.2.2　储运

目前主要采用高压气态储运技术进行氢气储运，但储运能力较小，难以适应长距离、大容量氢气运输需求。目前Ⅳ型储氢瓶质量较小、储氢容量高，随着国内氢气储运标准的逐步完善以及国产化程度的不断提升，Ⅳ型瓶有望逐步得到进一步推广。

管道输氢是大规模、低成本输氢的可行手段，是未来氢气储运体系的重要组成部分。目前国内最长的输氢管线为巴陵—长岭氢气管道，全长42公里，压力为4MPa，已累计运行8年。2021年6月，中国石油天然气管道工程有限公司成功中标河北定州到高碑店氢气长输管道可行性研究，项目规划全长145公里，年输氢量10万吨，是目前国内规划建设最长输氢管道。

液氢方面，2021年12月，浙江省石油股份有限公司旗下全国首座液氢油电综合功能服务站在浙江省平湖市正式启用。此外，以中科富海、国富氢能、鸿达兴业、航天六院101所为代表的企业和科研机构在液氢相关技术及项目上不断取得进展。随着工程项目的不断展开，液氢成本有望显著下降。

3.3.2.3 应用

从终端消费来看，目前合成氨是我国氢气最大下游消费领域，2022年需求量为1107万吨，占比32%；生产甲醇氢气需求量为925万吨每年，占比26%；石油化工氢气需求量为823万吨，占比23%；用于供热等其他工业用途的氢气675万吨，占比约19%；交通、建筑与发电等领域占比<0.1%，可忽略不计。需求组成见图3-31。

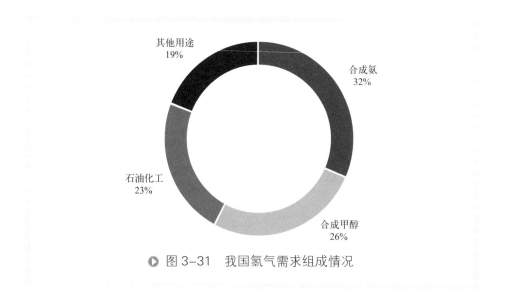

▶ 图3-31 我国氢气需求组成情况

发挥氢气作为能源和物质的双重属性，推动氢能的多场景大规模应用对实现"双碳"目标至关重要。目前，我国处于氢能技术持续进步、成本快速下降、产业能力不断提升、基础设施瓶颈逐步缓解的阶段，为氢能多元场景应用提供了条件。目前，我国约八成的氢气应用于石油炼化和化工领域，推动氢能在交通、工业、建筑、储能等多领域、多场景的应用，将带动全产业链向规模化、商业化持续发展。

在交通领域，我国 2022 年燃料电池汽车销量超过 3000 辆，与 2021 年相比，销量实现翻倍（图 3-32）。截至 2022 年底，燃料电池汽车保有量约 1.3 万辆，共建成 358 座加氢站（图 3-33），其中在运营加氢站 245 座。现阶段氢燃料电池车处于起步阶段，以商用车为主。2022 年北京冬奥会期间，示范运行了超过 1000 辆氢燃料电池汽车，配备 30 多个加氢站，是全球最大规模的一次燃料电池汽车示范。在政策驱动下，氢能在燃料电池汽车应用领域发展迅速，形成了北京市、上海市、广东省、河北省和河南省牵头的五大氢燃料电池汽车示范城市群，各省份积极培育氢能引领的新兴战略产业，突出本地化氢能产业的竞争优势。

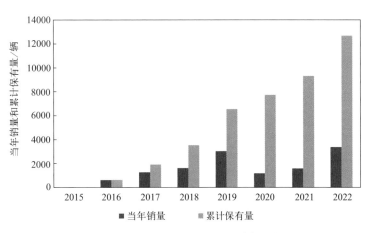

▶ 图 3-32　2015—2022 年我国燃料电池汽车数量

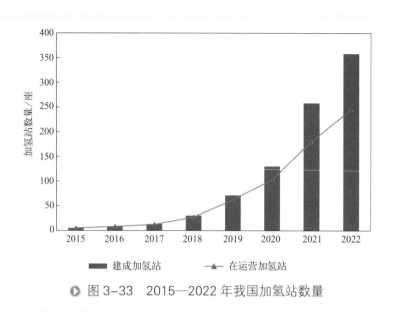

图 3-33　2015—2022 年我国加氢站数量

工业领域，绿氢化工、绿氢冶金等项目加速落地。碳中和目标下，钢铁行业面临巨大的减碳压力，氢冶金技术可以实现"低碳"甚至"零碳"工艺的产业化，是彻底解决钢铁生产环境污染和碳排放问题的技术方向。绿氢在铁还原环节对煤、焦进行规模化替代，可以实现钢铁行业深度脱碳目标。2021 年 5 月，河钢集团在河北张家口启动建设"全球首例富氢气体直接还原示范工程"，推动钢铁冶金工艺变革。2021 年 12 月，中国宝武钢铁集团在湛江钢铁开工建设全球首套百万吨级、具备全氢工艺试验条件的氢基竖炉直接还原示范工程及配套措施。此外，首钢、建龙、酒钢、日照钢铁等企业也成立了低碳冶金示范项目。

在化工领域绿氢替代方面，国内企业也开展了技术示范。2021 年 4 月，宁夏宝丰能源在宁东能源化工基地建成投产全球最大的光伏制氢项目，绿氢年产能超过 2 万吨，以绿氢为原料，推动煤化工生产过程绿色转型。2021 年 11 月，中石化启动新疆库车绿氢示范项目，该项目采用光伏发电及电解水制氢技术，新建光伏装机 300MW，绿氢年产能 2 万吨，投产后将替代现有的天然气制氢工艺，供给中石化塔河炼厂，推动炼化行业的绿色低碳发展。2022 年 10 月，大安风光制绿氢合成氨一体化示范项目启动，该项目采用"绿氢消纳绿电、绿氨消纳绿氢"模式，推动氢能产业规模化示范应用。该项目拟建设新能源装机 800MW，绿氢年产能 3.2 万吨，可用于合成绿氨 18 万吨，将有力推动合成氨产业绿色低碳转型。2022 年 11 月，宝丰能源 260 万吨每年煤制烯烃和配套 40 万吨每年植入绿氢耦合制烯烃项目获批，该项目拟结合配套建设风光制氢一体化示范项目，用绿氢替代煤炭进行生产，是全球唯一一个规模化用绿氢替代化石能源生产烯烃的项目。这些规模化示范项目有助于突破绿氢技术难点，大幅降低用氢成本，为规模化绿氢制取提供广阔的应用市场。

氢储能是解决可再生能源消纳问题的重要途径。2021 年 9 月，安徽省六安市的兆瓦级氢能综合利用站联调试验顺利完成。该示范项目采用 PEM 电解水制氢技术，可以将过剩的电力转化为氢能储存起来，代替火力发电调峰，同时兼具氢能发电功能。项目设计年制氢 72.3 万立方米，氢发电 127.8 万千瓦时，用于电力系统"削峰填谷"，是新型电力系统的重要组成部分。2021 年 11 月，作为全球规模最大的氢气储能发电项目，张家口 200MW/800MW·h 氢储能发电工程初步设计通过专家评审，标志着我国大规模氢储能调峰应用迈出实质性一步。

在建筑领域，"氢进万家"科技示范工程探索氢能在社区应用的新模式，带动氢能供应体系建设，为氢能产业链发展打下基础。2021 年 4 月，全国首个氢能规模化推广应用示范工程"氢进万家"落地山东，开展氢能多场景示范应用。该项目由济南、青岛、潍坊、淄博四市联合组织开展示范，通过纯氢管道输送，将氢能分配到工业园区、社区建筑、交通用能等领域，示范建设全国首条氢能高速走廊和首个万台氢能综合供能装置综合示范基地。

3.4 氢能领域关键技术清单

3.4.1 制氢

应对气候变化的脱碳愿景是推动全球氢能发展的关键驱动力，只有在氢气生产过程中实现低碳排放，才能实现能源体系的脱碳。为了加速脱碳，使用的氢必须以清洁的方式生产。这可以通过"绿色"途径来实现，即使用零碳电力电解水来生产氢。另外，也可以通过"蓝色"途径生产低碳（但不是零碳）氢，即对化石燃料制氢工艺进行改造，耦合碳捕集和封存技术，大幅度降低碳排放。甲烷裂解、太阳能光解水等前瞻性制氢技术也可以提供低碳或零碳氢，但仍处于早期开发阶段。

3.4.1.1 煤制氢

煤是我国制氢的主要原料，煤气化制氢技术在我国氢气生产中占据主导地位。该技术是煤浆、煤粉或煤焦与气化剂（蒸汽、氧气）在一定的温度、压力等条件下进行气化反应，在高温气化炉中生成以 CO、H_2 为主的合成气，粗合成气中的 CO 经变换工艺转化为 H_2，变换气再经低温甲醇洗脱除 CO_2、COS（硫化羰，又名氧硫化碳、羰基硫）和 H_2S 等酸性气体，最后通过变压吸附工艺将净化气中的 N_2、CO 等杂质吸附除去，得到高纯度的氢气产品的工艺过程。煤气化制氢的关键在于气化发生装置，根据原料煤与气化剂在气化装置内的接触方式不同，气化技术可以分为固定床、流化床、气流床等。

煤气化制氢技术成熟，可用于满足化工、钢铁等行业大型用氢场景的需求，且成本低廉。然而，该技术碳排放量高，不符合清洁低碳的发展目标，需要采用碳捕集、利用与封存（CCUS）技术，将二氧化碳从生产过程中分离出来。采用 CCUS 技术之后的制氢成本取决于二氧化碳捕集效率、封存或利用方式和地点等因素，制氢成本通常会增加 40%，但如果将捕集的二氧化碳用于驱油等下游用途，成本增加幅度有望限制在较低水平。煤气化结合碳捕集技术制氢工艺流程见图 3-34。

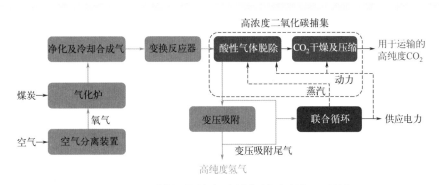

图 3-34　煤气化结合碳捕集技术制氢工艺流程

3.4.1.2　天然气制氢

全球范围内，天然气是制氢的主要原料。然而，因为供需紧张和成本高昂，天然气在我国的使用量相对低于煤炭。目前，蒸汽甲烷重整（SMR）制氢技术是工业应用最广泛和最成熟的天然气制氢工艺，该工艺利用天然气（主要成分是甲烷）与水蒸气的反应制取氢气。该工艺过程中，二氧化碳的排放来源主要是水煤气变换过程中的高浓度二氧化碳和天然气作为燃料燃烧排放的低浓度二氧化碳。

采用碳捕集技术能够大幅度降低 SMR 技术的碳排放（图 3-35）。其中，对高浓度二氧化碳，可以利用燃烧前捕集技术，二氧化碳回收率约60%；对低浓度二氧化碳则需要采用燃烧后捕集技术从烟气中回收，从而能够使整体减排水平提高到 90% 以上，但该过程会显著增加成本和额外能耗。

自热重整（ATR）是一种替代 SMR 的技术，它不需要外部热源，而是在转化炉内部通过部分氧化反应产生所需的热量。该技术能够使得二氧化碳排放更为集中，从而用较低的捕集成本实现更高的捕集效率（图3-36）。

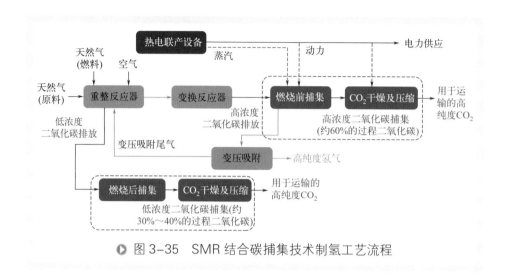

> 图 3-35　SMR 结合碳捕集技术制氢工艺流程

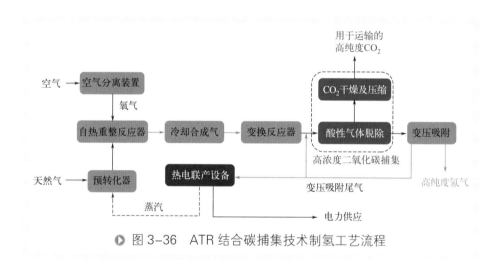

> 图 3-36　ATR 结合碳捕集技术制氢工艺流程

3.4.1.3　电解水制氢

电解水制氢技术是利用直流电通过电化学过程将水分解为氢气和氧气，并分别在阴极和阳极析出的一种技术。该技术具有高效和绿色的特点，氢能作为能源载体，通过可再生能源电力"电 - 氢 - 电（或化工产品）"的转换，可实现无碳能源的循环利用，促进可再生能源规模化应用与高效消纳，为未来的能源转化利用提供了新的解决方案。根据电解槽的不同，电解水制氢技术可分为碱性（ALK）、质子交换膜（PEM）、阴离子交换膜（AEM）和固体氧化物电解池（SOEC）等。不同类型电解槽对比见图3-27。

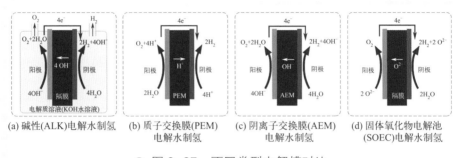

(a) 碱性(ALK)电解水制氢　(b) 质子交换膜(PEM)　(c) 阴离子交换膜(AEM)　(d) 固体氧化物电解池
　　　　　　　　　　　　　电解水制氢　　　　　　电解水制氢　　　　　　(SOEC)电解水制氢

▶ 图3-37　不同类型电解槽对比

碱性水电解是最成熟的电解水制氢技术，在工业制氢领域的应用已经有上百年的历史（1902年已经有超过400个工业电解水制氢装置在使用）。碱性电解槽的结构特征是含有液态电解质（通常为质量分数为25%～40%的KOH或NaOH水溶液）和多孔隔板，采用石棉布等作为隔膜用于隔离电解产生的氢气和氧气。为了保证液态电解质的电导率，碱性电解槽的工作温度为70～90℃。碱性电解槽中，阴极发生水的还原反应，阳极发生氢氧根离子的氧化反应，分别为：

阴极：$4H_2O + 4e^- = 2H_2 + 4OH^-$

阳极：$4OH^- = O_2 + 2H_2O + 4e^-$

碱性电解技术的优势主要在于可以使用非贵金属催化剂，常用材料包括基于镍的电极材料、钴或简单的不锈钢。碱性电解技术的主要缺点在于液体电解质中产生气泡。首先，液体中的气泡会改变电解质的离子导电性，从而增加电解槽的运行成本。其次，由于隔板是多孔的，当压力不平衡时，阴极和阳极产生的气泡可能会发生混合，对操作安全性以及气体纯度都有不利影响。实际上，碱性电解槽通常不能在瞬态下运行，因此在与波动性可再生能源耦合使用时需要采取额外的措施，提升电解槽的瞬时响应能力。

相比 ALK，质子交换膜（PEM）电解水制氢技术将碱性液体电解质替换成质子交换膜固体电解质，以提高电解安全性。典型的 PEM 电解槽主要部件包括端板、扩散层、催化层和质子交换膜等。质子交换膜充当固体电解质的角色，隔绝阴极和阳极气体，阻止电子的传递，同时传递质子，安全性高。此外，PEM 电解槽还具备电流密度高、体积小、气体纯度高、产气压力高等优点，特别是动态响应能力强，可以与波动性可再生能源耦合，是未来发展潜力较大的电解水制氢技术。PEM 电解槽中阳极发生水的离解反应，生成氧气和质子，其中质子通过 PEM 传递到阴极，生成氢气，具体反应如下：

阳极：$2H_2O \Longrightarrow O_2 + 4e^- + 4H^+$

阴极：$4H^+ + 4e^- \Longrightarrow 2H_2$

现代 PEM 电解槽的质子交换膜通常采用全氟磺酸共聚物膜，因为它们的离子导电性相对较高，机械强度高，化学稳定性较强。PEM 电解槽使用的催化剂被沉积在离子导电膜的表面上，形成催化剂涂层膜（CCM）。PEM 电解槽中使用的催化剂通常是铂族金属（PGM）。其中，阳极通常采用铱（Ir），负载量约为 $1.0 \sim 2.0 mg/cm^2$，而铂（Pt）或钯（Pd）是阴极使用的主要催化剂。PEM 电解槽的主要不足在于投资较高，且可能面临着贵金属资源的约束。

固体氧化物电解池（SOEC）技术是采用固体氧化物作为电解质材料，在 $400 \sim 1000℃$ 高温下电解水的一种技术。该技术在电解过程中可以利用热量转换，能量转换效率高，理论效率可达 100%，且不需要贵金属催化剂。该技术电解时需要外部提供高温热源，可以使用核电站废热、太阳能热或地热等作为热源。固体氧化物电解槽中，水蒸气在阴极发生还原反应，生成的氧离子传递到阳极，生成氧气，反应如下：

阴极：$2H_2O(g) + 4e^- \Longrightarrow 2H_2 + 2O^{2-}$

阳极：$2O^{2-} \Longrightarrow O_2 + 4e^-$

在固体氧化物电解槽中，氧化物离子通过氧化锆电解质从阴极传输到阳极，采用非常薄的（约 30 ～ 150μm 厚）陶瓷膜以减少欧姆损耗。阴极通常由多孔镍组成，而阳极通常由多孔钙钛矿材料组成，例如镧锶锰矿（LSM）。SOEC 技术的驱动力是能够以高电流密度（例如，在 1.48V 和 950℃ 下为 3.6A/cm² ）和高效率运行。与 ALK 和 PEM 不同的是，SOEC 电解槽可以作为燃料电池反向使用，将氢气转化为电能，可以与储氢设施组合使用，平衡电网。当前研究的挑战包括理解和控制电化学降解和热机械稳定性，以满足利用间歇性可再生电力生产 H_2 的需求。

碱性固体阴离子交换膜电解水制氢技术是一种结合了 ALK 和 PEM 电解水优点的技术。该技术采用碱性固体电解质代替质子交换膜，通过这种方式可以传导氢氧根离子并隔离电极两侧的气体，由于电解槽的阴阳两极与固体阴离子交换膜紧密接触，因此可以降低两极之间的电压。在碱性环境下，可以使用低成本的非贵金属催化剂，从而降低电解槽的成本。目前，该技术还不成熟，相比质子交换膜，阴离子交换膜的制备技术更为复杂，技术难度高，限制了其大规模应用。

电解水制氢技术对比见表 3-15。

表3-15　电解水制氢技术对比

项目	碱性	质子交换膜	固体氧化物	阴离子交换膜
电解质隔膜	石棉膜	质子交换膜	固体氧化物	阴离子交换膜
电流密度/（A/cm²）	<0.8	1～4	0.2～0.4	1～2
效率/（kW·h/m³）	4.5～5.5	4.0～5.0	预期效率100%	—
工作温度/℃	70～90	50～80	700～850	40～60
工作压力/bar	约30	<70	1	<35
氢气纯度/%	≥99.8	≥99.9	—	≥99.8
负荷调节范围/%	15～100	0～160	30～125	5～100
启动时间	1～10min	1s～5min	—	—
负荷提升速率	0.2%～20%每秒	100%每秒	—	—
关机时间	1～10min	数秒	—	—
相对设备体积	1	约1/3	—	—

项目	碱性	质子交换膜	固体氧化物	阴离子交换膜
操作特征	需控制压差 产品脱碱	快速启停 仅水蒸气[①]	启停不便 仅水蒸气	快速启停 仅水蒸气
可维护性	强碱腐蚀性强	无腐蚀介质	—	无腐蚀介质
危害性	石棉膜有危害	无	—	无
技术成熟度	充分商业化	初步商业化	初期示范	实验室阶段
单机规模/（m³/h）	≤2500	≤200		

① 指相比碱性电解槽，产品中需要处理的杂质只有水蒸气。

3.4.1.4 工业副产氢

工业副产气是指来自炼油、化工、钢铁、焦化等行业的废气，这些废气中含有 H_2、CO 等有效成分，如果能够将其分离和提纯，就可以得到高质量的氢气。工业副产氢的利用关键在于采用合适的提纯技术和利用方式来实现氢气的充分利用，提高工业生产的效率，减少对原料资源的消耗。氢气提纯技术有多种，主要包括变压吸附（PSA）、膜分离和深冷分离技术，需要结合原料气所含杂质种类、氢气纯度等指标，以及不同应用场合对氢气纯度的要求进行选择。由于制氢成本与原料气以及氢气纯度指标密切相关，往往需要结合具体场景和成本目标选择最适合的提纯方法。目前，以变压吸附为代表的工业副产氢提纯技术已经在工业领域得到广泛应用，并应用到燃料电池级氢气产业。然而，低压、低氢含量的工业副产气（如兰炭尾气）提氢工艺仍面临着能耗高、投资过大的难题。为此，可对不同分离工艺进行合理组合，以达到更好的分离效果，比如先通过膜分离或深冷分离技术将原料气提浓，之后再用变压吸附技术提纯，充分发挥不同工艺的优势。此外，针对现有变压吸附工艺，也可以通过开发吸附容量更高、选择性更好的新型吸附剂，改进冲洗再生工艺，优化操作过程等方法，提高氢气回收效率，降低提纯费用。工业副产氢回收与纯化技术对比见表 3-16。

表3-16　工业副产氢回收与纯化技术对比

方法	变压吸附	膜分离	深冷分离
原理	吸附剂对各组分进行选择性吸附	膜材料对气体组分进行选择性分离	利用气体组分相对挥发度的差异进行分离
氢气纯度/%	99.999	92~98（有机膜）99.9999（无机膜）	90~98
回收率/%	70~85	约85（有机膜）99（无机膜）	95
使用规模	大规模	小至大规模（有机膜）中小规模（无机膜）	大规模
温度/℃	30~40	50~80	30~40
操作压力/MPa	1.0~3.0	3.0~15.0	1.0~8.0
预处理要求	无要求	脱除H_2S	脱除H_2O、CO_2、H_2S
原料气最低氢浓度/%	50	30	30
操作灵活性	原料适应性强，扩建相对容易	原料适应性中等，易扩建	原料适应性差，扩建难度大
操作弹性/%	30~100	30~100	相对偏低
可靠性/%	99.8以上	100	最差
副产品回收	不适用	不适用	适于回收烃类副产品，回收率90%以上

3.4.1.5　其他制氢技术

新技术的突破可能会对全球能源系统产生颠覆性影响，面向构建新型能源体系的强烈需求，研究人员正在积极探索新的制氢技术。

（1）甲烷裂解技术

甲烷裂解技术是将甲烷直接裂解转化为氢气的一种清洁制氢技术，该技术能够产生纯氢气和固体碳，且其中的固体碳可以用于生产高附加值的炭黑、碳纤维或碳纳米管材料，因此被认为是实现甲烷清洁利用的颠覆性技术，受到广泛关注。Monolith Material 公司利用甲烷等离子体裂解工艺，将天然气转化为炭黑和清洁氢气（图3-38）。该公司已经在美国启动了 Olive Creek 项目的运营，这是其第一个商业规模的无碳生产设施，可生产氢气和炭黑。

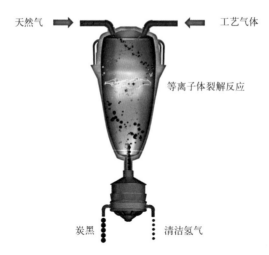

天然气 →　　　　　← 工艺气体

等离子体裂解反应

炭黑　　　清洁氢气

▶ 图 3-38　Monolith 甲烷等离子体裂解工艺示意图

（2）太阳能光解水制氢技术

太阳能光解水制氢是一种利用太阳能和水制造氢气的技术，它是一种清洁、可再生的制氢方法，主要有三种不同的体系：颗粒光催化系统、光电催化系统和光伏 - 光电催化系统（图 3-39）。目前，这种技术还面临着一些挑战，例如提高光催化剂的效率、稳定性和选择性，以及降低成本和规模化生产的难度。

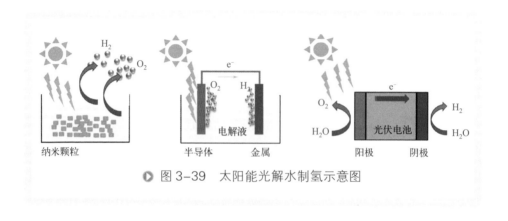

▶ 图 3-39　太阳能光解水制氢示意图

（3）天然氢勘探与开采技术

天然氢气是指通过放射性元素辐射裂解水、水与富铁岩石反应、地核或地幔氢气沿断层上升等自然过程产生，在地下存在的氢气。一些研究人员相信，地下存在着廉价、分布广泛、潜在的可再生天然氢气资源，需要开发相应的勘探技术。目前，一些国家已开始重视对天然氢的研究及勘探开发，但相关工作刚刚起步，尚未形成规模化的产业链。天然氢的开采有三种方法：通过钻探来提取氢气，直接从富铁岩石中提取氢气，以及通过向富含铁矿的岩石中注水来刺激氢气产生。天然氢生成、消耗及开采见图 3-40。

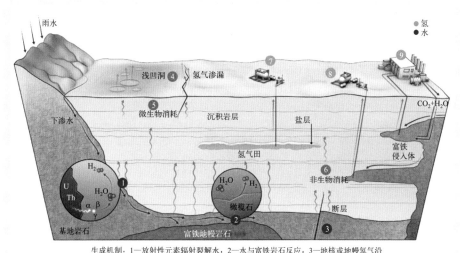

生成机制：1—放射性元素辐射裂解水；2—水与富铁岩石反应；3—地核或地幔氢气沿断层上升消耗机制：4—氢气渗漏；5—微生物消耗；6—非生物消耗
开采技术：7—氢气田；8—直接开采；9—强化开采

▶ 图 3-40 天然氢生成、消耗及开采示意图

（4）生物质制氢技术

生物质制氢技术是一种节能、环保、原料来源丰富的技术，它可以将制浆造纸、生物炼制以及农业生产过程中产生的大量生物质下脚料或废弃物转化为可再利用的氢气。这种技术主要分为化学法和生物法两种（图 3-41），其中生物质/废物气化制氢技术是研究的热点之一，该技术

利用生物质或废弃物的碳组分作为原料，在高温、高压的条件下进行气化反应，生成氢气。这种技术不仅可以解决废物处理和资源利用的问题，而且可以减少对化石能源的依赖，提高可再生能源的比例，从而有利于环境保护和可持续发展。然而，生物质能源生产中也存在一些负面影响，例如专门种植能源作物可能对人类和环境产生负面影响，以及生物质作为能源使用与传统用途的竞争性会导致价格波动、间接土地利用变化和生态成本。考虑到满足可持续要求的生物质数量仍然有限，生物质制氢可能难以成为主要的能源生产手段。

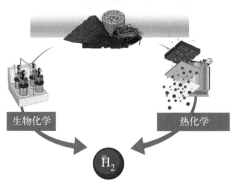

● 图 3-41　生物质制氢方法示意图

（5）核能制氢技术

核能制氢是一种利用核反应堆产生的高温热能和电能制造氢气的方法，可分为热化学循环和高温蒸汽电解两种工艺（图 3-42）。热化学循环是利用高温热能驱动一系列化学反应，将水分解为氢气和氧气。高温蒸汽电解是利用高温热能和电能，通过固体氧化物燃料电解池，将水蒸气电解为氢气和氧气。这两种工艺都可以与高温气冷堆等第四代核反应堆耦合，实现高效、低碳制氢。核能制氢技术由于采用了高温热和电，效率要高于常规电解水生产氢。目前，世界上许多国家都在积极开展核能制氢的研发和示范工作，以期推动核能和氢能的发展和应用。

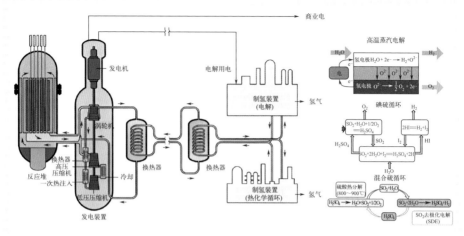

图 3-42　核能制氢原理示意图（热化学循环和高温蒸汽电解）

目前化学热制氢主流方法包括碘硫循环和混合硫循环。碘硫循环由美国通用原子公司最早提出。其中的硫循环从水中分离出氧气，碘循环分离出氢气，碘硫循环是国际上公认最具应用前景的催化热分解方式，日本、法国、韩国和中国都在开展硫碘循环的研究。混合硫循环最初由美国西屋电气公司提出，包含两个主要化学反应——将 SO_2 电解产生硫酸和氢气，硫酸高温分解再次产生 SO_2，二者组成闭合循环。

（6）海水直接制氢技术

考虑到淡水的稀缺，若全球需氢量剧增，以丰富的海水资源制备氢气将是一种有前景的技术。海水电解可以采用两步法完成，即首先进行海水淡化，制得的纯水再进行常规电解水制氢。该方法技术较为成熟，但通过两步法电解，增加了投资，降低了能量效率。海水直接制氢的路线主要为电解水制氢或光解水制氢，因此更有应用潜力。目前，海水直接制氢技术还面临着许多难题和挑战，如海水中的杂质、腐蚀问题、电解效率等。但近年来，一些国家和机构也取得了一些重大突破和进展。其中，深圳大学、四川大学谢和平院士团队于 2022 年 11 月 30 日在《自然》（*Nature*）正刊上发表了海水原位直接电解制氢相关研究成果，建立了相变迁移驱动的海水无淡化原位直接电解制氢全新原理与技术（图

3-43），彻底隔绝海水离子对电极的干扰，实现了高效稳定的海水直接电解制氢。该研究被评选为 2022 年度中国科学十大进展之一，被认为是开启蓝色能源时代的重要里程碑。

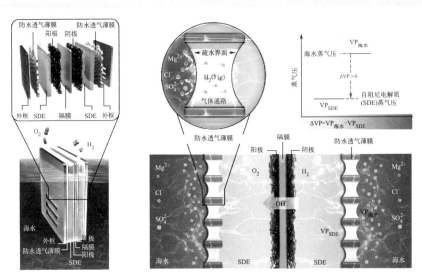

(a)典型海水电解系统示意图　　(b) 基于液-气-液相变的水净化与迁移过程及其驱动力机制

▶ 图 3-43　相变迁移驱动的海水直接电解制氢原理示意图

　　相变迁移驱动的海水无淡化原位直接电解制氢技术的关键在于将基于自驱动相变机制的原位水净化工艺与海水电解集成，采用疏水多孔聚四氟乙烯（PTFE）防水透气膜作为气体通道界面，以及采用浓缩氢氧化钾（KOH）溶液作为自阻尼电解质（SDE）。这样的设计允许水蒸气的扩散，但完全防止液态海水和杂质离子的渗透。在运行过程中，膜两侧海水和 SDE 之间的蒸气压差提供了海水气化（蒸发）和水蒸气在膜内短气体通道中向 SDE 一侧扩散的驱动力，而在 SDE 中通过吸收重新液化。这种相变迁移过程实现了在具有 100% 阻离效率的海水源中原位产生纯水以用于电解，同时，由于在 SDE 中进行电解过程消耗了水，从而能够维持界面压力差，因此，当水迁移速率等于电解速率时，在海水和 SDE 之间建立了新的热力学平衡，通过"液 - 气 - 液"机制实现了持续而稳定的水迁移，为电解提供新鲜水源。

3.4.1.6 制氢路线比较

（1）成本

煤制氢是我国制取工业氢气的主要途径，成本为 7 ～ 11 元 /kg，是目前我国成本最低的制氢方法。煤制氢由于固定资产投资较高，只有在大型装置应用中才能够有效分摊成本，只适用于集中制氢。天然气制氢发展也较为成熟，其中蒸汽甲烷重整技术应用广泛。由于我国天然气资源有限，原料价格较高，天然气制氢的经济性低于国外，制氢成本通常在 9 ～ 18 元 /kg。煤制氢和天然气制氢通常应用于工业氢气制取，如果用于燃料电池，则需要额外的提纯工艺，会进一步增加成本。另外，在应对气候变化的背景下，未来需要对煤制氢和天然气制氢排放的二氧化碳进行捕集和封存。结合 CCUS 技术之后，煤制氢和天然气制氢的成本将分别上升至 9 ～ 20 元 /kg 和 13 ～ 24 元 /kg。

目前，可再生电力制氢技术的成本高于结合 CCUS 技术之后的煤制氢和天然气制氢，为 20 ～ 62 元 /kg，但未来随着可再生能源发电成本的下降，电解水制氢技术的竞争力将得到提升。此外，俄乌冲突引发的能源危机导致国际能源价格飙升，也推动了化石能源之外的替代能源的发展。可再生能源电解水制氢技术能够利用波动性的可再生能源资源，促进可再生能源消纳，为可再生能源的规模化利用提供了可行路径，预计未来其竞争力将进一步增强。

工业副产氢均来源于现有工业过程，作为近期的氢源，既能提高资源利用率和经济效益，又可以降低污染、改善环境，其成本主要取决于原料气的价格和提纯成本。以焦炉煤气为例，回收成本为 14 ～ 24 元 /kg。

我国制氢技术成本对比见图 3-44。

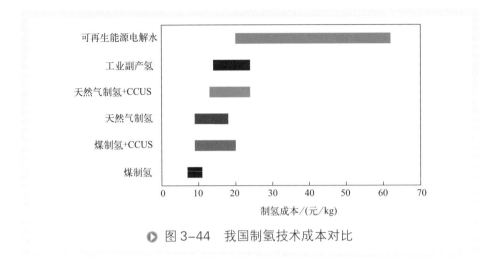

图 3-44　我国制氢技术成本对比

（2）温室气体排放

化石能源制氢是温室气体排放的重要来源之一，每年直接排放量约为 9 亿吨。为了实现清洁能源转型，必须减少氢气生产过程中的温室气体排放。煤制氢的排放最高，考虑上游煤炭开采、运输等过程的温室气体排放之后，总计（以 CO_2 当量和 H_2 质量计）为 20～25kg/kg，采用 CCUS 技术之后可以降低到 2.8～5.6kg/kg。天然气制氢的排放为 11～12kg/kg（含天然气供应相关温室气体排放），采用部分捕集（56%）技术之后，可以降低到 6.3～7.6kg/kg，高捕集率条件下可以降低到 2.5～2.8kg/kg。根据中国氢能联盟提出的《低碳氢、清洁氢与可再生氢的标准与评价》，采用 CCUS 技术之后的煤制氢和天然气制氢工艺都可以达到清洁氢的标准。

可再生能源电解水制氢在运行和电解槽制造过程中使用的电力仍然涉及一些二氧化碳排放，为 0.3～0.8kg/kg。但是如果整个供应链中使用的电力都是零碳的，可再生能源电解水制氢就可以实现近零碳排放。需要注意的是，如果现在直接采用电网电力制氢，将产生 29～31kg/kg 的排放，远高于未采用 CCUS 技术的煤制氢技术。这是因为目前我国大部分电力来自煤电，考虑发电及制氢过程中的损失之后，电网电力电解水排放强度较煤直接制氢更高。我国制氢技术温室气体排放对比见图 3-45。

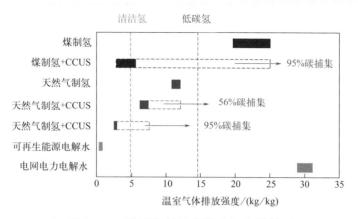

图 3-45　我国制氢技术温室气体排放对比

工业副产氢过程的碳排放主要来自氢气纯化过程中使用的非脱碳电力。此外，由于当前工业过程的副产氢大多用于供热、发电等工业过程，将副产氢提纯使用之后，需要采取替代能源来满足原有能源需求，因此，对副产氢的使用应综合考虑，从而实现系统性减排。

3.4.2　储氢

储氢技术是实现氢能在能源转型中广泛应用的必要保障之一。目前，主要的储氢技术包括气态储氢、液态储氢、有机液态储氢和固态储氢等方式。其中，高压气态储氢已得到广泛应用，低温液态储氢在航天等领域得到应用，有机液态储氢和固态储氢尚处于示范阶段。

3.4.2.1　高压储氢

高压气态储氢技术采用储氢瓶对高压氢气进行存储，是当前主要的储氢方式之一，技术相对成熟并得到广泛应用。根据材料与工艺不同，储氢瓶可以分为四类：金属瓶（Ⅰ型）、金属内胆纤维环向缠绕瓶（Ⅱ型）、金属内衬纤维全缠绕瓶（Ⅲ型）和聚合物内胆纤维缠绕瓶（Ⅳ型）。Ⅰ型储氢瓶的典型储存压力在 15 ～ 30MPa，由于质量储氢密度较低，通常用于加氢站等固定式储氢场景，特别适用于工业气体的现场存储。为了提高氢气储存压力，可以将储氢瓶圆柱部分用树脂浸渍的纤维缠绕，即Ⅱ型储氢瓶。Ⅱ型储氢瓶的耐受压力取决于包裹纤维的厚度，最高可达100MPa，因而常用于固定式高压氢气储存，如加氢站级联氢存储（87.5MPa）。当金属或聚合物内衬被纤维完全缠绕时，生产的储氢瓶重量可以显著降低，从而实现较低的重容比（储氢瓶质量与容积的比值），分别称为Ⅲ型、Ⅳ型瓶。Ⅲ型、Ⅳ型瓶质量储氢密度较高，是车载储氢瓶的主要选择。目前，70MPa碳纤维缠绕Ⅳ型瓶已成为国外燃料电池乘用车车载储氢的主流技术，日本丰田开发的70MPa碳纤维缠绕氢气瓶储氢量（以质量储氢密度计）达5.7%。我国车载储氢瓶还是以Ⅲ型瓶为主，近年来，北京天海工业、沈阳斯林达安科、中材科技（苏州）等国内企业陆续完成了70MPaⅣ型储氢瓶的研发，初步具备量产能力，未来将逐渐实现对Ⅲ型瓶的规模化替代。高压储氢容器类型对比见表3-17。

表3-17　高压储氢容器类型对比

类型	Ⅰ型瓶	Ⅱ型瓶	Ⅲ型瓶	Ⅳ型瓶
材质	全金属压力容器	金属内胆纤维环向缠绕	金属内衬纤维全缠绕	聚合物内胆纤维全缠绕
工作压力/MPa	15～30	10～95 耐压等级最高可达100MPa	30～70	30～70
重容比/（kg/L）	0.9～1.3	0.6～0.95	0.35～1.0	0.35～0.8
典型质量储氢密度/%	1.7	2.1	4.2	5.7
应用情况	加氢站等固定式储氢场景		国内车载	国际车载
成本/（美元/kg）	240	360	700	500～1200

Ⅰ、Ⅱ和Ⅲ型储氢瓶的制造过程非常相似：将金属坯料或板材拉成壳体，然后通过冲压或热旋压形成颈部。Ⅳ型储氢瓶的内衬通常由高密度聚乙烯（HDPE）或聚酰胺（PA）制成，将旋转成型、吹塑或焊接注塑的圆顶加到聚合物的挤出管上。为了加强容器内衬，可以在其上缠绕纤维（如玻璃纤维、芳纶纤维、碳纤维等），缠绕方式包括螺旋缠绕、环向缠绕、纵向缠绕三种，并用固化树脂（主要是环氧树脂）保护纤维。

Ⅱ型容器是环向缠绕的，而Ⅲ型和Ⅳ型容器的缠绕则是两种或三种的组合。

3.4.2.2 低温液态储氢

低温液态储氢是一种将氢气液化后储存的方式，储氢密度高达 70.6kg/m³，是气体氢的 845 倍，但液态储氢装置一次性投资较大，液化过程能耗较高，储存过程中有一定的蒸发损失。储罐容积越大，蒸发率越低，因此该技术通常用于大容积储存，比如固定式液氢储罐、船运移动式液氢储罐、液氢罐式集装箱等。

固定式液氢储罐一般用于大容积的液氢存储（>330m³）。美国国家航空航天局（NASA）建造的大型液氢球型储罐（图 3-46）直径为 25m，容积可达 3800m³，日蒸发率 <0.03%。

▶ 图 3-46　大型液氢球型储罐

移动式液氢储罐常采用卧式圆柱形，运输方式包括公路、铁路和海运（液氢运输船见图 3-47）。船运移动式液氢储罐（910m³）蒸发率可低至 0.15%，铁路、公路运输 107m³ 储罐的蒸发率约为 0.3%，公路运输的液氢槽车（储罐容积30m³）的日蒸发率约为0.5%。移动式液氢储罐结构、功能与固定式储罐相似，但需要具有一定的抗冲击强度以满足运输过程中的加速度要求。

◉ 图3-47　液氢运输船

液氢也可以采用罐式集装箱存储（图3-48），空气化工产品、林德、法国液化空气等公司均有成熟产品。40ft³❶罐式集装箱的蒸发率低至0.5%。罐式集装箱可实现直接储供，减少了转注过程的蒸发损失，运输方式灵活，应用前景较好。

3.4.2.3　有机液体储氢

液态有机氢载体（LOHC）是指可以通过化学反应吸收和释放氢的有机化合物，其在室温下呈液态。因此，LOHC可用作氢气的存储介质。在制氢端，脱氢形式的LOHC与氢气反应，形成相应的饱和化合物，从而可以在常温下储存或运输。在用氢端对富含氢气的LOHC进行脱氢，释放氢气，之后对氢气进行分离及提纯，用于下游应用。

---

❶　1ft³=0.0283168m³。

◉ 图 3-48　罐式集装箱

LOHC 利用不饱和有机物与氢气发生可逆反应的方法实现氢气的储存，具有体积储氢密度大（可达 60g/L）、储运安全等优点，但需要额外设置催化加氢、脱氢装置，转化过程能量损失较大，转化过程可能需要氢气能量的 35% ~ 40%。为了提高效率，应当对反应过程中的热量进行有效利用，比如用于供暖或者工艺热源等。目前开发的储氢载体有甲苯 /甲基环己烷（MCH）、二苄基甲苯（DBT）/ 全氢二苄基甲苯（H18-DBT）、乙基咔唑 / 十二氢乙基咔唑等。但部分有机载体价格较高，且需要将其运回氢气产地。有机储氢材料性能对比见表 3-18。以甲苯为例的有机液体储氢原理见图 3-49。

表3-18　有机储氢材料性能对比

公司	储氢介质	质量储氢密度 /%	脱氢焓变 /(kJ/mol)	脱氢温度 /℃
德国HT	二苄基甲苯	6.6	65	270
日本千代田	甲苯	6.2	68	300
中国武汉氢阳	乙基咔唑	5.8	51	200

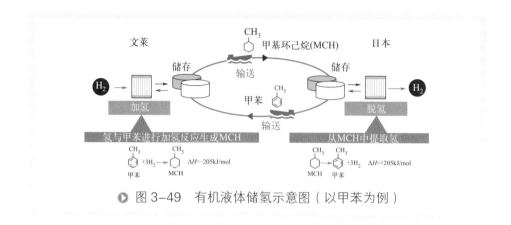

● 图3-49　有机液体储氢示意图（以甲苯为例）

　　甲醇在室温下呈液态，也可以作为氢载体，实现氢气的储存和运输。甲醇是应用非常广泛的大宗化学品，具备大规模分销和储存能力，可通过船舶、驳船、铁路、卡车以及管道等运输。同时，甲醇燃料加注基础设施与当前加油站基本相同，是交通运输领域转向可持续液体燃料的理想选择。此外，反应热是决定 LOHC 转化过程能耗的关键参数之一。甲醇反应过程的反应热较低，理论上只有 2.3kW·h/kg，仅为甲苯的 25%，具有较大发展潜力。相比其他 LOHC，甲醇的另一个优势是可以直接应用于下游：一方面可以作为重要的化工原料，满足工业需求；另一方面，甲醇燃料电池和内燃机技术都相对成熟，可以直接对储存的能量进行利用，降低转化损失。然而，由于甲醇利用过程中会造成二氧化碳排放，对其绿色属性尚存在争议。通常认为可再生甲醇中的碳必须来源于直接空气捕集或者生物质，但直接空气捕集的成本高达几百美元每吨，生物质则面临着资源受限等问题。

　　与甲醇类似，氨的存储、运输和分配技术也非常成熟，可以通过公路、火车、船舶和管道进行运输，并利用大型储罐和储存设施进行存储。氨作为氢载体的一个挑战是氨裂解所需的热量供应，在转换步骤中至少损失 15%（最高可达 33%）的能量，且反应所需的温度水平相对较高（500～550℃）。氨也可以直接用作工业原料和燃料，还可用于发电等，但相关技术尚不够成熟，有赖于氨燃料电池和氨内燃机等技术的进步。

氨/甲醇储运有关上下游产业见图 3-50。

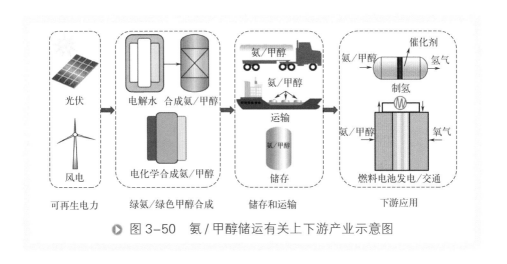

图 3-50 氨/甲醇储运有关上下游产业示意图

3.4.2.4 固态储氢

固态储氢采用金属储氢材料、配位氢化物、碳基储氢材料、B-N 基储氢材料等储氢载体，通过化学吸附和物理吸附实现氢的存储。相较于高压气态和液态储氢，固态储氢具有储氢密度高、储氢压力低、安全性好、无隔热、放氢纯度高等优势。典型固态储氢材料及其性能见表 3-19。

表3-19 典型固态储氢材料及其性能

储氢材料类型		典型代表	质量密度/%	压力/MPa	温度/℃
金属储氢材料	AB$_5$	LaNi$_5$	1.37	2.0	25
	AB$_2$	ZrV$_2$	3.01	10^{-8}	50
		TiMn$_2$	2.0	2.0	25
	AB	TiFe	1.89	5.0	30
		MgH$_2$	7.6	0.1	287
V基固溶体合金		V-Ti-Cr	3.8	3.0	25
铝钠氢化物		NaAlH$_4$	5.6	—	—

储氢材料类型	典型代表	质量密度/%	压力/MPa	温度/℃
B-N基储氢材料	NH₃BH₃	19.5	—	—
新型二维层状材料	MXene[①]	8.8	—	—
碳基储氢材料	活性炭	12	11	室温
	石墨纳米纤维	1～15	—	—
	碳纳米管	5～10	—	—
配位氢化物储氢材料	NaAlH₄	4.2	—	—
	LiBH₄	18.5	—	—

① 一类新型二维材料，具有亲水性强、导电性高、表面官能团丰富、比表面积大等特性。

目前，研究最广泛的是金属氢化物储氢材料，主要有 AB_5、AB_2、AB 等类型。其中 AB_5 型以 $LaNi_5$ 为代表，具有易于活化、吸/放氢平台性能易于调整和抗中毒性能好等特性；AB_2 型储氢合金以 ZrV_2、$TiMn_2$ 为代表；AB 型的典型代表是 TiFe。然而，这些储氢材料存在自重较大、储氢量较低等问题。MgH_2 理论储氢量高，但存在放氢温度高、吸/放氢速度慢等问题。其他固态储氢技术大多处于实验室阶段，尚未产业化应用。

3.4.2.5 地质储氢

地质储氢通过利用地下地质构造进行大规模氢能存储，是氢能大规模和长期储存的最佳选择，主要包括盐穴储氢、含水层储氢、枯竭油气藏储氢、废弃矿井储氢等类型（图 3-51）。其中，盐穴储氢和含水层储氢是目前应用较为广泛的两种类型。盐穴适合储存高压气体，具有较低的渗透性、良好的蠕变特性、化学反应惰性、易开挖等特点，是理想的能源储存介质。盐穴具有很高的注气和采气频次，每年可循环注采10～12次，且具有占地面积小、便于监测和操作、施工时间短、储存设施易于管理等特点。盐穴深度需要考虑盐腔运行的上、下限压力，在承压范围内盐腔越深，压力越大，压缩气体也越多。地下含水层具有较大的储气潜力，在全球分布广泛，可作为地下储氢替代方案。该技术尚不成熟，目前还没有含水层储存纯氢的成熟案例，欧洲已有天然气和氢气的混合地下储存成功案例，但氢气的迁移速度较快，需要特别注意对氢气注入和采出速度的控制。全球地下储氢项目概况见表3-20。

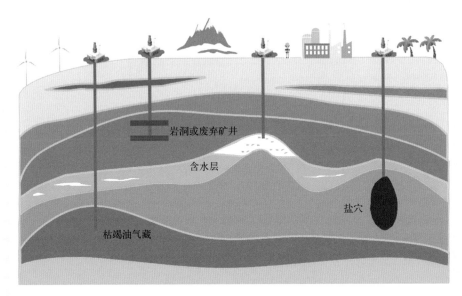

◐ 图3-51　地质储氢示意图

表3-20　全球地下储氢项目概况

项目	储存类型	H_2浓度（体积分数）/%	运行条件	深度/m	储存量/m³	状态
Teesside（英国）	盐穴	95	4.5MPa	365	210000	运行
Clemens（美国）	盐穴	95	7～13.7MPa	1000	580000	运行
Moss Bluff（美国）	盐穴	—	5.5～15.2MPa	1200	566000	运行
Spindletop（美国）	盐穴	95	6.8～20.2MPa	1340	906000	运行

项目	储存类型	H₂浓度（体积分数）/%	运行条件	深度/m	储存量/m³	状态
Kiel （德国）	盐穴	60	8～10MPa		32000	关闭
Ketzin （德国）	含水层	62	—	200～250	—	运行 （天然气）
Beynes （法国）	含水层	50	—	430	3.3×10^8	运行 （天然气）
Lobodice （捷克）	含水层	50	9MPa/34℃	430	—	运行
Diadema （阿根廷）	枯竭油气藏	10	1MPa/50℃	600	—	—
Underground Sun Storage （澳大利亚）	枯竭油气藏	10	7.8MPa/40℃	1000	—	运行

3.4.2.6　储氢技术路线比较

储氢技术对于实现未来的氢经济至关重要，许多潜在的氢能应用场景需要大规模的氢能储存，如能源系统的能量储存、交通燃料、工业生产和家庭供暖等。储氢技术的选择取决于成本、可行性和可用性，主要有压缩气体、液态氢、固态储氢、液态有机氢载体和地质储氢等技术路线。其中，盐穴可以在大规模工业生产中发挥重要作用，成本较低，但受盐穴资源分布和地质条件所限，不适用于所有地区。岩穴目前主要用于储存液化天然气和石油产品，需要进一步开发以评估其用于氢气的成本和可行性。枯竭油气田理论上可以提供大量的储存容量，但技术仍未被证明，并且存在杂质污染的影响。如果上述选项不可用，则需要采用昂贵的压缩储存或运输基础设施。无论地区和当地低成本地质氢储存的可用性如何，未来的储存需求将是一个挑战，因此，开发有效的储氢技术是实现氢经济转型的关键。储氢技术路线对比见图3-52。

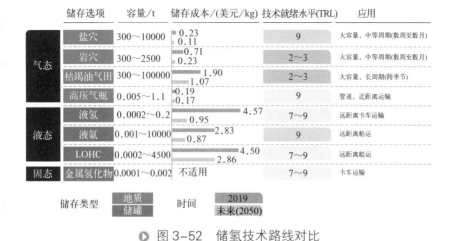

储存类型	储存选项	容量/t	储存成本/(美元/kg)	技术就绪水平(TRL)	应用
气态	盐穴	300~10000	0.23 / 0.11	9	大容量, 中等周期(数周至数月)
	岩穴	300~2500	0.71 / 0.23	2~3	大容量, 中等周期(数周至数月)
	枯竭油气田	300~100000	1.90 / 1.07	2~3	大容量, 长周期(跨季节)
	高压气瓶	0.005~1.1	0.19 / 0.17	9	管道, 近距离运输
液态	液氢	0.0002~0.2	4.57 / 0.95	7~9	远距离卡车运输
	液氢	0.001~10000	2.83 / 0.87	9	远距离船运
	LOHC	0.0002~4500	4.50 / 2.86	7~9	远距离船运
固态	金属氢化物	0.0001~0.002	不适用	7~9	卡车运输

储存类型: 地质 / 储罐　　时间: 2019 / 未来(2050)

▶ 图 3-52　储氢技术路线对比

3.4.3　输氢

目前，绝大部分的氢都是在生产现场使用，输送和储存的规模非常小。然而，若要在多个领域推广氢的使用，需要建立更大规模的氢气输送和储存系统。在一些情况下，由于低成本可再生资源的限制，需要将氢从低成本的生产地输送到终端使用地点。需要注意的是，针对不同地区资源禀赋的差异，也可以通过特高压输电网等技术进行氢资源的分配，或者通过氢气就地消纳转化，并对终端产品进行输送等形式进行分配。因此，氢气的输送有可能根据当地情况以及未来技术发展和成本下降采取不同的形式，需要对氢气输送的各种技术以及替代方案进行全成本比较分析。

（1）高压气体储氢瓶输运

高压长管拖车是氢气近距离输送的一种常见方式（图 3-53），它通过将氢气压缩到高压状态并存储在长管中，然后使用拖车运输到目的地。这种技术已经相对成熟，但其成本对运输距离比较敏感，因此适用于少量短距离的运输，运输半径一般不超过 150 公里。此外，长管拖车的装载和卸载十分耗时，两端充卸至少需要 8 小时，运输效率较低。

图 3-53　氢气长管拖车

（2）液氢输送

液氢需要在极低的温度下运输（-253℃），为此，液氢通常使用低温容器进行运输，且需要采用特殊设计，以最大限度地减少热传递。液氢可以通过卡车、火车或船只进行运输，其中卡车和火车通常用于较短的距离和较小数量的液氢运输，船只则用于较长的距离和较大数量的运输。目前，日本川崎重工的液氢运输船已经应用于海上液氢输送（图 3-54）。该船全长 116 米，总吨位约 8000 吨，储罐体积 1250 立方米。燃料为运输途中所蒸发的氢气，每天消耗约 0.2% 的氢气。

（3）管道输运技术

管道输运具有输氢量大、能耗小、自动化程度高、安全可靠等优点，是实现氢气大规模、长距离运输的重要方式，其成本也最低，是未来氢气输送的重要选择，但其建设一次性投资较大。目前，全球已有超过 80 年的管道输氢历史，总里程达到了 5000 公里，主要分布在北美和欧洲等发达国家和地区，其中美国和欧洲领先其他国家和地区，已分别建成了 2600 公里和 1600 公里的输氢管道。

▶ 图 3-54　液氢运输船

（4）氢气掺混天然气

将氢气掺混到现有的天然气基础设施中可以避免大量资本投入建设新的氢气输配设施。目前全球拥有近300万公里的天然气输送管道，其中一部分可以用于输送混合氢气，这将为氢能利用提供巨大的推动力。目前，全球天然气掺混氢的示范项目正在推进中，其中我国国家电力投资集团分别在辽宁省朝阳市和河北省张家口市进行了相关示范。

天然气掺混氢气面临的挑战主要包括：①氢的能量密度较低（体积能量密度约为天然气的1/3），导致混入管道会使输送能量下降，需要更多气量以满足需求；②氢的燃烧速度快，增加火灾风险，可能需要新型火焰探测器；③混入氢可能对设备运行和产品质量产生不利影响；④管网适应性受到最低适应性设备或部件的限制。

（5）输氢技术路线比较

目前已经应用的输氢技术主要有高压气体、低温液体和管道等方案。此外，氨、甲醇或液态有机氢载体（LOHC）等氢载体形式也可用于输送氢气，其中氨和甲醇的输送已经得到广泛应用，而LOHC的技术成熟度较低，需要进一步发展才能进行商业应用。然而，不论采用何种氢气形式进行输送，转换都需要大量的能量投入。压缩和解压缩过程中的总能量损失（相对于氢气中的能量）在 0.5% ～ 11% 之间，如果将氢气转化为氨，再转化回氢气，则总能量损失将高达 73%。不同输氢技术的经济性最终取决于输送的体积和距离。输氢技术路线对比见图 3-55。

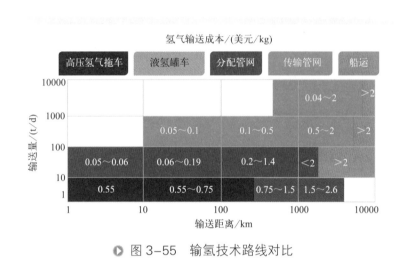

氢气输送成本/(美元/kg)

| 高压氢气拖车 | 液氢罐车 | 分配管网 | 传输管网 | 船运 |

▷ 图 3-55　输氢技术路线对比

氢气输送的经济性取决于输送量和距离。对于少量氢气的近距离输送，高压气体长管拖车输送最具竞争力，运输成本为 0.55 ～ 0.75 美元/kg；液氢罐车则适用于运输距离更远的应用场景，成本为 0.75 ～ 1.50 美元/kg。管道运输适用于大规模氢气输送，当输送距离为数公里时，输送成本为 0.05 ～ 0.06 美元/kg；对于 1000 ～ 5000km 的远距离输送，成本为 0.5 ～ 2 美元/kg。船运适用于大于 5000km 的超远距离输送，输送成本预计高于 2 美元/kg。

3.4.4　用氢

在应对气候变化的背景下，氢能被认为是一种清洁能源，可以用于燃料、工业原料和储能等用途，替代传统的化石燃料，减少温室气体的排放，在工业、交通、建筑、电力行业等领域具有广阔的应用场景。然而，氢能在交通、新型工业用途等领域的应用仍存在成本高、技术的成熟度和市场化程度相对较低等不足，需要进一步加强技术研发和创新，从而实现氢能的可持续发展。氢能在行业脱碳路径中的角色见图3-56。

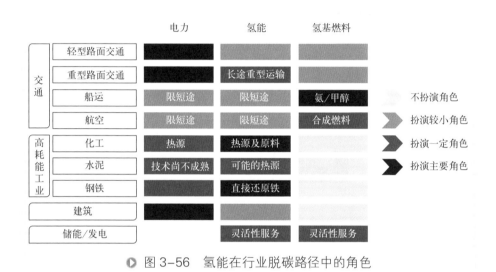

图3-56　氢能在行业脱碳路径中的角色

（1）氢燃料电池技术

燃料电池是一种能够将储存在燃料和氧化剂中的化学能直接转化为电能的装置。其中，质子交换膜燃料电池（PEMFC）是目前最成熟的氢燃料电池技术，其工作原理是将阳极的氢气分解成质子和电子，经过质子交换膜到达阴极，与氧气结合生成水，并产生电能。PEMFC具有能量转换效率高、排放低、启动速度快、使用寿命长等优点。与普通的锂电池相比，氢燃料电池系统更为复杂，主要由电堆和各系统部件组成，包括空气压缩机、增湿器、氢气循环泵和氢瓶等。电堆是整个电池系统的核心，由膜电极、双极板、集流板、端板和密封圈等部件组成。其中，质子交换膜、催化剂和气体扩散层是膜电极的关键材料，这些部件和材料的耐久性和性能将直接影响电堆的使用寿命和适应性。近年来，氢燃料电池技术的研究重点主要集中在电堆、膜电极、双极板、质子交换膜、催化剂、碳纤维纸（碳纸）和控制技术等方面，致力于提升关键材料与核心组件性能，同时改进材料制备和组件制造技术，推动燃料电池技术的进步和生产成本下降。氢燃料电池技术体系见图3-57。

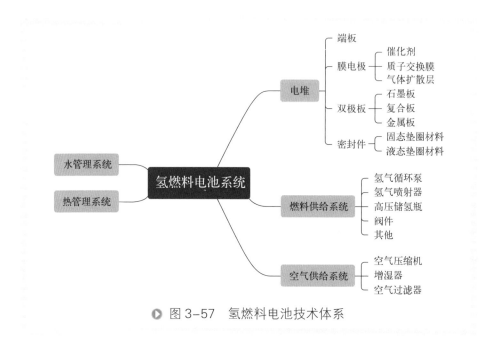

图 3-57　氢燃料电池技术体系

（2）氢内燃机技术

氢内燃机是一种利用氢气作为燃料的内燃机，具有高效率、低排放、低噪声、低成本、易于维护和使用等优势。氢内燃机基于传统内燃机的结构基础，通过改变燃料供应系统、氢气喷射系统（图3-58）、空气增压系统和后处理系统等实现燃烧氢气推动活塞做功，这也是氢内燃机设计过程中的关键技术难点。使用绿氢作为燃料的氢内燃机能够实现零碳工作，并具有调荷迅速、响应性高、维护周期长和生产成本低等优势。

（3）氢燃气轮机技术

氢燃气轮机技术是一种能够实现大规模氢能到电能转换的技术，且转换效率会随着功率的提高而提高，是一种重要的氢能发电技术。与质

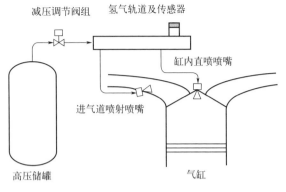

图 3-58　氢内燃机喷射系统示意图

子交换膜燃料电池和氢内燃机相比，氢燃气轮机的输出功率明显更高。氢燃气轮机主要由燃烧器、压缩机、涡轮（或透平）、轴承、进气和排气系统组成。燃烧器分为扩散性燃烧和干式低排放燃烧两种形式（图3-59），目前高效大型内燃机均采用干式低氮燃烧器。未来发展方向是采用干式低排放燃烧预混燃烧器或更先进的燃烧器来替代扩散性燃烧，从而进一步降低 NO_x 排放并提高内燃机效率。

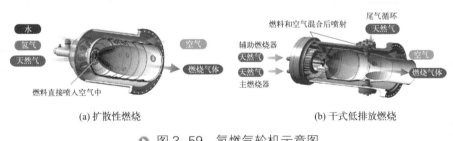

(a) 扩散性燃烧　　　　　　　　　　(b) 干式低排放燃烧

图 3-59　氢燃气轮机示意图

（4）氢在工业中的应用

氢是重要的工业原料，也是重要的工业气体和特种气体，有着广泛的工业应用。氢的最主要用途是合成氨、合成甲醇，以及在石化工业中加氢脱硫和裂解来提炼原油等。氢极易与氧结合，可以作为还原剂应用于冶金等行业。此外，氢还能通过直接燃烧或氢燃料电池的形式，为工业过程提供能量。随着氢气直接还原铁技术、绿氢耦合与替代、工业氢能高温供热等技术的规模化应用，绿氢将推动高耗能工业领域深度脱碳。工业部门对氢气的需求较大，一方面可以通过规模效益降低氢能供应链的成本；另一方面，由于工业企业的决策相对集中，可以率先行动并在基础设施等方面带动全社会氢能的发展。未来，氢能在工业领域，特别是在绿氢冶金、绿氢化工和绿氢水泥回转窑等方面有着广阔的应用前景。

3.5 氢能技术专利及文献分析

3.5.1 专利态势分析

专利是创新活动的基础资源，专利信息数据资源全球化、数据格式标准化、数据信息易获取，以及集技术、经济、法律信息于一体的综合特点，使其成为技术情报的最佳来源，也是了解全球发展趋势的重要工具。因此，本节基于专利信息分析，面向氢能产业链开展专利态势分析，为氢能领域的研发布局和产业发展提供参考依据。

3.5.1.1 氢能产业全球专利概况

本节分析对象为公开日截至 2022 年 9 月 4 日的全球氢能领域专利申请情况，检索时间为 2022 年 9 月 4 日，共计 222271 条数据，110023 个专利族。本节主要探究氢能技术领域的全球专利宏观布局现状，重点分析了氢能技术领域专利申请时间趋势、专利技术策源地、领先研发主体、重点研发方向等。

（1）专利申请时间趋势

氢能全球专利申请趋势如图 3-60 所示。1900 年至 1973 年间，专利较少，氢能领域还未引起关注。1973 年至 2000 年间，氢能专利申请数量整体保持增长态势。2000 年专利呈爆发式增长，迎来了两个研发热潮，第一个研发热潮是 2000 年到 2006 年，第二个研发热潮是 2013 年至今。2021 年，氢能专利年度申请数量出现下降❶，这与部分专利申请未公开有关。总体来看，氢能技术创新处于持续活跃的时期。

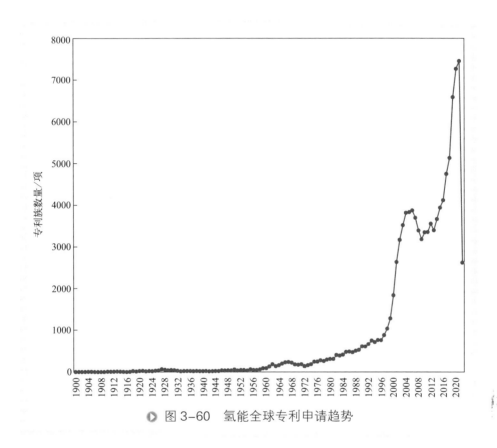

❶ 图 3-60　氢能全球专利申请趋势

（2）专利技术策源地

氢能领域专利技术来源情况如图 3-61 所示，全球氢能技术研发热度都较高。从目前的专利申请情况来看，中国以 36801 项氢能专利位居全球第一位，日本以 31478 项专利位居全球第二，美国第三。韩国、德国申请量则少于 10000 项。

---

❶　因专利申请公开存在最长 18 个月的时滞，2020 年、2021 年的专利申请数量仅供参考。

中国氢能领域研究起步较晚，第一阶段为 1985 年至 2002 年，专利申请量总体较低，处于技术萌芽期，技术基础薄弱，研发实力不强，此时国际上氢能技术的研究主体是日本和美国（图 3-62）。第二阶段是 2003 年至 2015 年，在这期间中国氢能技术专利申请呈现快速增长态势，并且在全球市场中所占比例越来越高。氢能技术依次被列入《国民经济和社会发展第十个五年计划科技教育发展专项规划（科技发展规划）》和《国家中长期科学和技术发展规划纲要（2006—2020 年）》，政策层面的大力支持推动了氢能技术的快速发展。第三阶段是 2016 年至 2020 年，其间国内氢能技术专利申请爆发式增长。此次增长源于 2016 年中国加入《巴黎协定》后，中国政府提出了碳达峰、碳中和目标，而氢能因其具备清洁、高效、可持续等性能，逐渐成为中国能源绿色转型的重要抓手。

日本在先进氢能技术方面处于世界领先地位，这源于其近半个世纪以来持续致力于氢能相关材料、装置和系统开发所奠定的坚实基础。第一阶段为 1970—1999 年，受 20 世纪石油危机影响，氢能在日本得到发展，专利数量逐年增长。1973 年日本成立了以大学研究人员为中心开展氢能源技术研发的日本氢能协会。1981 年，日本通商产业省在节能技术长期研究计划中启动了燃料电池的开发。20 世纪 90 年代，丰田、日产和本田等汽车制造商也开始了燃料电池车研发。第二阶段为 2000—2010 年，日本经济产业省在 2002—2010 年资助了"燃料电池系统示范研究"项目，涵盖"燃料电池车的示范研究"和"氢基础设施示范研究"两个主题。以丰田、本田、三菱、尼桑等为代表的日本主要汽车制造商加大研发力度，激发了创新活力，专利数量快速增长，并在 2004 年突破 2000 项。第三阶段为 2011 年至今，研发热度持续，专利数量保持稳定，政府重点关注氢能，并且科技成果向实际生产力转化。日本政府在 2014 年的《第四版能源基本计划》中着重强调了氢能的重要性。2019 年，日本又制定了"氢能燃料电池技术开发战略"，促进固体高分子燃料电池、固体燃料电池、氢能基础设施等研发。

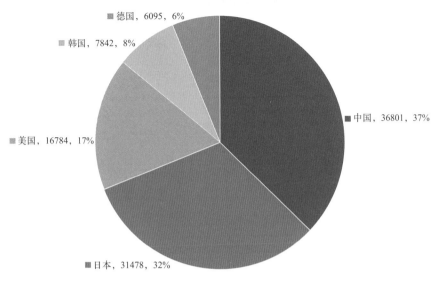

图 3-61　氢能领域专利技术策源地

中国，36801，37%

日本，31478，32%

美国，16784，17%

韩国，7842，8%

德国，6095，6%

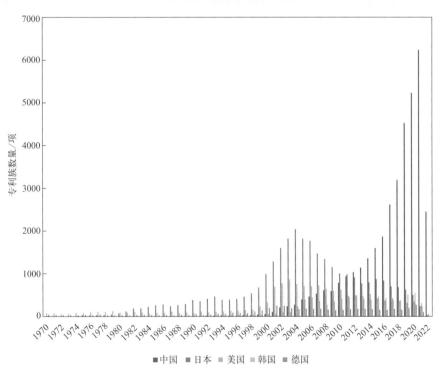

图 3-62　氢能领域专利技术来源分布趋势

■中国　■日本　■美国　■韩国　■德国

（3）领先研发主体

氢能领域全球前 10 位领先专利申请人❶排名如图 3-63 所示。根据分析，氢能领域专利数量排名前 10 的申请人分别是丰田自动车株式会社、日产自动车株式会社、本田技研工业株式会社、松下电器产业株式会社、中国科学院大连化学物理研究所、三菱重工业株式会社、中国石油化工股份有限公司、东芝株式会社、现代自动车株式会社、三洋电机株式会社。

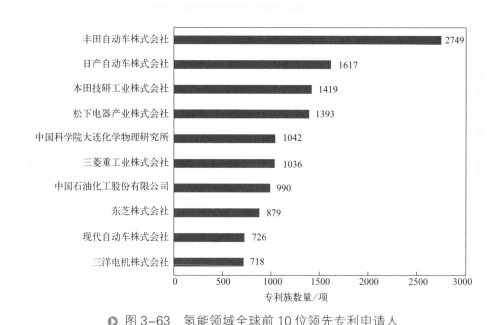

◉ 图 3-63　氢能领域全球前 10 位领先专利申请人

主要专利申请人类别包含了科研机构和企业两类创新主体。全球前 10 位领先专利申请人中，日本占 7 席，中国占据 2 席，韩国占据 1 席。日本非常重视在氢能领域的技术布局，特别是丰田、日产、本田三家头部车企位列前三，占绝对优势。

---

❶　领先专利申请人是指全检索时段中专利申请总量在全球处于领先地位的申请人。

氢能领域2016—2020年全球前10位活跃专利申请人❶如图3-64所示。全球前 10 位中，中国机构占一半，分别是中国石油化工股份有限公司、中国科学院大连化学物理研究所、武汉格罗夫氢能汽车有限公司、广东合即得能源科技有限公司、上海石油化工研究院。近年来，中国在氢能领域专利技术发展速度很快，2016—2020 年专利申请数量占比都在 45% 以上，特别是武汉格罗夫氢能汽车有限公司 2016—2020 年专利申请数量

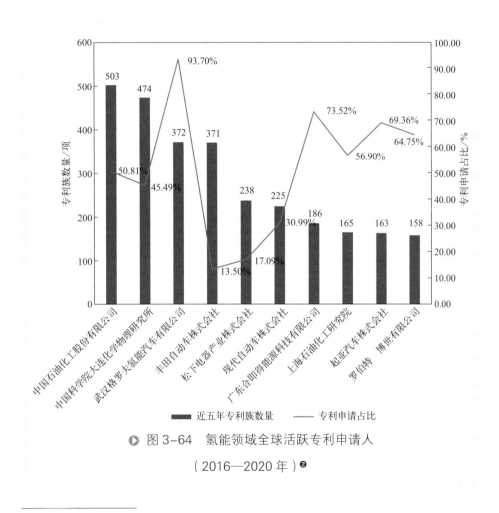

❿ 图 3-64　氢能领域全球活跃专利申请人

（2016—2020 年）❷

---

❶　活跃专利申请人，指近 5 年（2016—2020 年）的专利申请量在全球处于领先地位的申请人。

❷　此处专利申请占比是指近 5 年专利申请量占该申请人总申请数量的比重。

占比高达 93.70%，说明我国已涌现出新的创新主体，且创新能力反超丰田等国外优势企业，也体现出氢能领域在产业界、学术界都得到广泛关注，技术产出体量庞大，中国的专利申请量和领先专利申请人数量都逐渐在全球占据领跑地位。

日韩车企如丰田自动车株式会社、松下电器产业株式会社、现代自动车株式会社 2016—2020 年专利申请数量占比低于 31%，说明日韩车企起步较早且保持相对稳定的创新力，但与中国企业的增速相比，出现"后劲不足"的现象。

（4）重点研发方向

氢能领域全球专利技术构成见图 3-65。一级技术分类中的用氢领域相关专利合计 89919 项，占比 77.03%，位列第一。其下的二级技术中，交通是主要的应用领域，占比 62.67%。交通运输领域是氢能下游最集中的应用，同时，我国也在船舶、轨道交通等多重领域积极探索氢能应用。《氢能产业发展中长期规划（2021—2035 年）》提出，到 2035 年形成氢能产业体系，构建涵盖交通、储能、工业等领域的多元氢能应用生态。基于此，下游应用环节涵盖交通、工业、储能领域，其中交通领域的应用是目前氢能产业发展的主流方向，虽然储能领域目前氢能应用较少，但也是未来氢能产业体系的重要组成部分。

在制氢领域，相关专利合计 16071 项，占比 14.24%，位列第二。其下的二级技术以化石能源制氢为主，占比 5.96%。根据制备来源不同，可分为化石能源制氢、工业副产制氢、水分解制氢、生物质制氢四种形式。目前化石能源制氢虽然发展较早且技术成熟，但高碳排放量制约了其进一步发展。水分解中的电解水制氢由于设备简单、工艺流程稳定可靠、不产生污染，是目前制氢领域的热点技术。

在储氢领域，相关专利合计 6474 项，占比 5.59%，位列第三。其下的二级技术以固态储氢为主，占比 4.04%。固态储氢是指储氢合金通过与氢化合，以金属氢化物形式储存氢，并能在一定条件下将氢释放出来的一种技术，是储氢领域的研发热点。高压气态储氢具有结构简单、充放氢速度快等优点，是目前最主要的车载储氢方案。

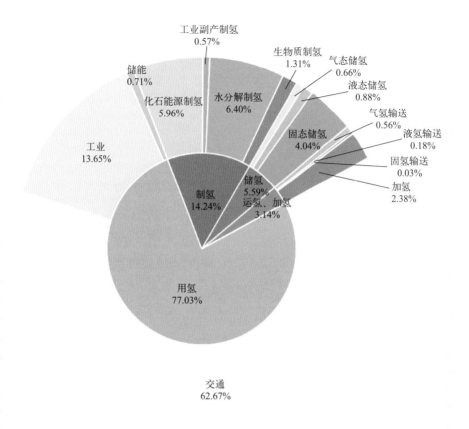

工业副产制氢
0.57%

生物质制氢
1.31%

气态储氢
0.66%

储能
0.71%

化石能源制氢
5.96%

水分解制氢
6.40%

液态储氢
0.88%

工业
13.65%

固态储氢
4.04%

气氢输送
0.56%

液氢输送
0.18%

固氢输送
0.03%

加氢
2.38%

制氢
14.24%

储氢
5.59%

运氢、加氢
3.14%

用氢
77.03%

交通
62.67%

▶ 图 3-65　氢能领域全球专利技术构成

　　在运氢、加氢领域，相关专利合计3692项，占比3.14%，位列第四。其下的二级技术以加氢为主，占比2.38%。我国加氢站数量位于全球第一，离不开我国政策的支持。《氢能产业发展中长期规划（2021—2035年）》提出部署建设一批加氢站，各地也针对性进行了加氢站布局，如内蒙古提出到2025年累计建成60座加氢站，四川成都最高给予1500万元建设运营补助，合力推动加氢站发展。运氢、加氢环节是影响氢能源成本的重要因素。现阶段我国氢气运输处于早期阶段，普遍采用20MPa气态高压储氢与集束管车运输的方式，车载高压储氢瓶目前主要采用

35MPa 的工作压力。管道运输仍为短板弱项，需积极推进天然气掺氢、管道输氢等技术的开发和布局。

3.5.1.2 中国氢能产业专利技术概况

本节分析对象为公开日截至 2022 年 9 月 4 日的中国氢能领域专利申请情况❶，检索时间为 2022 年 9 月 4 日，共计 37923 项专利族。

（1）专利申请时间趋势

如图 3-66 所示，目前中国氢能领域处于持续的创新活跃期。自 1985 年中国开始有氢能专利申请开始，氢能领域专利申请数量整体保持增长态势，2001 年中国氢能专利申请超过 100 项，到 2012 年专利申请数量突破 1000 项（相对于 2001 年增长约 8 倍），这与我国对氢能产业的重视密不可分。2001 年，《国民经济和社会发展第十个五年计划纲要》提出"优化能源结构"，清洁能源产业的发展速度加快；2007 年，国家发展和改革委员会发布的《能源发展"十一五"规划》提出"努力构筑稳定、

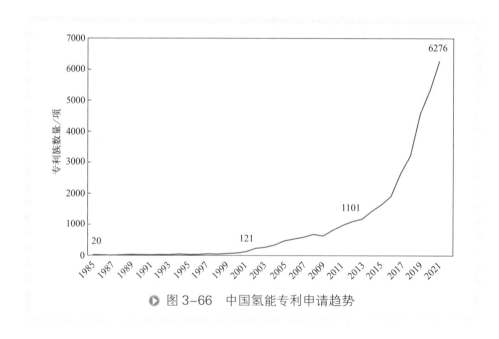

● 图 3-66　中国氢能专利申请趋势

---

❶ 中国香港、澳门、台湾的数据已计入。

经济、清洁的能源体系，以能源的可持续发展支持我国经济社会可持续发展"，持续性地促进氢能领域相关专利的申请；2012 年，国务院发布《"十二五"国家战略性新兴产业发展规划》，其中专栏 20 提出新能源汽车产业发展路线图，鼓励新能源汽车动力电池等的研究开发和示范应用，成为氢能产业近十几年高速发展的"催化剂"。

2021 年中国氢能专利年度申请数量达到峰值 6276 项❶，2021 年也是"十四五"开局之年，《国民经济和社会发展第十四个五年规划和2035 年远景目标纲要》也将氢能列为前瞻谋划未来产业，持续壮大清洁能源产业，预计中国氢能相关专利数量仍会不断增加。总体来看，一系列相关政策体现了对清洁能源产业的高度重视，掀起了氢能相关技术研发热潮，2012 年之后的氢能领域技术创新处于相对活跃的时期，各类创新主体入局氢能领域，一定程度上推动了中国氢能专利申请量持续增长。

（2）专利技术策源地

图 3-67 为按照专利申请人国别统计的中国氢能领域专利技术策源地前 10 名。中国氢能专利申请和技术研发热度都较高，国内专利申请36005 项，占中国前 10 位专利申请策源地提交总量的 95.40%。来自其他国家的氢能专利申请量不具备领先优势，国外来华申请的专利主要来自日本（1.68%）、美国（0.97%）。

中国国内专利申请主要来源于北京、江苏和上海。结合图 3-68 也能进一步看出近年来很多省、自治区、直辖市氢能专利技术研发热度都保持持续高涨，北京、江苏和上海在"十三五"期间（2016—2020 年）专利申请量分别是"十五"期间（2001—2005 年）的 18.1 倍、57.9 倍和 4.9倍，一定程度上体现出这些地区重视氢能领域的科技研发投入，具有良好的经济基础与创新能力。

---

❶ 因专利申请公开存在最长 18 个月的时滞，2021 年的专利申请数量仅供参考。

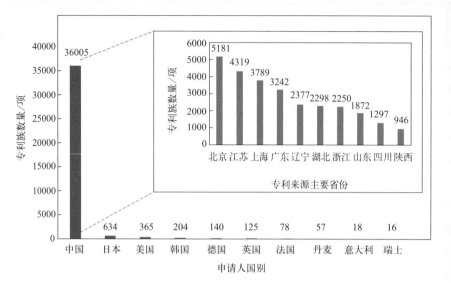

● 图 3-67　按申请人国别统计的中国氢能领域专利技术策源地前 10 名

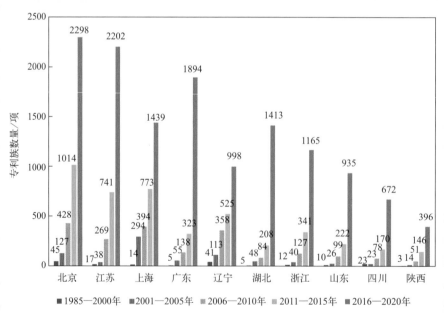

● 图 3-68　中国氢能专利技术来源省份前 10 名

（3）领先研发主体

① 领先专利申请人。中国氢能领域前 10 位领先专利申请人❶共产出相关专利 4710 项，如图 3-69 所示，包含了高校院所、国立科研机构、龙头企业三类创新主体。其中，中国科学院大连化学物理研究所排名第一，专利数量达到 1042 项，占前 10 位申请人专利申请总量的 22.12%；中国石油化工股份有限公司紧随其后，专利数量接近 1000 项，占比达到 21.02%。其余 8 位创新主体专利申请量均在 300 项左右，其中，高校是氢能领域专利申请的重要角色，相关专利共产出 1236 项，4 所高校入围中国前 10 位领先申请人，依次是：浙江大学（334 项）、清华大学（315 项）、华南理工大学（301 项）、西安交通大学（286 项）。

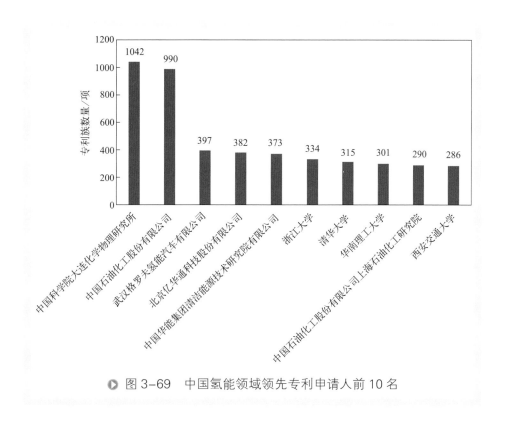

▶ 图 3-69 中国氢能领域领先专利申请人前 10 名

❶ 领先专利申请人是指全检索时段中专利申请总量在中国处于领先地位的申请人。

结合图3-68来看，专利申请数量排名位列第二、第八的江苏和山东，未见有相关地区专利申请人入围中国前10位领先申请人名单，可能的原因在于江苏、山东在氢能领域创新主体数量较多，氢能领域专利申请较为分散。

从前两名领先专利申请人的专利申请时间趋势（图3-70）来看，二者专利申请数量近年来呈现出快速上升的趋势，相对于"十五"期间（2001年至2005年）的水平，"十三五"时期（2016年至2020年）中国科学院大连化学物理研究所和中国石油化工股份有限公司专利申请数量分别增加4.9倍和21.9倍。

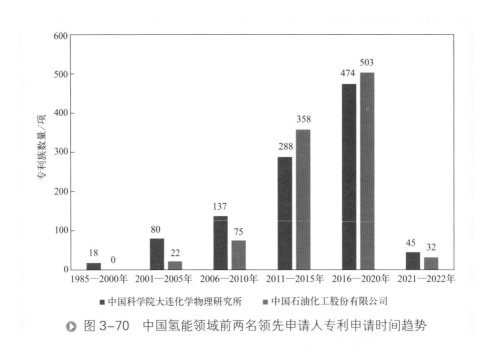

图3-70 中国氢能领域前两名领先申请人专利申请时间趋势

结合图3-69中的数据，由于发展较早，中国科学院大连化学物理研究所在氢能领域技术积累深厚，已经掌握布局大量氢能相关自主技术。长期的技术、产业积淀决定了其现阶段在氢能领域仍然具备十分强劲的实力。

中国石油化工股份有限公司则是从"十一五"时期开始发力，氢能领域专利数量是"十五"期间的 3.4 倍，"十二五"期间保持高速增长，氢能领域的专利数量是"十一五"期间的 4.8 倍，"十三五"期间布局数量持续增加，一定程度上也反映出中国石油化工股份有限公司对该领域的重视程度，该公司已成为布局氢能产业最积极的能源央企之一。

总的来说，中国机构在氢能领域专利技术研发热度高，创新成果丰富，技术发展态势十分可观；科研机构与大型中央企业研发能力突出，同时技术承接能力强，科技成果产业化渠道较为通畅。在学术界、产业界共同推动下，中国的氢能产业生态链将不断完善，进一步形成技术创新促进产业发展、产业提升牵引技术进步的良性循环。

② 活跃专利申请人。2016—2020 年，中国氢能领域排名前 10 位的活跃专利申请人❶如图 3-71 所示。其中，10 位活跃申请人与领先申请人相同，说明这 10 位专利申请人在氢能领域的研发投入与热度持续保持。同时，相较于领先申请人，活跃申请人排名有部分变化。五年间，中国石油化工股份有限公司专利数量排名第一，为 503 项，专利申请占比超过 50%，一定程度上体现了其近期在氢能领域的研发投入增大，专利技术研发速度惊人。整体来看，产业界、学术界都保持空前研发热度，技术产出体量庞大，未来增长前景可期。

（4）重点研发方向

中国氢能领域专利技术构成如图 3-72 所示，一级技术分为四类：制氢技术、储氢技术、运氢及加氢技术、用氢技术。其中，用氢技术占比达到 70%，相关专利合计 28474 项；其次为制氢技术（7987 项，占比 20%）；储氢、运氢及加氢相关专利所占比例较小，可能的原因在于，相较下游的用氢领域技术，储氢、运氢及加氢相关技术难度更大，需要突破一系列问题，技术成熟度不高，短期内无法实现商业化运作发展。

---

❶ 活跃专利申请人，指近 5 年（2016—2020 年）的专利申请量在中国处于领先地位的申请人。

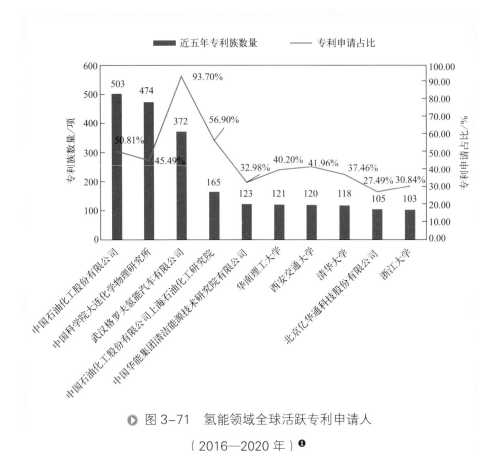

● 图3-71　氢能领域全球活跃专利申请人

（2016—2020年）❶

用氢领域中交通相关专利突破两万项，在用氢领域所有专利中的占比达到75%，也在一定程度上反映出氢能技术在交通领域已发展出较完整的体系。同时，储能占比最低，仅有696项专利，未来此领域尚有较大的可拓展空间。

在制氢方面，由图3-73可以看出，水分解制氢技术专利数量最多，占比达到58%，其次为化石能源制氢。工业副产氢以及生物质制氢的专利数量较少。

---

❶　此处专利申请占比是指近5年专利申请量占该申请人总申请数量的比重。

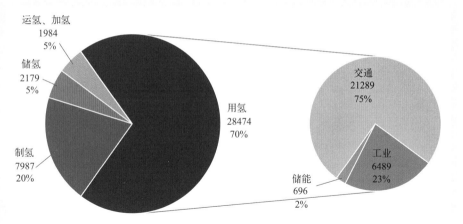

图 3-72　中国氢能领域专利技术构成

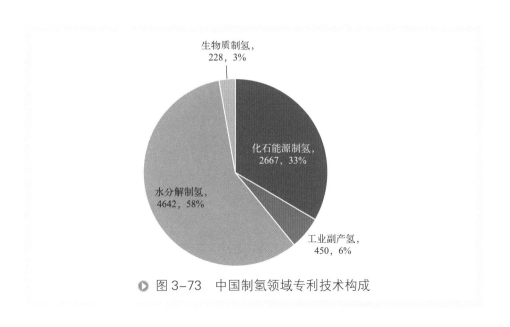

图 3-73　中国制氢领域专利技术构成

在储氢方面，图 3-74 展示了三种储氢分类下专利技术占比情况，固态储氢占比超过一半，气态储氢和液态储氢在专利数量上平分秋色。

在运氢及加氢方面，从图 3-75 能明显看出加氢技术领域的专利数量较多，这也与目前鼓励扶持加氢站建设的政策措施有关。此外，气氢输送相对占据领先地位，液氢和固氢输送技术占比之和仅为 7%。

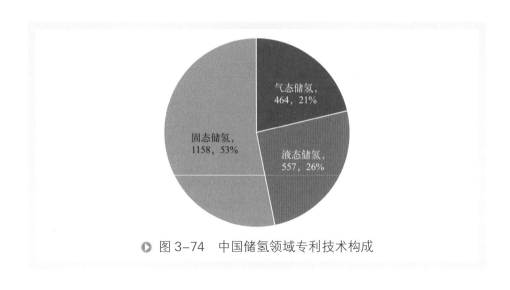

图 3-74　中国储氢领域专利技术构成

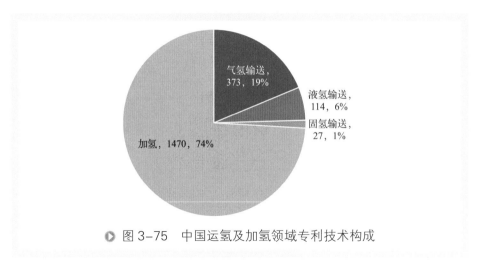

图 3-75　中国运氢及加氢领域专利技术构成

3.5.2　文献态势分析

文献计量分析是一种重要的研究方法，可以对文献数据进行统计和分析，揭示研究领域的热点、趋势和发展方向，从而帮助研究人员了解某一领域的研究现状、研究热点以及学科交叉情况，同时也可以评估某一领域的技术进展和学术影响力，为科学研究提供重要的参考依据。因此，文献计量分析在科学研究、学术评价和科技政策制定等方面具有广泛的应用价值。为此，本节基于文献计量学分析，面向氢能产业链开展文献研究，为氢能领域的研发布局和产业规划提供参考依据。

3.5.2.1 全球氢能产业文献分析

本节分析对象为 Web of Science 核心合集中收录的文献，时间截至 2022 年 12 月 31 日，分别对制氢、储运氢和燃料电池及氢储能领域的文献进行检索，并筛选出高被引和热点文献进行深入分析。本节重点分析了氢能技术领域文献发表时间趋势、文献发表来源和重点研发方向。

（1）发表时间趋势

随着氢能技术的不断发展，氢能领域的文献发表量增加较为显著，特别是在 2000 年之后，随着氢能技术的逐步成熟和应用的推广，制氢、储运氢和用氢环节的文献发表量均迎来了爆发式增长（图 3-76）。2010 年之后，制氢依然保持高速增长，年发文量近期已达到约 6000 篇；储运氢环节文章发表数量趋于稳定，保持在 1700 篇左右；以燃料电池为代表的用氢环节，文章发表数量在达到 4000 篇以上的高点之后增速有所放缓，但每年的文章发表数量依然在稳步增加。总体而言，氢能领域的研发较为活跃，未来随着氢能在能源转型和碳减排方面的用途进一步拓展，氢能领域的研究将更加深入和全面，以推动氢能技术的广泛应用。

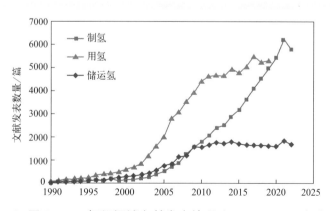

▶ 图 3-76　氢能领域文献发表情况（1990—2022 年）

（2）文献发表来源

中国、美国和日本是全球研究氢能技术最为活跃和投入最多的国家，其发表的相关研究论文数量也最为集中，累计论文发表数量占全部统计文献的 50% 以上。韩国、印度、德国、法国、加拿大、英国、西班牙、澳大利亚等国家在氢能技术的不同领域也取得了一定的研究成果和进展。制氢、储运氢、用氢领域文献发表数量前 10 的国家见图 3-77 ～图 3-79。

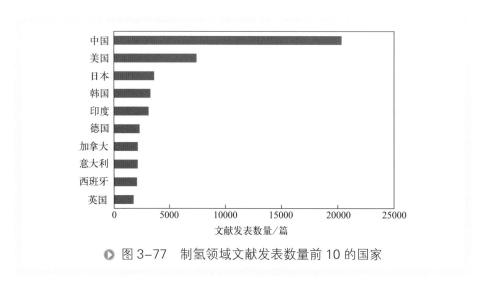

● 图 3-77　制氢领域文献发表数量前 10 的国家

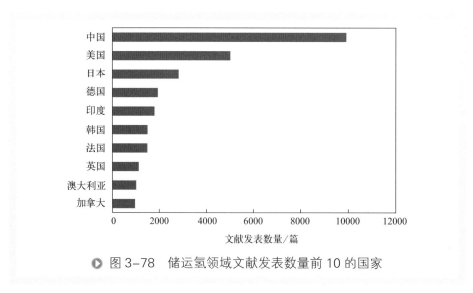

● 图 3-78　储运氢领域文献发表数量前 10 的国家

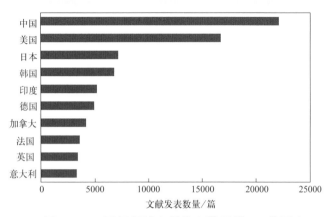

● 图 3-79　用氢领域文献发表数量前 10 的国家

在氢能领域的研究机构排名中，中国科学院是全球最为活跃的研究机构，在氢能领域的研究成果和技术进步方面扮演着重要的角色，排名第一。美国能源部是氢能技术领域的重要推动者之一，在各个环节的研究上作出了重要的贡献，排名第二。法国国家科学研究中心在氢能领域的研究也有着一定的优势和地位，排名第三。其他一些知名研究机构，如中国西安交通大学、中国浙江大学、德国亥姆霍兹联合会、法国研究型大学联盟、印度理工学院系统、日本产业技术综合研究所、中国清华大学等也在氢能领域有着重要的研究和应用。各领域文献发表数量前 10 的研究机构见图 3-80 ～图 3-82。

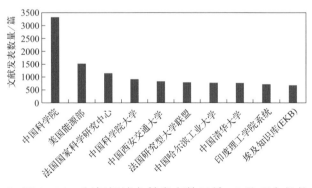

● 图 3-80　制氢领域文献发表数量前 10 的研究机构

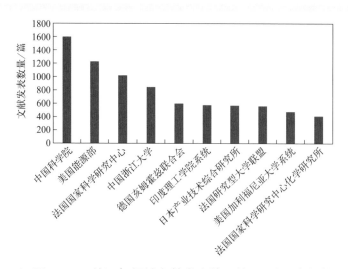

● 图 3-81　储运氢领域文献发表数量前 10 的研究机构

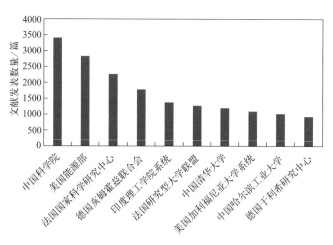

● 图 3-82　用氢领域文献发表数量前 10 的研究机构

作为氢能领域的专业期刊，《国际氢能杂志》（*International Journal of Hydrogen Energy*）涵盖了氢能领域的各个环节的研究进展，包括氢气生产、储存、分配、应用、燃料电池等方面，发文量最多。在制氢领域，除了 *International Journal of Hydrogen Energy*，其他期刊如 *Applied Catalysis B*：

Environmental and Energy、*Bioresource Technology*、*Chemical Engineering Journal* 等能源和催化领域的期刊也是制氢领域文章的主要发表渠道。在储运氢领域，*Journal of Alloys and Compounds*、*Journal of Physical Chemistry C* 等期刊也涉及相关研究。在以燃料电池为代表的用氢领域，*Journal of Power Sources*、*Journal of the Electrochemical Society*、*Electrochimica Acta* 等电化学相关的期刊也是该领域文章的主要发表渠道。各领域文献发表数量前 10 的期刊见图 3-83 ～图 3-85。

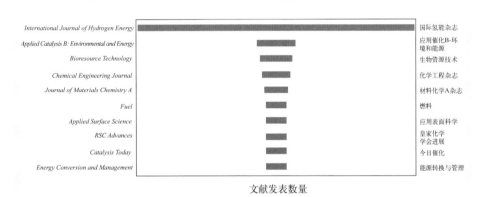

● 图 3-83　制氢领域文献发表数量前 10 的期刊

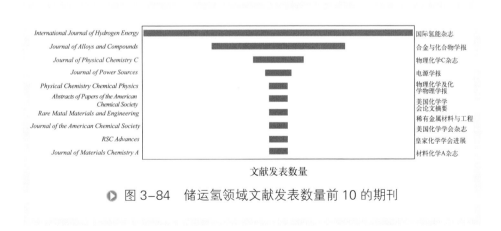

● 图 3-84　储运氢领域文献发表数量前 10 的期刊

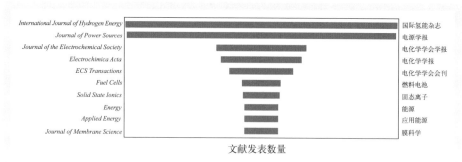

International Journal of Hydrogen Energy　　国际氢能杂志
Journal of Power Sources　　电源学报
Journal of the Electrochemical Society　　电化学学会学报
Electrochimica Acta　　电化学学报
ECS Transactions　　电化学学会会刊
Fuel Cells　　燃料电池
Solid State Ionics　　固态离子
Energy　　能源
Applied Energy　　应用能源
Journal of Membrane Science　　膜科学

文献发表数量

⊙ 图 3-85　用氢领域文献发表数量前 10 的期刊

（3）重点研发方向

VOSviewer 软件是一种常用的文献计量分析工具，可以通过构建可视化的文献计量网络，直观地展示不同研究领域的关键词及其相互关系，反映研究热点、科学问题以及领域发展趋势等信息。在氢能领域，可以利用 VOSviewer 分析制氢、储运氢和用氢等不同研究领域的热点和发展趋势，对各个领域的研究热点进行聚类分析，并用不同的颜色表示。从图 3-86 ～图 3-88 中可以看出，制氢领域的研究热点涵盖太阳能光催化、电解水、生物质制氢等方法；储运氢领域则涉及金属氢化物、金属有机框架材料、氨储氢、地质储氢等研究领域，同时还涉及储运氢材料的加工、制备等研究领域；在以燃料电池为代表的用氢领域，主要研究集中在质子交换膜燃料电池以及关键材料制备、系统优化等领域。

3.5.2.2　中国氢能产业文献分析

本节分析对象为中国知网 SCI（科学引文索引）、EI（工程索引）、北大核心、CSSCI（中文社会科学引文索引）、CSCD（中国科学引文数据库）、AMI（人文社会科学期刊）数据库收录的文献，时间截至 2022 年，共计检索文献 6276 条。本节重点探讨了氢能技术领域的文献发表时间趋势、发表来源以及重点研究方向，为氢能领域的研发规划和产业发展提供有益参考。

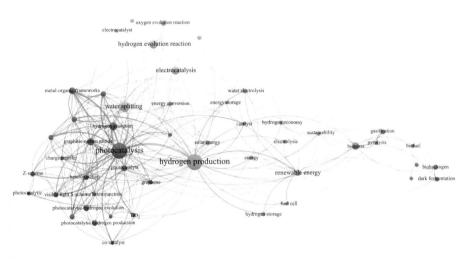

● 图 3-86　制氢领域高被引及热点论文关键词共现网络可视化图

（biofuel：生物燃料；biohydrogen：生物制氢；biomass：生物质；catalyst：催化剂；charge transfer：电荷转移；co-catalyst：助催化剂；dark fermentation：暗发酵；electrocatalysis：电催化；electrocatalyst：电催化剂；electrolysis：电解；energy conversion：能量转换；energy storage：能量存储；energy：能源；fuel cell：燃料电池；gasification：气化；graphene：石墨烯；graphitic carbon nitride：石墨相氮化碳；heterojunction：异质结；hydrogen economy：氢经济；hydrogen evolution reaction：析氢反应；hydrogen evolution：析氢；hydrogen production：制氢；hydrogen storage：储氢；metal-organic frameworks：金属有机框架；overall water splitting：全水分解；oxygen evolution reaction：析氧反应；photocatalysis：光催化；photocatalyst：光催化剂；photocatalytic：光催化（作用）的；photocatalytic hydrogen evolution：光催化析氢；photocatalytic hydrogen production：光催化制氢；pyrolysis：热解；renewable energy：可再生能源；solar energy：太阳能；S-scheme heterojunction：S型异质结；sustainability：可持续性；visible light：可见光；water electrolysis：水电解；water splitting：水分解；Z-scheme：Z型方案）

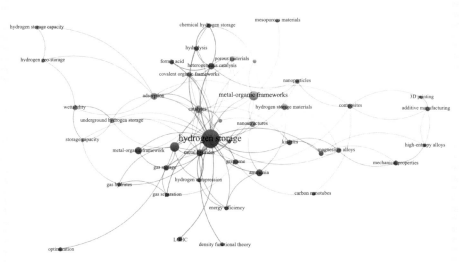

▶ 图3-87 储运氢领域高被引及热点论文关键词共现网络可视化图

（3D printing：3D打印；additive manufacturing：增材制造；adsorption：吸附；
ammonia：氨；carbon nanotubes：碳纳米管；catalysis：催化；chemical hydrogen
storage：化学储氢；composites：复合材料；covalent organic frameworks：共价有机
框架；density functional theory：密度泛函理论；energy efficiency：能源效率；formic
acid：甲酸；gas hydrates：气体水合物；gas separation：气体分离；gas storage：气体
存储；graphene：石墨烯；heterogeneous catalysis：多相催化；high-entropy alloys：
高熵合金；hydrogen compression：氢气压缩；hydrogen geo-storage：氢气地质储存；
hydrogen storage capacity：氢气储存容量；hydrogen storage materials：氢气储存材
料；hydrogen storage：储氢；hydrolysis：水解；kinetics：动力学；LOHC：液态有机
氢载体；magnesium alloys：镁合金；mechanical properties：机械性能；mesoporous
materials：介孔材料；metal hydrides：金属氢化物；metal-organic framework：金属有机
框架；nanoparticles：纳米粒子；nanostructures：纳米结构；optimization：优化；porous
materials：多孔材料；storage capacity：储存容量；underground hydrogen storage：地下
氢气储存；wettability：润湿性）

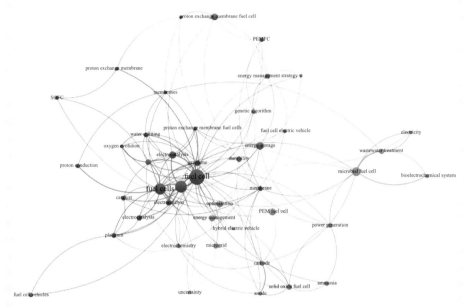

▶ 图 3-88　用氢领域高被引及热点论文关键词共现网络可视化图

（ammonia：氨；anode：阳极；bioelectrochemical system：生物电化学系统；catalyst：催化剂；cathode：阴极；durability：耐久性；electricity：电力；electrocatalysis：电催化；electrocatalyst：电催化剂；electrocatalysts：电催化剂；electrochemistry：电化学；energy management strategy：能源管理策略；energy management：能源管理；energy storage：储能；fuel cell electric vehicle：燃料电池电动汽车；fuel cell vehicles：燃料电池汽车；fuel cell：燃料电池；fuel cells：燃料电池；genetic algorithm：遗传算法；graphene：石墨烯；hybrid electric vehicle：混合动力电动车；membrane/membranes：膜；microbial fuel cell：微生物燃料电池；microgrid：微电网；optimization：优化；oxygen evolution：氧气析出；oxygen reduction reaction：氧还原反应；PEM fuel cell：质子交换膜燃料电池；platinum：铂；power generation：发电；proton conduction：质子传导；proton exchange membrane fuel cell/cells (PEMFC)：质子交换膜燃料电池；proton exchange membrane：质子交换膜；SOFC：固体氧化物燃料电池；solid oxide fuel cell：固体氧化物燃料电池；uncertainty：不确定性；wastewater treatment：废水处理；water splitting：水分解）

（1）发表时间趋势

氢能领域的文献在 2000 年之后经历了一个爆发期，随后在 2005 年之后逐渐趋于平稳，近两年则呈现出明显的新增趋势，这反映出氢能技术研发的新一轮热潮正在兴起（图 3-89）。

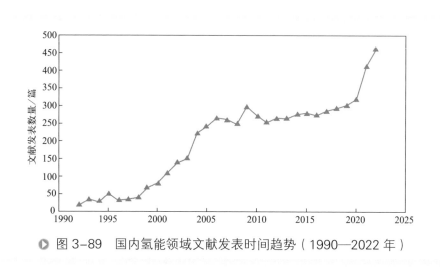

● 图 3-89　国内氢能领域文献发表时间趋势（1990—2022 年）

（2）文献发表来源

国内清华大学、中国科学院大连化学物理研究所、天津大学等研究机构在氢能技术研发上有较大的投入（图 3-90）。特别是大连化学物理研究所，一直以来都是国内氢能领域的重要研究机构。

国内在氢能领域的文章来源较为分散，分布在能源、化学、化工等多个领域的期刊上（图 3-91）。发文数量比较多的期刊包括《中国电机工程学报》《西安交通大学学报》和《科学通报》等。

（3）重点研发方向

从文献主要主题词分析来看，国内目前发表的文章主要集中在燃料电池以及相关的催化剂、质子交换膜等研究领域，在光催化、重整制氢等领域也有一些文章，但总量较少（图 3-92）。

从文献研究层次分布来看，国内氢能领域的文献主要集中在技术研究及应用基础研究方面，比较偏基础，技术开发方面的文献较少（图 3-93）。

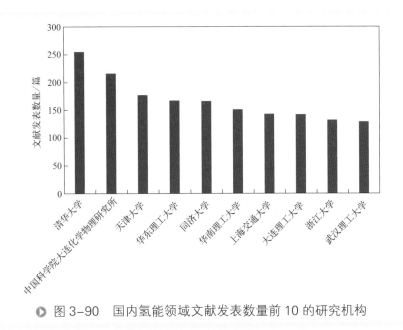

● 图 3-90　国内氢能领域文献发表数量前 10 的研究机构

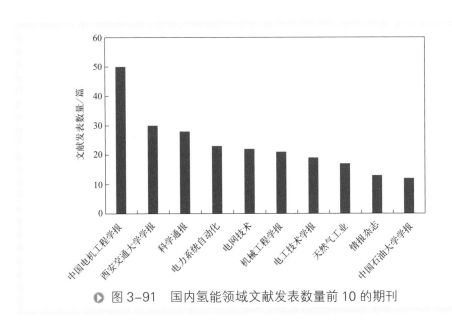

● 图 3-91　国内氢能领域文献发表数量前 10 的期刊

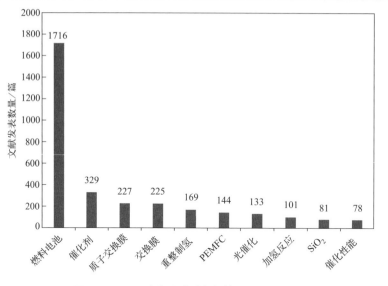

▶ 图 3-92　国内氢能领域文献主要主题词分布

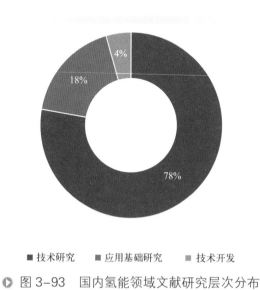

■ 技术研究　■ 应用基础研究　■ 技术开发

▶ 图 3-93　国内氢能领域文献研究层次分布

3.6 氢能技术发展展望

3.6.1 概述

氢能是当前国际上的研究热点，作为一种理想的能源载体，氢能可以从多种途径获得，具有清洁、灵活等特点，是从化石能源向可再生能源转变的关键因素之一，将为终端能源利用带来全新的可能性。

在我国未来能源体系中，氢能将作为重要的组成部分，扮演多重角色。首先，它可以替代石油作为运输燃料，使用氢燃料电池的汽车、船舶等交通工具更加环保和高效，能够降低排放，减少对环境的损害。其次，氢能作为能量和物质的双重载体，是对冲高碳和高能耗工业的重要物质，在"双碳"背景下，清洁氢在助力不同行业实现碳达峰、推动能源转型方面将发挥越来越重要的作用。最后，氢能作为高效载体，可以提高能源利用效率。基于氢能发展分布式能源，能够提高能源系统的安全性和可靠性，确保能源的可持续供应。

3.6.2 我国氢能发展面临的挑战

（1）关键领域技术成本较高

从制氢环节上看，我国煤制氢技术比较成熟，成本低，但 CO_2 和污染物排放较高，制氢过程碳排放强度为 $22 \sim 35kg/kg$。可再生能源电解水制氢是目前技术较为成熟的绿氢生产路径，在低碳清洁氢制备方面具有较大潜力，然而目前受限于较高的电力成本和较低的电解槽负载率，还存在效率低、综合成本高等问题。特别是在工业领域，煤气化制氢在成本上具有显著优势，电解水制氢缺乏市场竞争力。储运氢等环节关键技术和材料也均存在诸多制约，储氢密度、安全性和成本之间的平衡关系尚未解决，氢气供应体系离大规模应用还有差距。在用氢环节，氢燃料电池是实现氢能转换为电能利用的关键载体，燃料电池技术对实现氢能规模化综合应用具有重要意义。目前，氢燃料电池在汽车、船舶、无人机、分布式电站和便携式电源等场景进行了应用示范，但是仍然存在成本太高、寿命和系统优化不足、效率有待进一步提升等关键问题，阻碍了该技术的大规模推广。

（2）部分氢能应用技术仍不成熟

目前，工业流程中所用的氢主要来源于化石能源，通过使用清洁的绿氢替代合成氨、甲醇生产等过程中高排放的灰氢，可以有效降低相关工业的隐含碳排放。但是对于化工、钢铁、水泥等高耗能工业来说，要实现"双碳"目标，必须进行工业流程的低碳/零碳再造。以钢铁行业为例，氢气直接还原铁技术使用氢气替代焦炭作为还原剂，减少了原料带来的二氧化碳排放，是氢能革新型工艺的典型代表。然而，相关工艺尚不够成熟，尚未能够得到大规模推广应用。

（3）氢能利用过程中的监管和安全性问题

氢气易燃易爆，与汽油、天然气同属危险化学品，受到严格管控。但与汽油和天然气不同的是，目前氢气尚不包括在现行能源法律法规中，其使用受到更多限制。例如，氢气制取只能在局域划定的化工园区内进行，无法有效应对新形势下用户端灵活开展分布式制氢的需求，增加了制氢与用氢端的距离和成本。此外，关于氢作为能源在交通、建筑等领域应用的相关标准还不完善，检测认证体系尚未形成，如何确保氢能利用的安全性仍是亟待解决的问题。特别是大众对氢能安全性的了解不够，也缺乏应急经验，一旦发生事故，将会严重影响人们对氢能发展的信心和接受度。

3.6.3　未来发展趋势

随着全球对清洁能源的需求不断增加，氢能在能源领域的地位越来越重要。在国际能源署（IEA）的净零排放情景（NZE）中，电力和氢能都是能源组合中不可或缺的一部分，二者在2050年占最终能源需求的60%以上，其中氢能及其衍生物占比约10%（图3-94）。

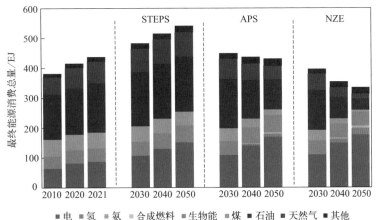

图 3-94　IEA 各情景下全球能源和气候模型最终能源消费总量

IEA 预计，净零排放情景下，2050 年低碳清洁氢的需求将达到 4.5 亿吨，其生产路径以电解水制氢为主，占比 70% 以上，剩余部分主要由耦合 CCUS 技术的化石燃料制氢工艺提供，占比接近 30%（图 3-95）。

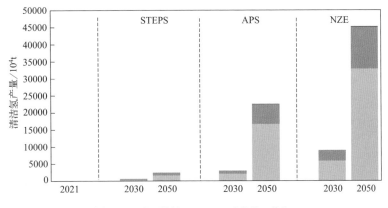

图 3-95　IEA 各情景下全球能源和气候模型低碳清洁氢生产路径

在应对气候变化的背景下，传统制氢产能向绿色低碳化转型也是未来氢能产业发展的必由之路。在 IEA 的情景设置中，未来低碳氢能的产能占比将持续增加。其中，规定政策情景（STEPS）下，2050 年低碳氢的占比仅为 17%，宣布承诺情景（APS）下则达到 78%（图 3-96）。

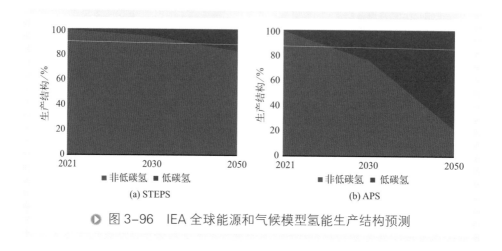

◉ 图 3-96　IEA 全球能源和气候模型氢能生产结构预测

除 IEA 以外，其他机构也对氢能在 2050 年全球能源总需求中的比重进行了预测（图 3-97）。最乐观的预测来自氢能委员会（Hydrogen Council）和彭博新能源财经（BNEF），达到 22%；国际可再生能源机构（IRENA）和能源转型委员会（ETC）的预测值分别为 12% 和 18%。无论基于哪个预测，与目前全球能源中氢能的占比相比，未来都将实现质的飞跃。

目前，氢能已经在世界范围内得到了广泛的关注和研究，也将成为我国未来清洁、高效能源生产与消费体系的重要组成部分。根据中国氢能联盟预测，在碳中和情景下，预计 2060 年，氢能在工业、交通运输、储能、建筑等领域广泛应用（图 3-98），需求量由目前的 3000 多万吨提升至约 1.3 亿吨，在终端能源消费中占比 20%。氢能产业链产值扩大，2060 年氢燃料电池汽车保有量超过 7000 万辆，氢能需求超过 4000 万吨，工业部门氢气需求量达到接近 8000 万吨，建筑供热供电及发电等其他用氢途径氢能需求超过 1000 万吨。

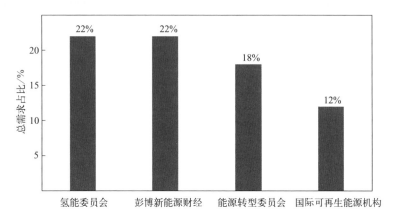

▶ 图 3-97　2050 年氢能在全球能源总需求中占比的预测

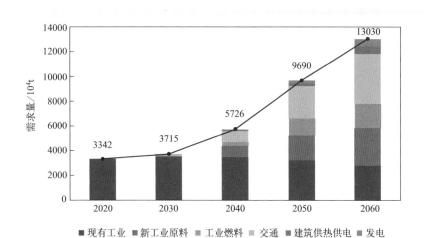

■ 现有工业　■ 新工业原料　■ 工业燃料　□ 交通　■ 建筑供热供电　■ 发电

▶ 图 3-98　碳中和情景下中国氢气需求量预测

3.6.4　氢能技术发展路线图

3.6.4.1　氢能技术就绪水平

氢在清洁能源转型中的作用取决于科技创新，相关的技术研发既要支持商业可用技术的持续成本降低和性能改进，也要确保新型制氢技术及时实现商业化。在制氢技术中，碱性和质子交换膜电解水技术已经商业化，固体氧化物电解技术处于示范阶段。碱性阴离子交换膜电解水技术正在早期开发阶段，但相关研究正在快速推进。化石燃料制氢技术领域，对制氢过程中的二氧化碳进行部分捕集（约60%）的技术已经商业化，但更高捕集率的技术尚未在制氢部门规模化应用。此外，Monolith Material 公司开发了甲烷等离子体裂解技术，将甲烷直接转换为氢气和炭黑，避免了碳排放，是一种新型低碳氢生产技术。基于生物质的路线也取得了一些进展，日本和法国已经开始运营通过气化技术制氢的全尺寸原型。各技术就绪水平见表 3-21 和图 3-99。

表3-21　氢能技术就绪水平

阶段	技术就绪水平 (TRL)	描述
小型原型机 或实验室阶段	TRL1	初始的想法：基本的原则已描述
	TRL2	应用阐述：概念和解决应用的方法已描述
	TRL3	概念需要验证：解决方法需要原型机验证或应用
	TRL4	早期原型：在测试条件下证明的原型
大型样机	TRL5	大型样机：在实际条件下验证的部件
	TRL6	规模条件下的完整样机：在实际条件下验证的规模化样机
示范	TRL7	预商业示范：在预期工况下运行的样机
	TRL8	商业化：商业示范
市场准备	TRL9	相关环境下商业运营：解决方案已经商用，需要改进以保持竞争力
	TRL10	大规模集成：解决方案已经商用并具备竞争力
成熟	TRL11	达到稳定：可预见的增长

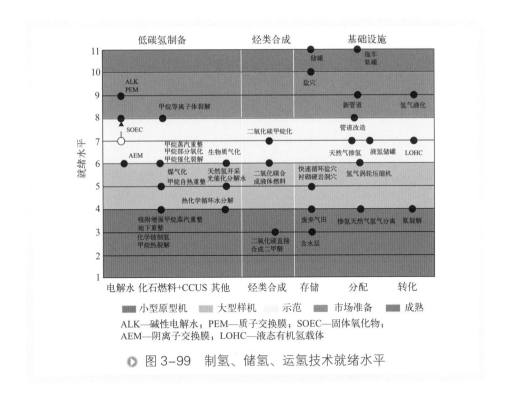

图3-99 制氢、储氢、运氢技术就绪水平

2022年国际远洋氢能运输技术取得了重大进展，日本与澳大利亚和文莱分别完成了液氢和液态有机氢载体（LOHC）的海上运输示范。然而，液氢航运和LOHC转换过程的技术成熟度仍然相对较低。绿色甲醇和绿氨有望作为氢载体支撑国际氢能贸易，但转换过程存在能量损失。

在现有的工业应用中，将基于化石燃料的氢替换为低碳氢的技术难度相对较低，但也需要技术创新，以解决与波动性可再生能源匹配的问题。在钢铁行业的应用则难度较大，需要对氢冶金技术进行持续的研发。采用氢气直接还原铁（DRI）技术的HYBRIT项目2021年在瑞典投入运营，成为该技术首个具有操作性的完整原型。作为该项目的一部分，第一个地下氢气储存试验设施于2022年6月在衬砌硬岩洞穴中启用。

在交通领域，燃料电池是道路运输中用氢的主要技术，氢内燃机（ICE）也受到一定的关注。2021 年 12 月，丰田展示了一辆实验性的氢内燃机车辆；2022 年 6 月，中国重汽和潍柴动力联合发布了首款氢内燃机重卡。加氢站领域的技术进展主要是更高压力和更高流量。由美国能源部资助并由美国国家可再生能源实验室、液化空气公司、本田、壳牌和丰田开发的项目建造了一个为重型卡车提供服务的加氢站，达到平均质量流量 14kg/min，超过了美国能源部流量目标。

氢能终端应用技术就绪水平见图 3-100。

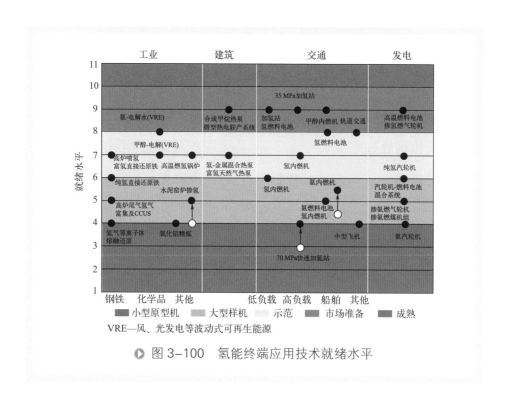

▶ 图 3-100　氢能终端应用技术就绪水平

3.6.4.2　我国氢能技术发展路线图

氢能产业发展初期，主要依靠工业副产氢作为氢源，在区域内就近供给，同时积极推动可再生能源发电制氢规模化等技术研发示范；中期,将以大规模可再生能源发电制氢等方式提供稳定氢源,工业副产氢为补充手段;远期,将以可再生能源发电制氢为主,煤制氢配合CCS技术、生物制氢和太阳能光催化分解水制氢等技术成为有效补充。不同地区将结合自身资源禀赋,兼顾技术发展、经济性以及环境容量,因地制宜选择制氢路线。整体而言,随着低碳清洁氢经济性和碳排放约束增加,氢能供给结构将逐步过渡到以可再生能源为主的制氢技术路径,助力未来新型能源体系建设。中国氢能联盟预计,2060年我国可再生氢产量约1亿吨,部署电解槽装机至少500GW。我国氢能产业发展目标见图3-101。

● 图3-101 我国氢能产业发展目标

氢能储运将朝着提升氢气的储存密度和运输效率的方向发展,通过"低压到高压""气态到多相态"的技术提升,逐步提升氢气的储存和运输能力。随着技术的不断进步,氢能的储存密度和运输效率将得到显著提高,为推动氢能技术的大规模推广和应用提供有力保障。

氢能的应用将以工业和交通运输领域作为下游市场的发展重点,同时逐渐向储能、建筑等领域拓展。在交通领域,氢能将呈现出集中示范且多元化的应用场景,助力氢能产业链的推广和示范。工业领域使用低碳清洁氢,将有助于大规模部署可再生能源电解水制氢,促进电解水制氢技术的不断迭代升级,降低氢气的生产成本。

我国氢能技术发展路线图见图 3-102。

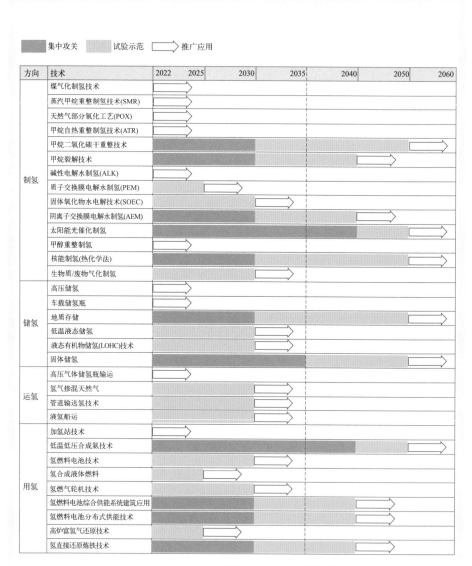

● 图 3-102 我国氢能技术发展路线图

3.7　"碳达峰、碳中和"目标下氢能领域对策建议

3.7.1　强化氢能政策体系的统筹规划和规范引导

在"双碳"目标引领下，氢能产业顶层设计应立足长远、科学谋划战略目标、产业格局与重点任务，进一步完善氢能产业"1+N"政策体系，制定专项行动方案、科技创新、扶持保障、规范标准等政策。从时间上，应对照碳达峰、碳中和目标时间表，部署氢能产业发展近期与中远期目标；从产业上，应统筹氢能产业与双碳相关产业协同发展，分解各阶段发展重点任务和路线图；从技术上，明确氢能产业不同发展阶段的关键技术研发和前沿技术储备；从体制上，健全面向绿色低碳转型的氢能安全、标准、管理、财税等政策环境，加强产业规范引导，稳妥推进氢能产业发展。

3.7.2　加强区域产业政策协同效应

目前国内氢能产业规划呈"自下而上"的特点，因此各地方政府在研究制定氢能产业发展规划和支持政策时，应从国家氢能产业总体战略全局出发，充分考虑本地区发展基础，发挥本地产业优势，加快氢能多元化应用，统筹规划区域产业布局，避免局部过热、低水平重复建设及同质化竞争等现象。鼓励不同资源禀赋和技术条件的省份、城市开展跨地域的协同发展，明确各自区域在全产业链中的分工定位，培育特色产业集群，增强产业带动效应。

3.7.3　加强氢能产业链布局及关键环节技术创新

氢能产业链布局应充分重视氢能在能源结构转型和工业领域低碳零

碳流程再造中的战略地位和平台作用，服务国家碳达峰、碳中和任务目标。通过可再生能源制氢及储运一体化项目，推动大型氢能示范应用基地建设，发挥氢能在可再生能源大规模消纳、高耗能工业减碳等方面的优势，促进氢能多元化应用。要加强氢能全产业链规划布局，特别是针对氢储运等薄弱环节进行关键技术研发和应用示范，加大核心材料、设备等科技创新投入力度，加快突破氢能及低碳零碳技术协同创新，实现关键核心技术自主可控和材料设备国产化，稳步开展"氢能＋"产业试点示范，进一步推广氢燃料电池汽车大规模使用，促进氢能产业在我国"双碳"工作中发挥实效。

第4章

智能电网篇

4.1 智能电网概述

　　如同前两章中介绍的储能和氢能，智能电网同样是推动能源领域绿色低碳转型的重要载体，是建设新型电力系统的关键环节，是多能融合体系的重要组成部分。智能电网与储能和氢能联系紧密，储能可以接入电力系统的电源侧、电网侧和负荷侧，保障可再生能源消纳和电网安全稳定；而在能源转型中，电力与氢能是互为补充的能源载体，电氢协同是多能融合体系的重要特征，可在发挥各自优势、促进新能源消纳的同时，有效解决高比例可再生能源消纳与刚性负荷需求之间的矛盾，保证新型电力系统安全稳定运行。

4.1.1 智能电网定义

　　智能电网（smart grid）是通过先进的传感量测技术、信息通信技术、分析决策技术和自动控制技术与能源电力技术以及电网基础设施高度集成而形成的新型现代化电网。在世界能源变革的潮流下，世界各国都明确了建设智能电网的必要性。由于世界各国的国情和发展水平不同，建立智能电网的目标也存在差异，因此各国、各组织对智能电网尚未有一个统一的定义。表4-1为世界相关机构对智能电网的定义。

表4-1　世界相关机构对智能电网的定义

机构	智能电网定义
中国国家电网公司	坚强智能电网是以特高压电网为骨干网架、各级电网协调发展的坚强网架为基础，以信息通信平台为支撑，具有信息化、自动化、互动化特征，包含电力系统的发电、输电、变电、配电、用电和调度各个环节，覆盖所有电压等级，实现"电力流、信息流、业务流"高度一体化融合的现代电网
中国南方电网公司	当前智能电网的定义还处在不断探索完善的过程中，但概念已涵盖了提高电网科技含量、提高能源综合利用效率、提高供电可靠性、促进节能减排、促进新能源利用、促进资源优化配置等内容，是一项社会联动的系统工程，最终实现电网效益和社会效益最大化
日本电力中央研究所	智能电网是实现低碳社会必需的，能够确保安全可靠供电、使可再生能源发电能够顺利接入和得到有效利用、统筹电力用户需求实现节能和提高能效的综合系统
智能电网欧洲技术论坛顾问委员会	智能电网集创新工具和技术、产品与服务于一体，利用高级感应、通信和控制技术，为客户的终端装置及设备提供发电、输电和配电一条龙服务，实现与客户的双向交换，从而提供更多信息选择、更大的能量输出、更高的需求参与率及能源效率
美国能源部	一个完全自动化的电力传输网络，能够监视和控制每个用户和电网节点，保证从电厂到终端用户整个输配电过程中所有节点之间的信息和电能的双向流动
美国电力科学研究院	智能电网由多个自动化的输电和配电系统构成，以协调、有效和可靠的方式运作，快速响应电力市场和企业需求，利用现代通信技术，实现实时、安全灵活的信息流，为用户提供可靠、经济的电力服务，具有快速诊断、消除故障和自愈的功能

随着经济和科技的不断发展，智能电网系统的内涵在不断延伸，其

具体内容定义也随各国科技战略目标的更新而不断丰富。在我国，各部门、各单位出台了关于智能电网的解读和发展要求，国家发展改革委、国家能源局在《关于促进智能电网发展的指导意见》中明确指出："智能电网是在传统电力系统基础上，通过集成新能源、新材料、新设备和先进传感技术、信息技术、控制技术、储能技术等新技术，形成的新一代电力系统，具有高度信息化、自动化、互动化等特征，可以更好地实现电网安全、可靠、经济、高效运行。"科技部明确指出，智能电网是实施新的能源战略和优化能源资源配置的重要平台，涵盖发电、输电、配电、用电和调度各环节，将广泛利用先进的信息和材料等技术，实现清洁能源的大规模接入与利用，提高能源利用效率，确保安全、可靠、优质的电力供应。

智能电网既是多技术融合也是多能融合的载体，随着科技的不断变革而融入更多更新更前沿的技术思路，但在功能方面，智能电网始终具备自愈、可靠、兼容等特征，并且能够提供适应数字时代的优质电力网络。下面介绍智能电网的特征。

4.1.2　智能电网特征

与传统电网相比，智能电网具有自愈性、可靠性、兼容性、交互性、高效性、集成性等特征，这些特征使得智能电网在新能源消纳、抵御自然灾害和外界干扰、促进节能减排、提高电能质量、客户交互性等方面具有较大优势，表 4-2 为传统电网与智能电网的特征对比。

表4-2　传统电网与智能电网的特征对比

特征	智能电网	传统电网
自愈性	具有实时、在线和连续的安全评估和分析能力，强大的预警和预防控制能力，以及自动故障诊断、故障隔离和系统自我恢复能力，避免大规模停电	无法及时准确定位故障，依赖人工处理

特征	智能电网	传统电网
可靠性	在极端自然条件和外界信息攻击下，仍能保证电网的安全运行，具有确保电力信息安全的能力	极端条件下，容易大规模停电
兼容性	实现各种类型电源的"即插即用"，支持可再生能源有序、合理的接入，适应分布式电源、微电网和储能装置的接入	小型分布式电源接入后，对电网稳定性威胁较大
交互性	电网与用户和市场进行互动，使客户了解电网供需信息，充分参与电力市场交易和电力系统管理，优化用电方式，满足日益多样化的用电需求	电网与用户单向交互
高效性	合理配置电力资源，提高电网运行效率。延长设备使用寿命，提高设备利用率，降低维护成本，使电网运行更加经济高效，提高能源利用效率	电网运行效率低，维护成本高
集成性	实现电力信息的高度集成和共享，采用统一的平台和模型，实现标准化、规范化和精细化管理	电网各环节信息传递闭塞

部分国家和地区提出的智能电网特征如下：

① 美国：自愈、互动、兼容、高效、创新、优质、安全。

② 欧盟：灵活、易接入、可靠、经济。

③ 中国：坚强可靠、经济高效、清洁环保、透明开放、友好互动，在技术上实现信息化、自动化、互动化。

4.1.3 智能电网标准体系

世界上很多组织机构都开展了智能电网技术标准体系研究，建立的相关标准体系如表 4-3 所示。其中，中国国家电网公司将智能电网技术标准体系分为 8 个专业分支、26 个技术领域、92 个标准系列，体系框图如图 4-1 所示。随着智能电网技术的不断发展，智能电网标准体系也需要不断完善。

表4-3　智能电网技术标准体系

机构	智能电网技术标准体系
中国国家能源局	智能电网技术标准体系
中国国家电网公司	《智能电网技术标准体系规划》
国际电工委员会智能电网国际战略工作组（IEC SG3）	《国际电工委员会智能电网标准化路线图》
美国国家标准与技术研究院（NIST）	《美国国家标准与技术研究院智能电网互操作性标准框架和路线图》
美国电气与电子工程师协会（IEEE）	《美国电气与电子工程师协会P2030智能电网能源技术和信息技术与电力系统以及终端应用和负载的互操作性指南草案》
欧洲智能电网联合工作组（欧洲标准化委员会、欧洲电工标准化委员会和欧洲电信标准化协会联合工作组，CEN/CENELEC/ETSI Joint Working Group）/欧盟智能电网协调组（SG-CG）	《CEN/CENELEC/ETSI智能电网标准联合工作组最终报告》 SG-CG/M490/A智能电网标准化框架 SG-CG/M490/B智能电网第一套标准 ......

中国相继出台了《智能电网用户端通信系统一般要求》（GB/Z 32501—2016）、《智能微电网保护设备技术导则》（GB/Z 34161—2017）、《智能电网用户自动需求响应　集中式空调系统终端技术条件》（GB/T 38332—2019）、《智能变电站继电保护和电网安全自动装置安全措施要求》（GB/T 40091—2021）等国家标准和《智能电网用户端系统通用技术要求》（NB/T 42058—2015）、《智能电网调度控制系统技术规范》（DL/T 1709—2017）、《智能电网用户端能源管理系统》（NB/T 42119—2017）、《智能电网调度控制系统与变电站即插即用框架规范》（DL/T 1871—2018）等行业标准，逐步涵盖智能电网的各个环节。中国智能电网技术标准体系见图4-1。

国际电工委员会智能电网国际战略工作组（IEC SG3）推荐了《电气/电子/可编程电子安全相关系统的功能安全》（IEC 61508）、公共信息模型相关的《能量管理系统应用程序接口（EMS-API）》（IEC 61970）、配电管理相关的 IEC 61968、变电站自动化相关的 IEC 61850、《抄表、计费和负荷控制的数据交换》（IEC 62056）、涉及网络安全的 IEC 62351、涉及开放架构的 IEC 62357 等标准作为智能电网的核心标准。

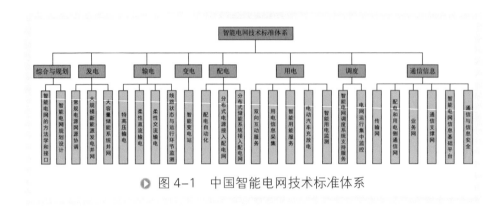

图 4-1　中国智能电网技术标准体系

美国国家标准与技术研究院（NIST）在美国智能电网标准体系研究领域，相继发布了四个版本的《NIST 智能电网互操作标准框架和技术路线图》。NIST 将智能电网划分为七个域，考虑多域间的互联互通和各设备间的互操作性，并持续更新适用于智能电网的标准、技术规范和导则。

美国国家标准协会（ANSI）发布了 ANSI C12 系列、ANSI/ASHRAE 135—2016、ANSI/ASHRAE/NEMA 201—2016、ANSI/CEA 709 系列等智能电网相关标准。

美国电气与电子工程师协会（IEEE）在 2009 年成立了 P2030 工作组，专门负责智能电网相关标准的制定工作，发布了包括《采用智能能源概要 2.0 应用协议标准》《储能系统接入电网测试标准（改进草案）》《电动汽车直流快速充电桩技术规格标准》等 IEEE P2030 系列标准在内的多项智能电网标准。

国际标准化组织（ISO）发布了 ISO 15118 系列、ISO/IEC 14908 系列等智能电网相关标准。

4.1.4　智能电网相关政策文件

中国在 21 世纪初期就开始了智能电网相关领域的发展部署和顶层设

计，2009 年国家电网公司正式提出"坚强智能电网"概念，并发布《智能电网技术标准体系规划》。2010 年政府工作报告中首次提出将智能电网建设作为国家的基本发展战略。2012 年科学技术部发布《智能电网重大科技产业化工程"十二五"专项规划》，明确指出智能电网是实施新的能源战略和优化能源资源配置的重要平台。2015 年国家发改委、国家能源局发布《关于促进智能电网发展的指导意见》，指出智能电网是在传统电力系统基础上形成的新一代电力系统，具有高度信息化、自动化、互动化等特征，可以更好地实现电网安全、可靠、经济、高效运行。2016 年国务院发布《"十三五"国家科技创新规划》，指出聚焦部署大规模可再生能源并网调控、大电网柔性互联、多元用户供需互动用电、智能电网基础支撑技术等重点任务，实现智能电网技术装备与系统全面国产化，提升电力装备全球市场占有率。2020 年国家发改委在《关于加快建立绿色生产和消费法规政策体系的意见》中提出加大对分布式能源、智能电网、储能技术、多能互补的政策支持力度。根据 2021 年发布的《中华人民共和国国民经济和社会发展第十四个五年规划和 2035 年远景目标纲要》，下一步电力能源的发展将转向新能源方向。新能源的输送、高效接纳以及对电网稳定性的影响将引领智能电网技术的发展与变革。2022 年国家发改委、国家能源局印发《"十四五"现代能源体系规划》（简称《规划》），对"十四五"期间的电网建设进行了明确部署。《规划》指出，积极发展智能配电网、主动配电网、智能微电网、柔性直流电网等，创新电网结构形态和运行模式。智能电网领域相关政策陆续发布实施，为全面推进智能电网发展提供了制度保障。中国智能电网领域相关政策部署如表 4-4 所示。

欧盟委员会发布了 COM（2011）202 号通讯"智能电网：从创新到应用"，美国政府发布了涉及智能电网的《能源独立和安全法案》《经济复苏计划》等政策文件。

表4-4　中国智能电网领域相关政策文件

时间	政策文件	时间	政策文件
2009年	国家电网公司正式提出"坚强智能电网"概念	2017年	《"十三五"国家基础研究专项规划》
2010年	2010年政府工作报告	2018年	《中华人民共和国电力法》
2010年	国家电网公司《智能电网技术标准体系规划》	2020年	《关于加快建立绿色生产和消费法规政策体系的意见》
2011年	《中华人民共和国国民经济和社会发展第十二个五年规划纲要》	2021年	《关于推进电力源网荷储一体化和多能互补发展的指导意见》
2012年	《智能电网重大科技产业化工程"十二五"专项规划》	2021年	《中华人民共和国国民经济和社会发展第十四个五年规划和2035年远景目标纲要》
2015年	《关于促进智能电网发展的指导意见》	2021年	《构建以新能源为主体的新型电力系统行动方案（2021—2030年）》
2016年	《"十三五"国家科技创新规划》	2021年	《南方电网"十四五"电网发展规划》
2016年	《电力发展"十三五"规划（2016—2020年）》	2021年	《"十四五"能源领域科技创新规划》
2017年	《2017年能源工作指导意见》	2022年	《"十四五"现代能源体系规划》
2017年	《关于金融支持制造强国建设的指导意见》	2022年	《关于推进共建"一带一路"绿色发展的意见》

4.2　世界智能电网发展概况

4.2.1　发展简史

人类最早是通过闪电这一自然现象认识了电，并在后续的很长时间里，不断对磁、静电进行研究与试验。进入 19 世纪后，电力发展迎来大爆发，法拉第、西门子、特斯拉、爱迪生等科学家的成果，持续推动电力的生产、输送、使用等过程的发展，人们对电的认知与使用不断加强。随着电力工业快速发展，电压等级不断提高，电网规模日益扩大，电力深入人类社会的各个角落，世界电网的发展简史具体如图 4-2 所示。进入 21 世纪以来，出于对能源安全、环境保护、经济效率等方面的需求，国内外电力及相关行业对未来电网的发展模式进行了积极思考与探索，并相应提出了智能电网的概念以及建设目标，世界电网的三代演变如图 4-3 所示。

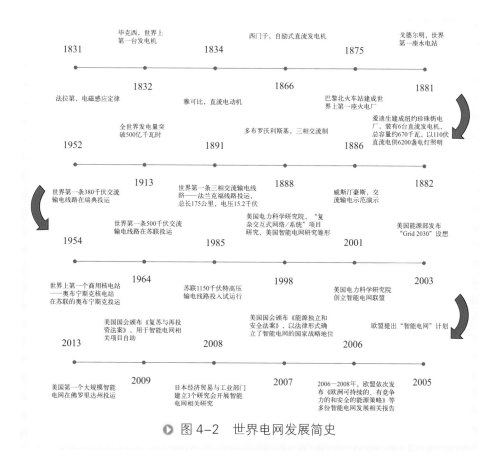

图 4-2　世界电网发展简史

随着经济社会的不断发展，电力需求与日俱增，全球及主要地区电力消费数据如图 4-4 所示。世界用电量整体呈现上升趋势，美国作为世界第二大用电国，在 2018 年用电量达到 4288.8TW·h 后，近几年逐步下降。欧洲电力消费近几年维持在 3850TW·h 左右。日本电力消费总体呈现缓慢下降趋势。

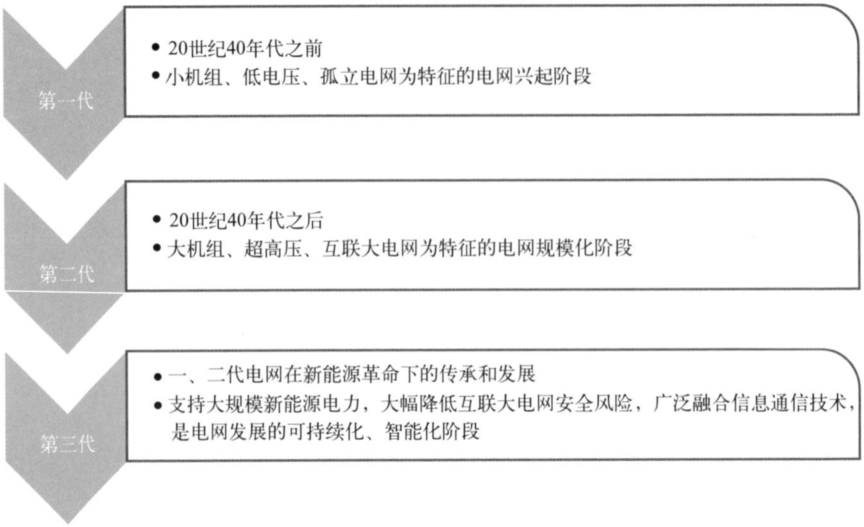

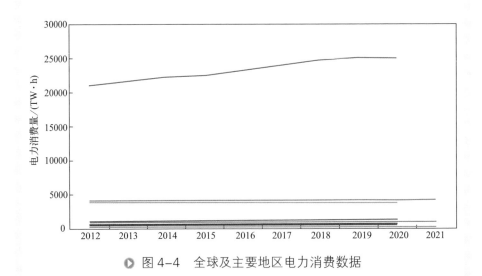

第一代
• 20世纪40年代之前
• 小机组、低电压、孤立电网为特征的电网兴起阶段
第二代
• 20世纪40年代之后
• 大机组、超高压、互联大电网为特征的电网规模化阶段
第三代
• 一、二代电网在新能源革命下的传承和发展
• 支持大规模新能源电力，大幅降低互联大电网安全风险，广泛融合信息通信技术，是电网发展的可持续化、智能化阶段

图 4-3 世界电网的三代演变

世界
美国
欧洲
日本
印度
澳大利亚
巴西
非洲
电力消费量/(TW·h)
30000
25000
20000
15000
10000
5000
0
2012
2013
2014
2015
2016
2017
2018
2019
2020
2021

图 4-4 全球及主要地区电力消费数据

全球发电结构如图 4-5 所示，煤炭发电是最主要的发电方式，近几年的发电量在 10000TW·h 左右，但所占比重正在逐步下降。2020 年天然气发电量为 6335TW·h，水力发电量为 4453TW·h，核电发电量为 2674TW·h。随着各国对新能源发电的重视，以及《巴黎协定》等国际协议的推动，光伏发电量从 2012 年的 99TW·h 增长到 2020 年的 824TW·h，风电发电量从 2012 年的 526TW·h 增长到 2020 年的 1598TW·h。

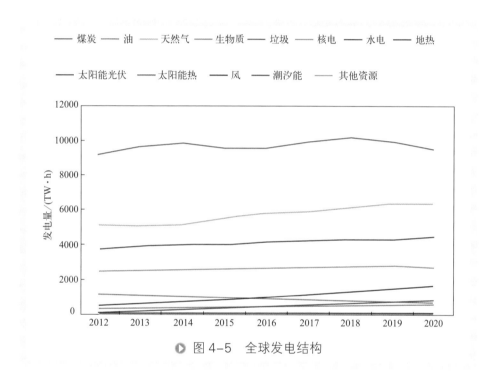

▶ 图 4-5　全球发电结构

近几年来美国电网投资呈现平稳上升趋势，如图 4-6 所示，2021 年美国电网投资额为 771 亿美元。欧洲电网投资在 2019 年之后呈现上升趋势，2021 年欧洲电网投资额为 567 亿美元。

4.2.2　各国智能电网发展和模型

（1）美国

美国每年用电量巨大，是世界第二大用电国，但面临着基础设施严

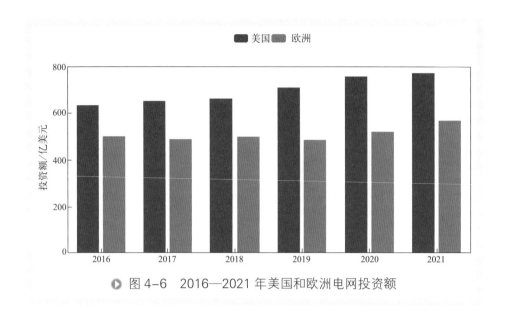

图 4-6　2016—2021 年美国和欧洲电网投资额

重老化的问题，对电力系统的支撑作用无法满足大量的用电需求和应对频繁发生极端气象条件的考验，导致近年来美国大规模停电事故频繁发生，对经济社会造成巨大负面影响。因此，美国近年来的智能电网建设更加关注电网的可靠安全性建设，通过电能质量政策性激励，提高电网供电可靠性。

按照"电网 2030"（Grid 2030）的规划要求，美国智慧电网的规划发展大致可分为三个阶段：第一阶段是到 2009 年，各州政府进行智慧电网规划并着手建设，目前该阶段目标已经基本完成；第二阶段是 2011 到 2020 年，家电设备能通过有线或无线方式远程操作；第三阶段是 2020 到 2030 年，美国各地实现电网智慧化。

美国国家标准与技术研究院发布的《美国国家标准与技术研究院智能电网互操作性标准框架和路线图，版本 4.0》中智能电网概念模型包括用户域、市场域、服务域、运行域、发电域、输电域、配电域 7 个域（domain）。NIST 智能电网概念模型如图 4-7 所示。7 个域的特性如表 4-5 所示。除概念模型以外，NIST 还给出了传统场景、高比例分布式能源场景、微电网场景、混合场景下各域以及子域间的通信路径图。

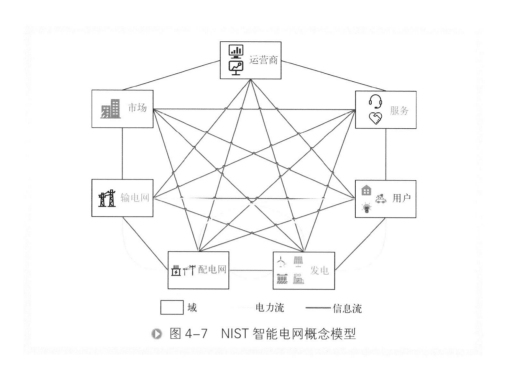

图 4-7　NIST 智能电网概念模型

表4-5　NIST智能电网概念模型7个域的特性

域(Domain)	域的作用/服务
用户域(Customer)	电力的终端用户，可具有发电、储能和能量管理等功能，通常有三种用户类型，即居民、商业及工业，且每个用户类型都有自己的子域
市场域(Markets)	电力市场的运营商和参与者
服务域(Service Provider)	向电力用户和电力公司提供服务的组织
运行域(Operations)	电力传输的管理者
发电域(Generation)	电能的生产者和储能，该域包括传统电源和分布式能源。传统电源包括通常接入输电网的火力发电、大规模水电和可再生能源。分布式能源与用户和配电域提供的发电、储能、需求响应，以及服务提供商聚合的能源资源相关联
输电域(Transmission)	大规模远距离输电的载体，也可兼有储能和发电功能
配电域(Distribution)	用户电力供给或送出的分配者，也可兼有储能和发电功能

（2）欧洲

欧洲智能电网建设的主要目标是保证电力供应的可持续性、经济性和安全性。欧洲地区能源需求量大，但由于化石资源有限而且欧盟正在实施减少温室气体排放的计划，欧洲的可再生资源发电占比较高，可再生能源高比例并网促使欧洲必须建立跨区能源交易和输送体系以维护其战略安全和能源安全。

构建统一电力系统和能源市场是欧洲智能电网发展的核心方向之一。因此欧洲智能电网发展强调对输电系统的升级改造，重视加强跨区/国互联以及跨海输电和直流输电技术的发展，以支撑大范围大流量电力的互动运输。在注重用户互动、提升能效的同时，充分考虑不同国家智能用电技术的一致性和协调性，重视建设统一的电力市场，注重智能用电标准的制定和修订，以保障智能电网互操作性的实现。

欧洲智能电网联合工作组提出的欧洲智能电网概念模型如图 4-8 所示，该模型包括交易域、电源域和 ICT 支持（网络、软件、应用程序等信息通信技术）三部分，其中，交易域包括市场、服务提供商、用户和电网调度，电源域涵盖了分布式能源系统、电力传输分配、发电、用户和电网调度五个角色，ICT 支持将促成各角色之间的业务关系。

（3）日本

日本提出了智能电网的三层体系架构，包括国家、区域和家庭三个层面。家庭和建筑层面包括智能住宅、零能耗建筑、蓄电池、电动汽车等元素，目的是实现能源高效利用和减少排放；区域层面是通过区域能量管理系统，保证区域电力系统稳定，并依托先进通信及控制技术实现供需平衡；国家层面则是构筑坚强的输配电网络，实现大规模可再生能源的灵活接入。

《日本智能电网图解》中提出的日本智能电网概念如图 4-9 所示，主要包括电力的高效应用、电动汽车充换电以及自然能源的利用。日本智能电网的发展注重输配电网的控制技术，以实现电力的双向互动，以及为分布式太阳能发电、电动汽车等的普及配备基础设施。

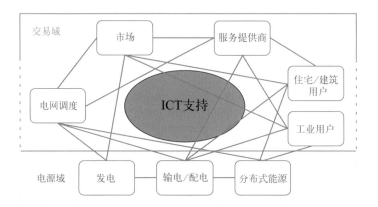

▶ 图 4-8　欧洲智能电网概念模型

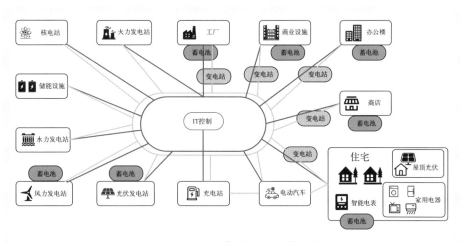

▶ 图 4-9　日本智能电网概念图

4.2.3 未来数据预测

麦肯锡（McKinsey）公司《2022 年全球能源行业洞察》（Global Energy Perspective 2022）报告对 2050 年全球发电情况的预测如图 4-10 所示。在所有情景中，可再生能源发电将引领发电结构，2050 年占比将达到 80%～90%；在进一步加速情景中，可再生能源发电份额在未来 15 年内将增长一倍，占比从 29% 增加到 60%。由于太阳能和风电装机成本下降，可再生能源的大部分增长将来自太阳能和陆上风能，在进一步加速情景下，到 2050 年二者的发电量占比将分别达到 43% 和 26%。由于许可限制和政策障碍，预计海上风电发电量仍将被限制在全球发电量的 7% 以下。火力发电仍将作为灵活保障电源发挥重要作用，到 2040 年，在燃料成本有利的地区，天然气在火力发电中将占据较大比重。此外，核电的发展仍需要政策和经济方面的支持。

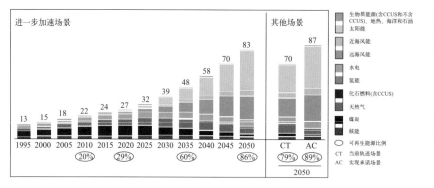

▶ 图 4-10　McKinsey 公司对 2050 年全球发电情况的预测

国际原子能机构（IAEA）在《2050 年前能源、电力和核能的预测》报告中对 2030 年、2040 年、2050 年能源消费量及用电量的预测如图 4-11 所示。预计到 2030 年，最终能源消耗将比 2021 年增加约 12%，到 2050 年将增加约 27%，年均增长率约为 1%。用电量预计将以每年约 2.4% 的更快速度增长。预计到 2050 年，电力消耗将翻一倍，电力在最终能源消费中的份额预计将比 2021 年增加约 10 个百分点。

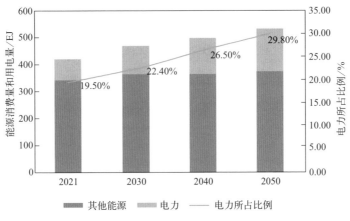

● 图 4-11　IAEA 对能源消费量及用电量的预测

4.3　中国智能电网发展概况

4.3.1　中国智能电网发展历史

（1）传统电网存在的问题

传统电网是一个刚性系统，可再生能源的接入与退出对电网的稳定性威胁较大，无法实现大量可再生能源的消纳；对极端天气和外界攻击抵御性较差，容易出现大规模停电；自愈性较差，故障多倚靠人工处理，缺乏预警和预防控制能力，自恢复能力完全依赖于实体冗余；电网与客户缺少互动，信息单向，重发电轻用电，无法满足客户日益多样的用电需求；电网各环节信息传递闭塞，信息共享能力薄弱，存在信息孤岛；电网运行效率较低，维护成本高，资源浪费严重。

（2）智能电网的优势

与传统电网相比，智能电网将构建柔性体系架构，具备自愈性、可靠性、兼容性、高效性、交互性、集成性等特征。智能电网可以满足社会电力负荷高速持续增长的需求，确保电力供应的安全性和可靠性，提高电力系统的效率和经济性，促进清洁能源大规模开发利用，提高电能质量和服务质量，适应市场日益多样的用电需求，保障能源安全和应对气候变化。

（3）中国智能电网的提出

中国智能电网的发展历程如图 4-12 所示。国家电网公司于 2009 年正式提出"坚强智能电网"概念，2010 年全国政府工作报告中强调要

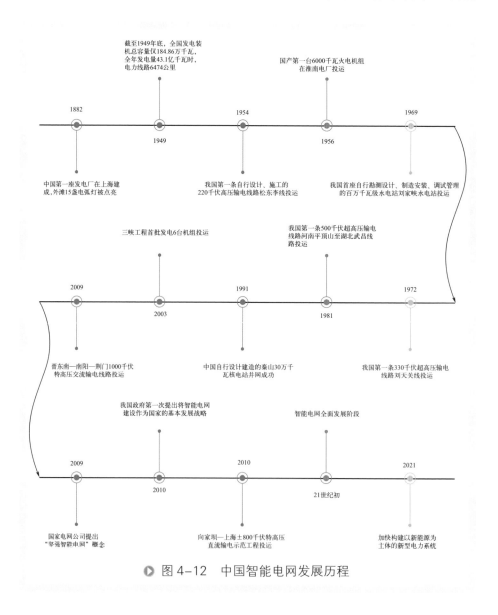

截至1949年底，全国发电装机总容量仅184.86万千瓦，全年发电量43.1亿千瓦时，电力线路6474公里

国产第一台6000千瓦火电机组在淮南电厂投运

1882
1949
1954
1956
1969

中国第一座发电厂在上海建成，外滩15盏电弧灯被点亮

我国第一条自行设计、施工的220千伏高压输电线路松东李线投运

我国首座自行勘测设计、制造安装、调试管理的百万千瓦级水电站刘家峡水电站投运

三峡工程首批发电6台机组投运

我国第一条500千伏超高压输电线路河南平顶山至湖北武昌线投运

2009
2003
1991
1981
1972

晋东南—南阳—荆门1000千伏特高压交流输电线路投运

中国自行设计建造的秦山30万千瓦核电站并网成功

我国第一条330千伏超高压输电线路刘天关线投运

我国政府第一次提出将智能电网建设作为国家的基本发展战略

智能电网全面发展阶段

2009
2010
2010
21世纪初
2021

国家电网公司提出"坚强智能电网"概念

向家坝—上海±800千伏特高压直流输电示范工程投运

加快构建以新能源为主体的新型电力系统

▶ 图 4-12 中国智能电网发展历程

"加强智能电网建设"，这是我国政府第一次提出将智能电网建设作为国家的基本发展战略，之后智能电网进入全面发展时期。2021年3月，中央财经委员会第九次会议提出，深化电力体制改革，构建以新能源为主体的新型电力系统。中国智能电网的发展阶段如图4-13所示，当前中国已进入新型电力系统建设阶段。

2009—2010年
- 规划试点阶段
- 重点开展坚强智能电网发展规划，制定技术和管理标准，开展关键技术研发和设备研制，开展各环节的试点

2011—2015年
- 全面建设阶段
- 加快特高压电网和城乡配电网建设，初步形成智能电网运行控制和互动服务体系，关键技术和装备取得重大突破，得到广泛应用

2016—2020年
- 引领提升阶段
- 全面建成统一的坚强智能电网，技术和装备达到国际先进水平，电网优化配置资源能力将大幅提升，清洁能源装机比例达到35%，分布式电源实现"即插即用"，智能电表普及应用

2021年以后
- 新型电力系统建设阶段
- 以坚强智能电网为枢纽平台，建设具有清洁低碳、安全可控、灵活高效、智能友好、开放互动基本特征的新型电力系统

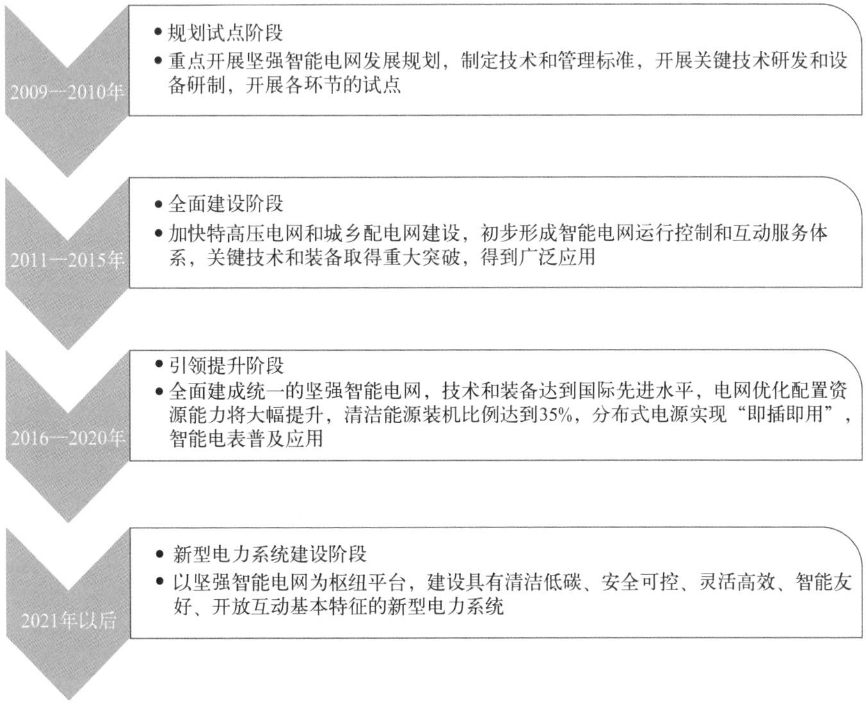

▶ 图4-13 中国智能电网的发展阶段

4.3.2 智能电网基础数据

4.3.2.1 电源侧

随着我国社会经济的不断发展，全国发电装机容量持续增长。截至2022年底，全国电力装机规模突破25.6亿千瓦，同比增长8.0%，我国

发电装机累计容量从 2012 年的 11.5 亿千瓦增长到 2022 年的 25.6 亿千瓦。

"双碳"目标持续推进能源系统绿色转型，可再生能源装机规模突破 12 亿千瓦，占全国发电总装机容量比重为 47.3%。水电装机规模达 4.1 亿千瓦，其中常规水电 3.68 亿千瓦、抽水蓄能装机 4579 万千瓦；风电并网规模达 3.65 亿千瓦，其中陆上风电 3.35 亿千瓦、海上风电 3046 万千瓦；太阳能发电装机 3.93 亿千瓦，其中集中式光伏 2.3 亿千瓦、分布式光伏 1.6 亿千瓦、光热 58.8 万千瓦。特别是 2020 以来，风电和太阳能发电装机量陡增，两年分别增长了 56% 和 50%，风电并网装机容量和光伏并网装机容量已连续多年稳居全球第一。全国电力装机结构如图 4-14 所示。

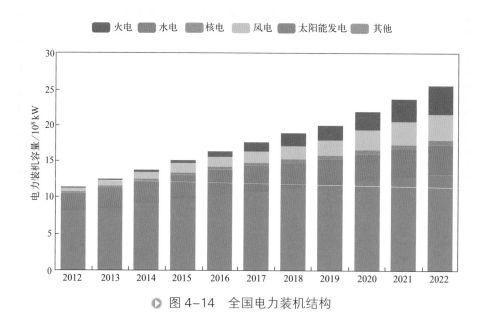

● 图 4-14　全国电力装机结构

2021 年我国非化石能源发电装机容量首次超过煤电，2022 年非化石能源发电装机规模创历史新高，达 12.7 亿千瓦，占总发电装机容量比重为 49.6%；2022 年全国全口径火电装机容量 13.3 亿千瓦，其中煤电 11.2

亿千瓦，占总发电装机容量的比重为 43.8%，同比降低 2.9 个百分点。

2022 年，全国新增发电装机容量近 2 亿千瓦。其中，火电装机同比降低 2.9 个百分点，新增并网风电、太阳能发电装机分别为 3763 万千瓦、8741 万千瓦，核电装机 228 万千瓦，水电装机 2387 万千瓦，生物质发电装机 334 万千瓦。新增可再生能源装机 1.52 亿千瓦，占全国新增发电装机的 76.2%。

2022 年我国发电总量接近 8.7 万亿千万时，同比增长 3.6%，是世界最大的电力生产国。从发电构成来看，如图 4-15 所示，我国电力转型趋势明显，2022 年，全国可再生能源发电量达 2.7 万亿千瓦时，占全口径发电量的 31.3%。其中，水电 13522 亿千瓦时，同比增长 1.0%；风电 7626.7 亿千瓦时，同比增长 16.2%；太阳能发电 4272.7 亿千瓦时，同比增长 31.2%；生物质发电 1824 亿千瓦时，同比增长 23.6%。水电、风电、太阳能发电和生物质发电分别占总发电量的 15.5%、8.8%、4.9% 和 2.1%。

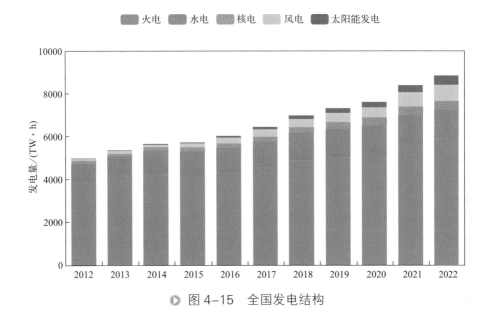

图 4-15　全国发电结构

2022 年，全国 6000 千瓦及以上电厂发电设备利用小时数达 3687 小时，比上年减少 125 小时。并网风电 2221 小时，同比减少 11 小时；并网太阳能发电 1337 小时，同比增长 56 小时；火电设备利用小时数为 4379 小时，其中，煤电 4594 小时，气电 2429 小时；水电设备利用小时数为 3412 小时；核电 7616 小时。近十年全国发电设备利用小时数如图 4-16 所示。2022 年，全国主要流域水能利用率约 98.7%，较上年同期提高 0.8 个百分点；全国风电平均利用率 96.8%，与上年同期基本持平；全国光伏发电平均利用率 98.3%，较上年同期提高 0.3 个百分点。全国可再生能源利用率持续保持较高水平。

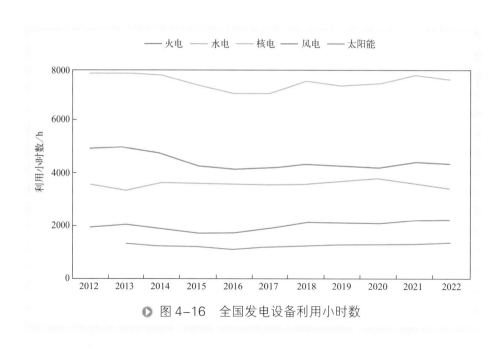

▶ 图 4-16　全国发电设备利用小时数

供电标准煤耗是火力发电厂每向外提供 1kW·h 电能平均耗用的标准煤量。火电行业严格落实国家节能减排要求，6000kW 及以上电厂供电标准煤耗持续下降，2022 年全国供电标准煤耗为 301.5g/(kW·h)，较 2011 年下降了 24.5g/(kW·h)，煤电高效清洁发展水平显著提升。全国供电标准煤耗如图 4-17 所示。

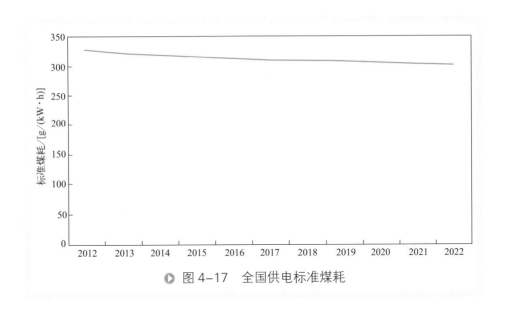

图 4-17　全国供电标准煤耗

2021 年 10 月 29 日，国家发展改革委、国家能源局发布《全国煤电机组改造升级实施方案》（简称《方案》），明确按特定要求新建的煤电机组，除特定需求外，原则上采用超超临界且供电煤耗（以标准煤计，余同）低于 270g/(kW·h) 的机组；设计工况下供电煤耗高于 285g/(kW·h) 的湿冷煤电机组和高于 300g/(kW·h) 的空冷煤电机组不允许新建；到 2025 年，全国火电平均供电煤耗降至 300g/(kW·h) 以下。《方案》还要求存量煤电机组灵活性改造应改尽改，"十四五"期间完成 2 亿千瓦，增加系统调节能力 3000 万～ 4000 万千瓦，促进清洁能源消纳；"十四五"期间，实现煤电机组灵活制造规模 1.5 亿千瓦。

全国单位发电量和单位火电发电量二氧化碳排放如图 4-18 所示。2022年，全国单位火电发电量二氧化碳排放约为 824g/(kW·h)，相较于 2020年降低 8g/(kW·h)；全国单位发电量二氧化碳排放约 541g/(kW·h)，相较于 2020 年降低 24g/(kW·h)。从 2006 年到 2022 年，通过发展非化石能源、降低供电煤耗和线路损失率（简称线损率）等措施，电力行业累计减少二氧化碳排放约 247.3 亿吨。其中，降低供电煤耗减排贡献率为 40.5%，非化石能源发展和降低线损率的减排贡献率分别达到 57.3% 和 2.2%。

4.3.2.2 电网侧

2022 年全国线损率为 4.82%，通过电网设施改造更新等技术手段，以及更加科学的管理考核等诸多措施，全国线损率十年累计降低 1.8 个百分点。近十年全国线路损失率如图 4-19 所示。在全社会用电量超过 8.6 万亿千瓦时的情况下，这一成绩单相当于每年节约用电 1548 亿千瓦时。

近十年全国电源和电网基本投资如图 4-20 所示。2022 年全国电源基本建设投资完成 7464 亿元，同比增长 27.2%。中央财政相关补贴取消，短期内对产业投资产生抑制作用，导致风电投资较上一年下降 22.3%，为 2011 亿元。太阳能发电投资 2865 亿元，比上年增长 232.7%。电源投资中，水电电源投资 872 亿元，同比下降 25.7%；火电电源投资 895 亿元，同比增长 26.4%；核电电源投资 785 亿元，同比增长 45.7%。2022 年电网投资 5006 亿元，近几年电网投资总体比较平稳，两大电网公司持续推进电网建设升级。其中，直流工程投资 316 亿元，比上年下降 17.0%；

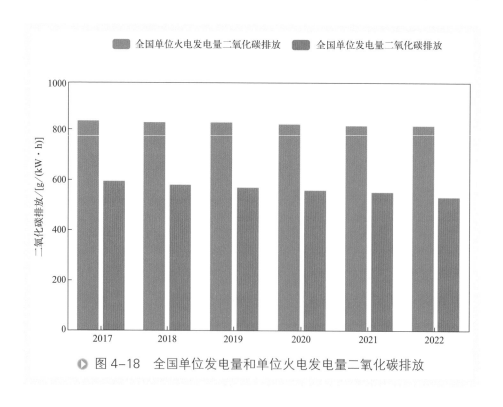

图 4-18 全国单位发电量和单位火电发电量二氧化碳排放

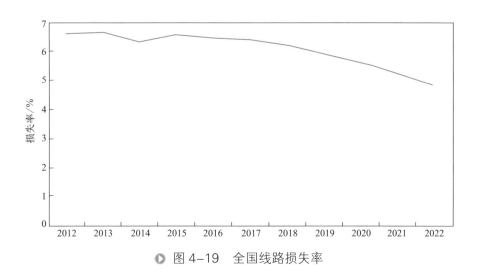

◐ 图 4-19　全国线路损失率

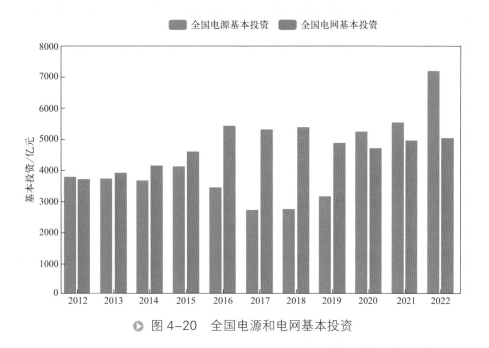

◐ 图 4-20　全国电源和电网基本投资

交流工程投资 4505 亿元，比上年增长 3.7%，占电网总投资的 90.0%。"三型两网" ❶ 战略目标确定后，国家电网投资结构将趋向信息化和智能化，智能电网是建设重点；南方电网公司提出"数字南网"要求并将其作为公司战略发展路径之一，将加快数字化建设及转型工作。

2022 年 1 月 24 日，习近平总书记在主持中共中央政治局第三十六次集体学习时提及"要加大力度规划建设以大型风光电基地为基础、以其周边清洁高效先进节能的煤电为支撑、以稳定安全可靠的特高压输变电线路为载体的新能源供给消纳体系"。为实现"双碳"目标，助力西电东送工程持续推进和西北部地区大规模可再生资源并网，特高压工程项目建设持续加速。在我国，特高压交流输电是指 1000kV 及以上电压等级的交流输电，具有大容量、远距离、功率损耗低、简化电网结构、技术成熟等优点；特高压直流输电是指 ±800kV 及以上的直流系统，具有大容量、远距离、线路损耗低、稳定性高、环境友好等优点。直流特高压和交流特高压架构如图 4-21 所示。截至 2023 年 12 月，我国已建成 39 条特高压线路，建设主力为国家电网公司，共 35 条线路，南方电网也已经建成投运了 4 条特高压输电线路。武汉—黄石—南昌特高压交流输变电工程、福州—厦门特高压交流输变电工程、张北—胜利特高压交流输变电工程、金上—湖北特高压直流输电工程、陇东—山东特高压直流输电工程将陆续建成。根据国家电网统计数据，2020 年国家电网特高压工程累计线路长度 35868 公里（如图 4-22 所示），特高压跨区跨省输送电量达 20764.13 亿千瓦时（如图 4-23 所示），累计变电（换流）容量 41267 万千伏安 / 万千瓦（如图 4-24 所示）。表 4-6 所示为全国在建、在运特高压工程。特高压工程是我国实施大规模远距离输电、在全国范围内优化配置能源资源、促进能源清洁低碳转型的战略性手段，担负着国家新能源供给消纳体系载体的重大使命，现已进入大规模、高质量发展的新阶段。

---

❶ 2019 年国家电网公司提出了"三型两网"的战略目标，其中"三型"指打造枢纽型、平台型、共享型企业，"两网"指建设运营好坚强智能电网、泛在电力物联网。

電源 　　　換流站 　　　±800kV单回路 　　　换流站

(a) 直流特高压

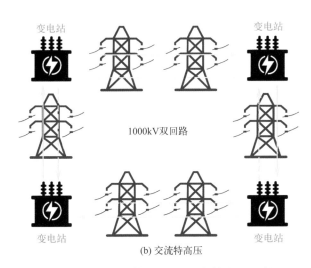

(b) 交流特高压

图 4-21 　直流特高压和交流特高压架构

图 4-22 　国家电网特高压累计线路长度

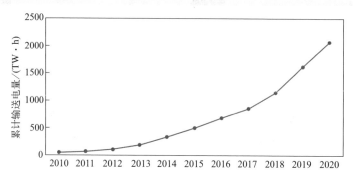

图 4-23　国家电网特高压累计输送电量

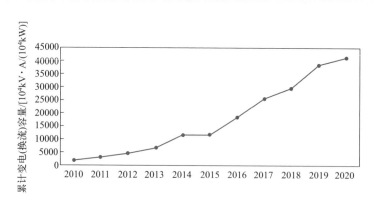

图 4-24　国家电网特高压累计变电（换流）容量

　储能氢能与智能电网

表4-6　全国在建、在运特高压工程

电网公司	工程名称	投运时间	电压等级	起止地点	线路全长/km	变电换流容量/[10⁴kV·A/(10⁴kW)]	投资/亿元
国家电网	晋东南—南阳—荆门	2009年1月	1000kV交流	起于山西晋东南（长治）变电站，经河南南阳开关站，止于湖北荆门变电站	654	600	57
南方电网	云南—广东	2010年6月	±800kV直流	西起云南楚雄州禄丰县（今禄丰市），东至广东增城市（今广州市增城区）	1438	500	137
国家电网	向家坝—上海	2010年7月1日	±800kV直流	起于四川宜宾复龙换流站，止于上海奉贤换流站	1907	1280	232.74
国家电网	锦屏—苏南	2012年12月1日	±800kV直流	起于四川西昌市裕隆换流站，止于江苏省苏州市同里换流站	2059	1440	220
国家电网	淮南—浙北—上海	2013年9月1日	1000kV交流	西起安徽淮南，经皖南、浙北到达上海	2×656	2100	185.36
国家电网	哈密南—郑州	2014年1月1日	±800kV直流	起于新疆哈密南部能源基地，止于郑州	2210	1600	233.9
国家电网	溪洛渡—浙江	2014年7月1日	±800kV直流	起于四川宜宾双龙换流站，止于浙江金华换流站	1680	1600	238.55
国家电网	浙北—福州	2014年12月1日	1000kV交流	起于浙北变电站，止于福州变电站（闽侯县大湖乡）	2×603	1800	200

电网公司	工程名称	投运时间	电压等级	起止地点	线路全长/km	变电/换流容量/[10⁴kV·A/(10⁴kW)]	投资/亿元
南方电网	糯扎渡—广东	2015年6月1日	±800kV直流	起于云南普洱换流站，止于广东江门换流站	1413	500	133
国家电网	锡盟—山东	2016年7月1日	1000kV交流	起于内蒙古锡林郭勒盟，止于山东省济南市	2×730	1500	178
国家电网	宁东—浙江	2016年11月1日	±800kV直流	起于宁夏灵武市白土岗乡灵州换流站，止于浙江诸暨市次坞镇绍兴换流站	1720	1600	237
国家电网	淮南—南京—上海	2016年11月1日	1000kV交流	起于安徽淮南变电站，经江苏南京、泰州，苏州变电站，止于上海沪西变电站	2×779.5	1200	261.1
国家电网	蒙西—天津南	2016年11月1日	1000kV交流	起于内蒙古准格尔旗蒙西变电站，经晋北变电站，北京西变电站到天津南变电站	2×608	2400	175
国家电网	酒泉—湖南	2017年6月1日	±800kV直流	起于甘肃酒泉，途经甘肃省（市），陕西、重庆、湖北、湖南五省，止于湖南湘潭县	2383	1600	262

电网公司	工程名称	投运时间	电压等级	起止地点	线路全长/km	变电/换流容量/[10⁴kV·A/(10⁴kW)]	投资/亿元
国家电网	晋北—江苏	2017年6月1日	±800kV直流	起于山西省朔州市，止于江苏省淮安市	1119	1600	162
国家电网	榆横—潍坊	2017年8月1日	1000kV交流	起于陕西榆横，终于山东潍坊	2×1048.5	1500	241.8
国家电网	锡盟—胜利	2017年7月1日	1000kV交流	起于1000kV特高压锡盟站，止于1000kV特高压胜利站	2×236.8	600	49.56
国家电网	锡盟—泰州	2017年10月1日	±800kV直流	起于内蒙古锡林郭勒盟，止于江苏省泰州市	1628	2000	254
国家电网	扎鲁特—青州	2017年12月1日	±800kV直流	起点位于内蒙古通辽，终点位于山东潍坊	1234	2000	221
南方电网	滇西北—广东	2018年5月1日	±800kV直流	西起云南省大理州剑川县，东至广东省深圳市宝安区	1959	500	222
国家电网	上海庙—临沂	2019年1月1日	±800kV直流	起于内蒙古上海庙，止于山东东临沂	1238	2000	221
国家电网	北京西—石家庄	2019年6月1日	1000kV交流	起于北京1000kV变电站，止于石家庄1000kV变电站	2×228	2000	34.7
国家电网	苏通GIL综合管廊	2019年9月1日	1000kV交流	苏州至南通（江苏南通苏通大桥上游约1km处）	35		47.64

电网公司	工程名称	投运时间	电压等级	起止地点	线路全长/km	变电/换流容量/[10⁴kV·A/(10⁴kW)]	投资/亿元
国家电网	山东—河北环网	2020年1月1日	1000kV交流	途经山东、河南、河北三省、临沂（高乡）—枣庄（微山湖）—菏泽（曹州）—石家庄（邢台）	816	1500	140
国家电网	张北—雄安	2020年8月1日	1000kV交流	起于张家口张北特高压变电站，止于保定雄安特高压变电站	320	600	59.8
国家电网	蒙西—晋中	2020年9月1日	1000kV交流	起于内蒙古鄂尔多斯市蒙西1000kV变电站，止于山西晋中市晋中1000kV变电站	2×308	800	54
国家电网	驻马店—南阳	2020年12月1日	1000kV交流	起于驻马店1000kV变电站，止于南阳1000kV变电站	2×190	1000	50.8
南方电网	昆柳龙	2020年12月1日	±800kV直流	起于云南昆北换流站，止于广西柳北换流站和广东龙门换流站（乌东德电站送电广东广西特高压直流工程）	1452	800	242.49
国家电网	青海—河南	2020年12月1日	±800kV直流	起于青海海南州，止于河南驻马店市	1578	800	223
国家电网	雅中—江西	2021年6月1日	±800kV直流	起于四川省盐源县，止于江西省抚州市	1711	800	244

电网公司	工程名称	投运时间	电压等级	起止地点	线路全长/km	变电/换流容量/[10^4kV·A(10^4kW)]	投资/亿元
国家电网	陕北—湖北	2021年4月1日	±800kV直流	起于陕西省榆林市，止于湖北省武汉市	1137	800	185
国家电网	南昌—长沙	2021年12月1日	1000kV交流	起于江西南昌1000kV变电站，止于湖南长沙1000kV变电站	2×341	1200	102
国家电网	白鹤滩—江苏	2022年7月1日	±800kV直流	起于四川省凉山州布拖县，止于江苏省苏州常熟市	2088	800	307
国家电网	白鹤滩—浙江	2022年12月1日	±800kV直流	起于四川省凉山州布拖县，止于浙江省杭州市临平区	2121	800	299
国家电网	南阳—荆门—长沙	2022年10月1日	1000kV交流	起于南阳1000kV变电站，途经岳阳市平江县浯口镇晏家村，止于1000kV长沙站	622	600	83.59
国家电网	荆门—武汉	2022年12月1日	1000kV交流	起点为荆门1000kV交流变电站，终点为武汉1000kV交流变电站	234	600	65
国家电网	驻马店—武汉	2023年11月1日	1000kV交流	起于1000kV特高压像南换流变电站（驻马店），止于1000kV特高压武汉换流变电站	281	1000	38

电网公司	工程名称	投运时间	电压等级	起止地点	线路全长/km	变电换流容量/[10⁴kV·A/(10⁴kW)]	投资/亿元
国家电网	福州—厦门	2023年12月1日	1000kV交流	起于榕城变电站，途经长泰变电站，止于集美变电站	2×234	600	71
国家电网	金上—湖北	在建	±800kV直流	起于西藏与四川交界处白玉县，止于湖北省黄石市	1784	1600	334
国家电网	陇东—山东	在建	±800kV直流	起点为甘肃陇东庆阳，终点为山东泰安东平	926	800	202
国家电网	宁夏—湖南	在建	±800kV直流	起点位于宁夏建设中宁换流站，止于湖南省建设衡阳换流站	1634	800	281
国家电网	武汉—南昌	在建	1000kV交流	起于湖北省武汉市新洲区武汉1000kV变电站，止于江西省南昌市进贤县赣江1000kV变电站	2×462.9	—	91
国家电网	张北—胜利	在建	1000kV交流	起于张北1000kV变电站，止于内蒙古胜利1000kV变电站	366	—	64
国家电网	川渝	在建	1000kV交流	起于四川省康定区的呷巴乡，止于重庆市铜梁区的少云镇	1316	2400	288

4.3.2.3 负荷侧

随着我国经济社会的不断发展，电力需求与日俱增。如图4-25所示，至 2022 年我国全社会用电量已突破 8.6 万亿千万时，比上年增长 3.6%，是世界最大的电力消费国。全国人均用电量 6116 千瓦时，比上年增加 217 千瓦时。未来随着经济发展水平的提升以及工业电气化的推进，用电需求将进一步增加。我国电网规模的不断提升以及新能源发电间歇复杂度的迅速增加，给我国电网带来了巨大的挑战，倒逼电网升级。加之我国能源资源分布及经济发展不均衡，提升电网输送能力和稳定性，提高电网的信息化、自动化、智能化水平成为重要任务。

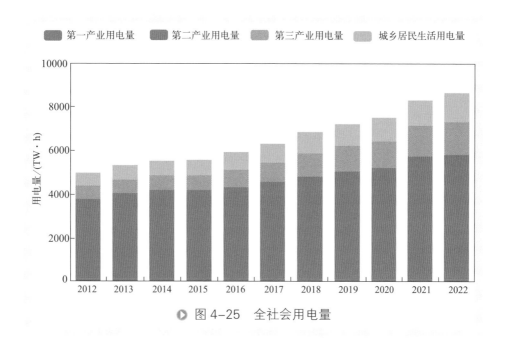

▶ 图 4-25　全社会用电量

从用电结构来看，2022 年三产用电量分别为 1147 亿千瓦时、56991 亿千瓦时（其中工业用电量 55090 亿千瓦时）和 14862 亿千瓦时，与上年基本持平；城乡居民用电量为 13369 亿千瓦时，比上年增长 1.3%。

智能电表是智能电网中重要的构件之一，智能电表不仅需要起到计量、显示的基础作用，还是故障抢修、电力交易、客户服务、配网运行、电能质量监测等各项业务的基础数据来源，可实现电力用户和电力企业之间的双向通信，促进电力系统的信息化建设。图 4-26 为智能电表结构示意图。

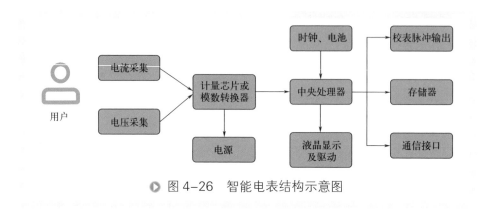

● 图 4-26　智能电表结构示意图

根据相关机构统计，如图 4-27 所示，2022 年国家电网智能电表招标数量为 7014 万只，同比增长 4.28%。截至 2022 年 12 月底，我国智能电表保有量已超过 6.5 亿只。

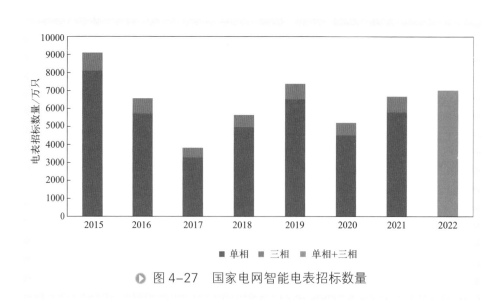

● 图 4-27　国家电网智能电表招标数量

根据中国电动汽车充电基础设施促进联盟（EVCIPA）的数据，如图 4-28 所示，2022 年全国电动汽车充电桩保有量 520.9 万台，同比增长近 100%。公共电动汽车充电桩数量为 179.7 万台，与 2021 年相比新增 64.8 万台，同比增长了 56.4%。其中，直流充电桩 76.1 万台、交流充电桩 103.6 万台。私人电动汽车充电桩数量为 341.2 万台，与 2021 年相比新增 194.5 万台，同比增长了 132.6%。2022 年充电基础设施数量与新能源汽车销量均出现爆发式增长，充电桩与新能源汽车增量比为 1 : 2.7。

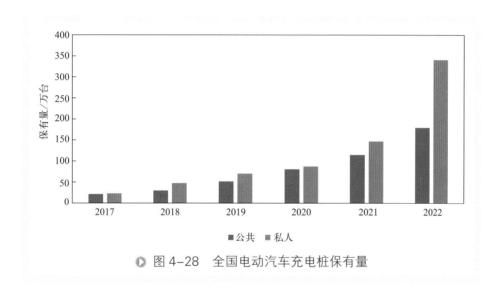

◉ 图 4-28　全国电动汽车充电桩保有量

近年来，我国持续健全能源法治体系和行业监管体系，加快建设全国统一的电力市场。2022 年，全国各电力交易中心累计组织完成市场交易电量 5.25 万亿千瓦时，同比增长 39%，占全社会用电量比重为 60.8%，同比提高 15.4 个百分点。其中，全国电力市场中长期电力直接交易电量合计为 41407.5 亿千瓦时，同比增长 36.2%。图 4-29 为近几年全国电力市场交易电量。

近年来，随着电力市场化改革的不断深化，竞争性环节电力价格加快放开，现行燃煤发电标杆上网电价机制已难以适应形势发展，突出表现为不能有效反映电力市场供求变化、电力企业成本变化，不利于电力上下游产业协调可持续发展，不利于市场在电力资源配置中发挥决定性作用。

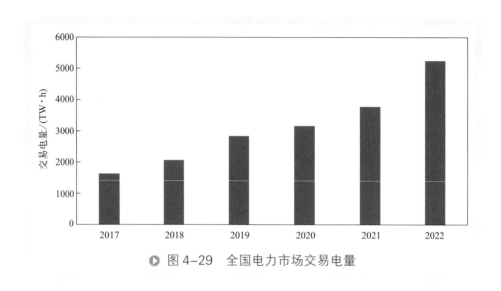

图 4-29　全国电力市场交易电量

当前，输配电价改革已经实现全覆盖，"准许成本＋合理收益"的定价机制基本建立；各地电力市场化交易规模不断扩大，约 50% 的燃煤发电上网电量电价已通过市场交易形成，现货市场已开始建立；全国电力供需相对宽松，燃煤机组发电利用小时数低于正常水平，进一步深化燃煤发电上网电价形成机制改革已具备坚实基础和有利条件，应抓住机遇加快推进竞争性环节电力价格市场化改革。

我国发电机组的上网电价政策一直以燃煤机组上网电价政策为主，历经还本付息电价、经营期电价、标杆电价，目前为电源电量价值和容量价值的两部制电价机制时期。2023 年 11 月，国家发改委和国家能源局联合发布《关于建立煤电容量电价机制的通知》，将现行煤电单一制电价调整为两部制电价，取代了之前的《国家发展改革委关于进一步深化燃煤发电上网电价市场化改革的通知》(发改价格〔2021〕1439 号)。其中，电量电价通过市场化方式形成，灵敏反映电力市场供需、燃料成本变化等情况；容量电价水平根据转型进度等实际情况合理确定并逐步调整，充分体现煤电对电力系统的支撑调节价值，确保煤电行业持续健康运行。各省级电网煤电容量电价如表 4-7 所示。

表4-7　各省级电网煤电容量电价（2024—2025年）

省级电网	容量电价(含税)/[元/(kW·a)]	省级电网	容量电价(含税)/[元/(kW·a)]
北京	100	河南	165
天津	100	湖北	100
冀北	100	湖南	165
河北	100	重庆	165
山西	100	四川	165
山东	100	陕西	100
蒙西	100	新疆	100
蒙东	100	青海	165
辽宁	100	宁夏	100
吉林	100	甘肃	100
黑龙江	100	深圳	100
上海	100	广东	100
江苏	100	云南	165
浙江	100	海南	100
安徽	100	贵州	100
福建	100	广西	165
江西	100		

　　我国水电上网电价政策呈多样化格局，分为按经营期上网电价、标杆上网电价和根据受电市场平均上网电价倒推定价等。大型水电站由国家发改委采用"一厂一核"方式核定电价水平，小型水电站由各省物价部门核定。2014年1月，国家发展改革委印发《关于完善水电上网电价形成机制的通知》（发改价格〔2014〕61号），指出对2014年2月1日以后新投产的水电站，跨省跨区域交易价格由供需双方协商确定，省内上网电价实行标杆电价制度，并根据水电站在电力系统中的作用，可实行丰枯分时电价或者分类标杆电价；鼓励通过竞争方式确定水电价格；逐步统一流域梯级水电站上网电价。

　　抽水蓄能电站上网电价与其他电源的上网电价有根本区别。2023年5月11日，国家发改委发布《关于抽水蓄能电站容量电价及有关事项的通知》（发改价格〔2023〕533 号），核定了在运及 2025 年底前拟投运的 48 座抽水蓄能电站的容量电价，自 2023 年 6 月 1 日起执行，容量电价在 289.730 ～ 823.340 元每千瓦。

风电上网电价历经初期参照燃煤电厂定价、审批电价、招标和审批电价并存、招标加核准方式、标杆电价。当前，正处于标杆上网电价向平价、低价上网过渡。平价上网电价是指与燃煤机组标杆上网电价平价，不需要国家补贴。低价上网电价是指低于燃煤机组标杆上网电价。根据国家发改委《关于 2021 年新能源上网电价政策有关事项的通知》（发改价格〔2021〕833 号）、国家发改委《关于 2022 年新建风电、光伏发电项目延续平价上网政策的函》，对新核准陆上风电项目，中央财政不再补贴，实行平价上网，按当地燃煤发电基准价执行。各省级电网燃煤基准电价如图 4-30 所示。各项目可自愿通过参与市场化交易形成上网电价，以更好体现绿色电力价值。新核准（备案）海上风电项目上网电价由当地省级价格主管部门制定，具备条件的可通过竞争性配置方式形成，上网电价高于当地燃煤发电基准价的，基准价以内的部分由电网企业结算。按规定完成核准（备案）并于 2021 年 12 月 31 日前全部机组完成并网的存量海上风力发电项目，按相应价格政策纳入中央财政补贴范围。

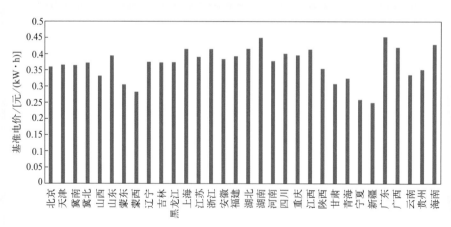

◉ 图 4-30　各省级电网燃煤基准电价

国家发改委《关于 2021 年新能源上网电价政策有关事项的通知》（发改价格〔2021〕833 号）、国家发改委《关于 2022 年新建风电、光伏发电项目延续平价上网政策的函》指出，对新备案集中式光伏电站、工商业分布式光伏项目，中央财政不再补贴，实行平价上网，按当地燃煤发电基准价执行，可自愿通过参与市场化交易形成上网电价。

2013 年 6 月 15 日，国家发改委印发《关于完善核电上网电价机制有关问题的通知》（发改价格〔2013〕1130 号），对 2013 年 1 月 1 日以后投产的核电机组实行标杆上网电价政策（根据目前核电社会平均成本与电力市场供需状况，核定全国核电标杆上网电价为 0.43 元每千瓦时）；全国核电标杆上网电价高于核电机组所在地燃煤机组标杆上网电价（含脱硫、脱硝加价，下同）的地区，新建核电机组投产后执行当地燃煤机组标杆上网电价；全国核电标杆上网电价低于核电机组所在地燃煤机组标杆上网电价的地区，承担核电技术引进、自主创新、重大专项设备国产化任务的首台或首批核电机组或示范工程，其上网电价可在全国核电标杆电价基础上适当提高。

国家发改委《关于 2021 年新能源上网电价政策有关事项的通知》（发改价格〔2021〕833 号）规定，2021 年起，新核准（备案）光热发电项目上网电价由当地省级价格主管部门制定，具备条件的可通过竞争性配置方式形成，上网电价高于当地燃煤发电基准价的，基准价以内的部分由电网企业结算。

目前我国的电价构成较为复杂。从电源侧到用户侧主要有上网电价、输配电价、线损电价、政府基金及附加费、基本电费、力率调整电费（力调电费）、税费等。电费的计算公式如下：

基本电费 = 变压器容量（或最大需量）× 基本电价

电度电费 = 目录电价 × 用电量

目录电价 = 上网电价 + 输配电价 + 线损电价 + 政府基金及附加费 + 税费

力调电费 = （电度电费 + 基本电费）× 力调因数

工业电费 = 基本电费 + 电度电费 + 力调电费

以辽宁为例，辽宁省发改委公布的辽宁电网销售电价表如表4-8所示，辽宁电网输配电价表如表4-9所示。

表4-8　辽宁电网销售电价表

用电分类		电度电价/[元/(kW·h)]						容（需）量电价	
		不满1kV	1～10kV	20kV	35～110kV以下	110kV	220kV	最大需量/[元/(kW·月)]	变压器容量/[元/(kV·A·月)]
一、居民生活用电		0.5	0.49	0.49	0.49				
二、农业生产用电		0.4946	0.4846	0.4826	0.4746				
三、工商业及其他用电	单一制	0.6379	0.6262	0.6224	0.6127				
	两部制		0.5196	0.5148	0.5031	0.4883	0.4766	33	22

表4-9　辽宁电网输配电价表

用电分类		电度电价/[元/(kW·h)]						容（需）量电价	
		不满1kV	1～10kV	20kV	35～110kV以下	110kV	220kV	最大需量/[元/(kW·月)]	变压器容量/[元/(kV·A·月)]
工商业及其他用电	单一制	0.2501	0.2384	0.2346	0.2249				
	两部制		0.1237	0.1189	0.1072	0.0924	0.0807	33	22

2020年中国电力流向图如图4-31所示。非化石能源装机容量为92430万千瓦，占比42.6%；非化石能源发电量为25513亿千瓦时，占比为32.8%。终端电力消费方面，工业部门电力消费为49120亿千瓦时，占比近七成，其中化工部门占工业部门电力消费比重为18.3%，金属及非金属加工占工业部门电力消费比重为36.3%。

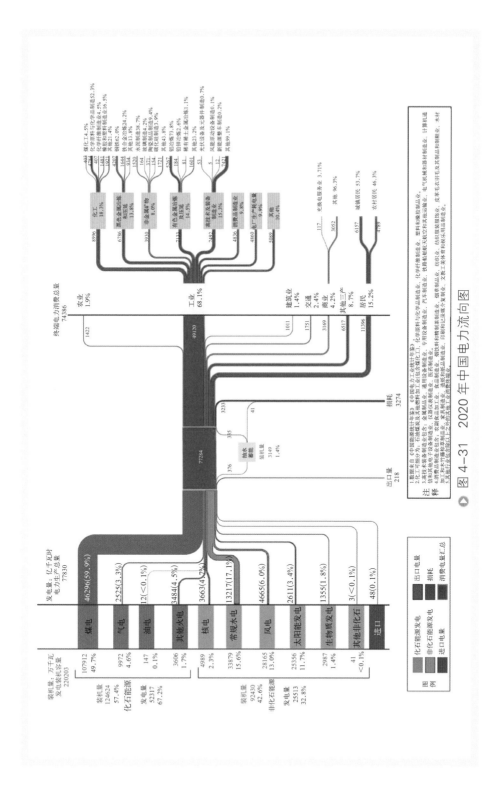

◆ 图 4-31 2020 年中国电力流向图

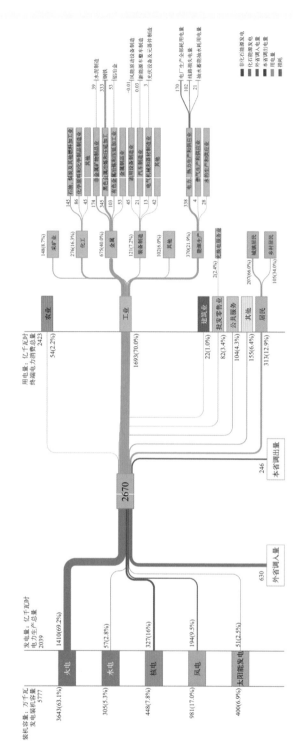

● 图 4-32 2020 年辽宁电力流向图

以辽宁为例，2020 年辽宁电力流向如图 4-32 所示。电力装机容量为 5777 万千瓦；非化石能源装机占比 36.9%；非化石能源发电量为 629 亿千瓦时，占比为 30%。终端电力消费方面，工业部门电力消费为 1693 亿千瓦时，占比近七成，其中金属及非金属加工占工业部门电力消费比重为 40%；能源生产部门占工业部门电力消费比重为 21.9%。

对比辽宁、江苏、山东、广东四省，2020 年四省终端电力消费结构如图 4-33 所示，终端电力消费分别约 2423 亿千瓦时、6185 亿千瓦时、6965 亿千瓦时、6702 亿千瓦时，其中山东工业部门耗电量比例最高，为 76.84%；广东工业部门耗电量占比为 58.45%，居民耗电量占比为 17.60%。

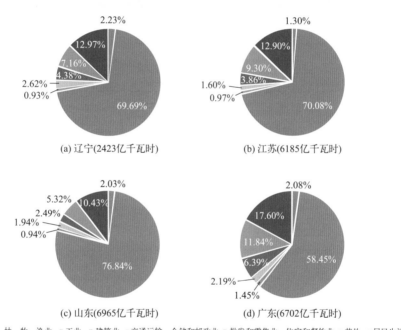

(a) 辽宁(2423亿千瓦时)

(b) 江苏(6185亿千瓦时)

(c) 山东(6965亿千瓦时)

(d) 广东(6702亿千瓦时)

■农、林、牧、渔业 ■工业 ■建筑业 ■交通运输、仓储和邮政业 ■批发和零售业、住宿和餐饮业 ■其他 ■居民生活

◉ 图 4-33　2020 年辽宁、江苏、山东及广东终端电力消费结构图

对比四省行业电力消费结构与增加值结构（图 4-34），辽宁、江苏、山东及广东 2020 年 GDP 分别为 2.51 万亿元、10.27 万亿元、7.31 万亿元、11.08 万亿元，2020 年行业电力消费分别约 2100 亿千瓦时、5390 亿千瓦时、6240 亿千瓦时、5520 亿千瓦时。2020 年山东工业部门消费电量占

比 85.79%，工业部门增加值占比 31.60%；广东工业部门消费电量占比 70.94%，工业部门增加值占比 42.15%。

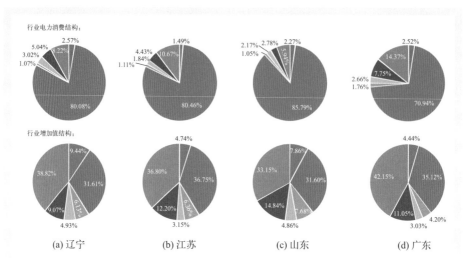

图 4-34　2020 年辽宁、江苏、山东及广东行业电力消费结构与增加值结构

2022 年全球电力消费 285100 亿千瓦时（图 4-35）。中国为世界第一大电力消费国，消耗电力 86369 亿千瓦时，占全球电力消费的 30.3%；美国电力消费 43351 亿千瓦时，占比 15.2%。江苏省电力消费 7400 亿千瓦时，占中国电力消费的 8.6%，苏州作为中国电力消费靠前城市，电力消费 1685 亿千瓦时，仅次于上海的 1745.55 亿千瓦时。辽宁省电力消费量为 2551 亿千瓦时，与澳大利亚电力消费量（2517 亿千瓦时）相近；黑龙江省电力消费量为 1139 亿千瓦时，与荷兰电力消费量相近。

4.3.2.4　未来数据预测

中国科学院《统筹全国力量，尽快形成面向碳中和目标的技术研发体系》报告预测，到 2060 年，电力的发展将经过四个阶段，包括控碳电力阶段（2021—2030 年）、降碳电力阶段（2031—2040 年）、低碳电力阶段（2041—2050 年）、近零碳电力阶段（2051—2060 年）。2060 年，

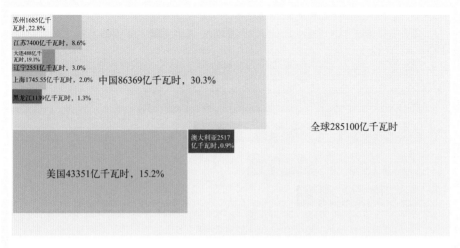

苏州1685亿千
瓦时，22.8%

江苏7400亿千瓦时，8.6%

大连488亿千
瓦时，19.1%

辽宁2551亿千瓦时，3.0%

上海1745.55亿千瓦时，2.0%　中国86369亿千瓦时，30.3%

黑龙江1139亿千瓦时，1.3%

全球285100亿千瓦时

澳大利亚2517
亿千瓦时，0.9%

美国43351亿千瓦时，15.2%

> 图4-35　2022年全球及部分地区电力消费数据树状块图

电力系统结构、控制、安全、稳定新技术和新装备得到推广应用，全国电力装机总量达到64.1亿千瓦，其中风电16.2亿千瓦、光伏28.5亿千瓦、太阳能热发电1.5亿千瓦、水电6.0亿千瓦、核电3.5亿千瓦。全国总发电量达到15.5万亿千瓦时，火电发电量减少到1.7万亿千瓦时，电力生产过程二氧化碳排放量不超过10亿吨。2020—2060年中国发电结构和电力装机结构相关预测如图4-36和图4-37所示。

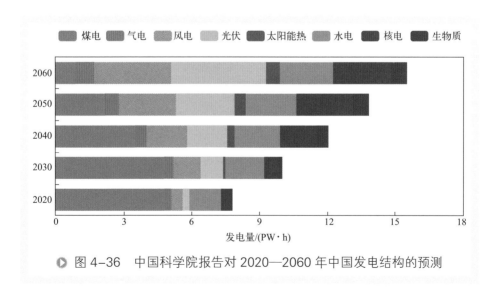

　煤电　气电　风电　光伏　太阳能热　水电　核电　生物质

> 图4-36　中国科学院报告对2020—2060年中国发电结构的预测

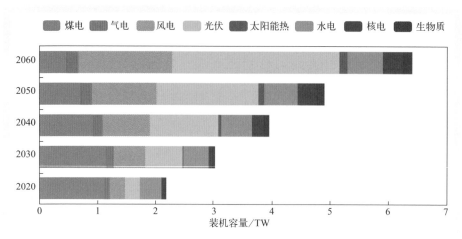

图例: 煤电 气电 风电 光伏 太阳能热 水电 核电 生物质

图 4-37　中国科学院报告对 2020—2060 年中国电力装机结构的预测

　　中国工程院《我国碳达峰碳中和战略及路径》报告中认为，到 2060 年，电力的发展将经过三个阶段，包括到 2028 年前后电力系统碳达峰阶段、2030 年以后的深度低碳阶段和 2060 年电力系统实现净零排放的碳中和阶段。2060 年非化石能源发电装机、发电量占比约为 89%、92%，风光发电量占比 56%；煤电向基础保障性和系统调节性电源转型，装机约 4 亿千瓦，发电量占比低至 4%。2020—2060 年发电结构和电力装机结构相关预测如图 4-38 和图 4-39 所示。

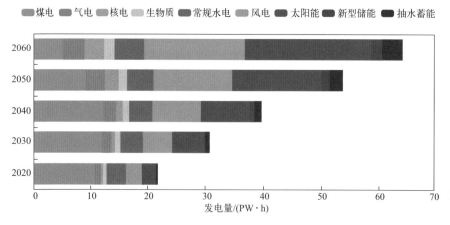

图例: 煤电 气电 核电 生物质 常规水电 风电 太阳能 新型储能 抽水蓄能

图 4-38　中国工程院报告对 2020—2060 年中国发电结构的预测

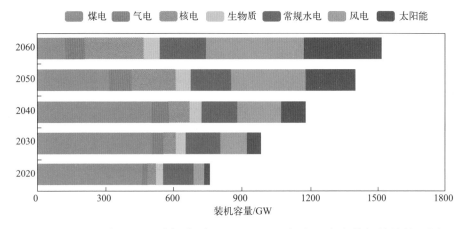

图4-39 中国工程院报告对2020—2060年中国电力装机结构的预测

中国科学院大连化学物理研究所低碳战略中心（DICP-RCLCS）预测，到2060年我国非化石能源发电占比将达到90.3%，风光发电量占比58.3%，煤电发电占比降至4.7%，2020—2060年发电结构预测如表4-10所示；2060年全国电力装机总量达到70.2亿千瓦，其中风光电52亿千瓦、非化石能源62.4亿千瓦，2020—2060年电力装机结构预测如表4-11所示。

表4-10 DICP-RCLCS对2020—2060年中国发电结构的预测

单位：PW·h

项目		2025年	2030年	2035年	2040年	2050年	2060年
火电	合计	5.7475	5.97	5.326	4.044	3.06	2.19
	煤电	5.1	5.04	4.2	2.976	1.8	0.864
	气电	0.42	0.63	0.7	0.6	0.75	0.9
	油电	0	0	0	0	0	0
	生物质发电	0.2275	0.21	0.336	0.378	0.42	0.336
	其他火电		0.09	0.09	0.09	0.09	0.09
一次电力	核电	0.56	0.96	1.36	1.6	2.4	2.72
	常规水电	1.406	1.634	1.71	1.938	2.014	2.28

项目		2025年	2030年	2035年	2040年	2050年	2060年
一次电力	风电	1.21	1.87	2.31	2.97	3.74	4.4
	太阳能	0.69	1.05	1.695	2.872	4.58	6.2
	地热及其他	0	0.05	0.1	0.2	0.4	0.4
非化石合计		4.0935	5.864	7.601	10.048	13.644	16.426
可再生合计		3.306	4.604	5.815	7.98	10.734	13.28
风光合计		1.9	2.92	4.005	5.842	8.32	10.6
合计		9.6135	11.534	12.501	13.624	16.194	18.19
非化石能源发电量占比/%		42.58	50.84	60.8	73.75	84.25	90.3

表4-11 DICP-RCLCS对2020—2060年中国电力装机结构的预测

单位：10^8kW

项目		2025年	2030年	2035年	2040年	2050年	2060年
火电	合计	14.15	15.1	15	12.4	10.9	8.8
	煤电	12	12.6	12	9.3	7.2	4.8
	气电	1.5	1.8	2	2	2.5	3
	油电	0	0	0	0	0	0
	生物质发电	0.65	0.5	0.8	0.9	1	0.8
	其他火电		0.2	0.2	0.2	0.2	0.2
一次电力	核电	0.7	1.2	1.7	2	3	3.4
	常规水电	3.7	4.3	4.5	5.1	5.3	6
	风电	5.5	8.5	10.5	13.5	17	20
	太阳能	4.5	6.7	10	15.2	24.1	32
非化石合计		15.05	21.4	27.7	36.9	50.6	62.4
可再生合计		13.7	19.5	25	33.8	46.4	58
风光合计		10	15.2	20.5	28.7	41.1	52
合计		28.55	35.8	41.7	48.2	60.3	70.2

4.3.2.5　智能电网产业链

智能电网的产业链主要包括发电、输电、变电、配电、用电及智能调度等几大环节，如图4-40所示。能源电力作为国家经济发展的核心命脉，产业链集中度非常高。在我国，发电企业主要以国电、华能等传统五大发电集团和远景能源、金风科技、中广核、长江电力等企业为代表。输电、变电及配电等电网环节则主要由国家电网、南方电网、内蒙古电网等公司及旗下子公司构成，其他公司能够参与的主要是相关设备及零部件制造部分。用电环节主要由智能家电、电动汽车、智能电表、智慧能源解决方案等相关厂商组成。主要的智能电网产业集群有江宁智能电网创新型产业集群、保定新能源与智能电网装备创新型产业集群、济南智能输配电创新型产业集群、珠海智能配电网装备创新型产业集群等。智能电网领域领军企业有国电南瑞、特变电工、许继集团、中国西电等。

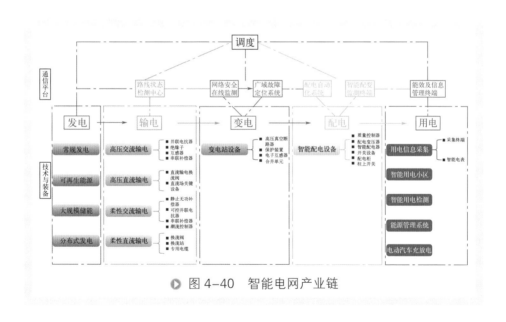

▶ 图4-40　智能电网产业链

4.3.3　智能电网的模型与架构

从横向看，智能电网涉及发电、输电、配电、用电、储能、信息等环节，也可以概括为"源、网、荷、储"四个环节；从纵向看，可以分为分布式智能电网（微电网）、智能电网和能源互联网，三者自下而上分层群集聚合。

4.3.3.1 智能电网的架构

智能电网的架构涉及物理层面的发电、输电、变电、配电、用电、储能、调度等多个环节，如图4-41所示。智能电网领域的发展，是一项涉及全社会多领域联动的系统工程，涉及各环节技术的进步，最终目标包括清洁低碳发电、安全高效输电、灵活可靠配电、双向互动用电等方面，从而促进能源体系绿色低碳转型、资源优化配置、全社会能源高效利用。

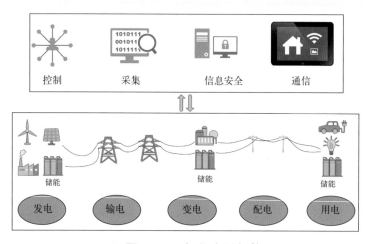

> 图4-41　智能电网架构

发电是智能电网的能源之源，发电环节主要包括常规发电、大规模可再生能源发电和大规模储能并网。在发电环节提高能源和可再生能源的使用效率，对于实现"双碳"目标、促进节能减排具有重要意义。常规发电通常指火力发电（如图4-42所示）、水力发电和核电；可再生能源发电主要是指太阳能发电、风力发电（如图4-43所示）、海洋能发电、生物质能发电等。

▶ 图 4-42　燃煤发电厂外观

▶ 图 4-43　风力发电场景

输电环节是连接发电、配电和用电等环节的纽带，先进的输电技术是促进可再生能源大规模集约化开发、实现电力大范围输送的关键技术。图 4-44 为输电铁塔及线缆。

▶ 图 4-44　输电铁塔及线缆

配电网直接与用户相连，关系着用户的用电质量。智能配电系统以配电网高级自动化技术为基础，通过应用和融合先进的测量、传感、控制、计算机和通信等技术，基于智能化的设备支持和高级应用软件支持，满足配电系统集成、自愈、兼容等要求，支持分布式电源和储能元件的接入，并为用户提供择时用电等与配电网互动的服务，满足用户提高电能质量的要求。智能配电柜如图 4-45 所示。

用电是智能电网在用户侧的重要落脚点，可以提升电力需求侧管理的智能化水平，帮助电力用户与智能电网进行互动，更加方便、高效、经济、环保地管理用电。主要包括高级计量体系、用电信息采集系统、智能家居、智能楼宇/小区、电动汽车充放电等关键技术，图 4-46 为电动汽车充电场景。

▶ 图 4-45　智能配电柜

▶ 图 4-46　电动汽车充电场景

储能可以全面应用于电力系统"发、输、配、用"任意一个环节。电网的工作原理要求发电端和负载端实时平衡，在毫秒级别甚至更短的时间间隔上保持一致，因此要求发电端根据负载的变化调整自身的输出。而太阳能、风能等可再生能源在时空分布上的不均匀性决定了其发电具有高波动性。储能技术可以实现电能的存储和时间上的转移，有效平衡发电与负载之间的矛盾，在高比例大规模可再生能源应用场景中占据核心地位。图 4-47 所示为储能系统集装箱。

◉ 图 4-47　储能系统集装箱

　　在电力供应端，储能可用于传统发电领域，辅助动态运行。储能装置和火电机组共同按照调度的要求调整输出的大小，尽可能地缩小火电机组输出的波动范围，尽可能地让火电机组工作在接近经济运行状态；利用储能装置快速响应的特点，辅助动态运行还可以提高火电机组的效率，减少碳排放，降低机组发生故障的可能，延长机组寿命，减少设备维护和更换的费用，延缓电源侧对新建发电机组的需求。储能也可用于新能源发电配套，包括能量时移（削峰填谷），减少电力系统备用机组容量，使间歇性、可再生能源变得电网友好、可调度；还可用于负荷跟踪，对可再生能源发电场的发电功率进行预测和跟踪，保证电网的功率平衡和运行安全，从而解决新能源并网消纳的问题，有助于提高可再生能源的渗透率。储能应用在输配电侧，可以提供电力市场的辅助服务，包括系统调频、调峰、调压，提供备用容量（电力系统除满足预计负荷需求外，在发生事故时，为保障电能质量和系统安全稳定运行而预留的有功功率储备）等；改进传统电网设计和建造遵循的最大负荷法，节约新建投资或延缓配网扩容，从而有效节约电网投资。在电力用户侧，储能可应用于峰谷套利、节约基本电费、形成动态扩容（减缓用户因负荷增长带来的对变压器扩容的需求，降低扩容投资成本）等。储能也可用于平滑负荷，例如新能源汽车集中充电会对电网造成较大冲击，这对新能源汽车充电桩的推广形成了严重制约，如果配合储能用于平滑负荷需求，将有效削减负荷的变化率。储能可以与分布式光伏、分布式风电等分布式能源结合，形成分布式风光储系统，共同打造低成本、灵活可控的电能输出。

调度是负责电网平衡、安全、优质、经济运行的环节，是发、输、变、配、用的电网运行组织、指挥、指导和协调中心。智能调度实质上是快速量测、通信、信息、人工智能、分析和控制等现代化先进适用技术在电网调度生产中的应用。电力调度驾驶舱如图4-48所示。

4.3.3.2　分布式智能电网与能源互联网

分布式智能电网可以认为是微网、源网荷储等新型配电系统，将促使电力系统从自上而下的垂直一体化管控模式向自下而上的分层群集聚合模式转变。其核心意义在于可以更好地实现分布式可再生能源就地消纳，在紧急状态下可以实现自适应的孤岛运行，提高电网的自愈能力、韧性和效率，有效地向用户提供高质量的电能。分布式智能电网与集中式智能电网将形成互补关系。

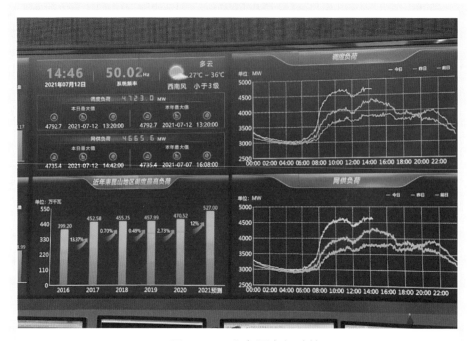

◉ 图 4-48　电力调度驾驶舱

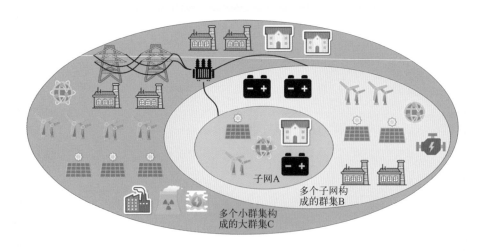

◉ 图 4-49　群集嵌套层次关系

下面简要介绍智能电网群集（clusters）的理念。群集是指电网中一个由一群具有管理和控制净功率平衡能力的产消者构成的连通子电网。一个群集可以包含多个群集，也可以不包含任何群集；作为一个更大群集的一部分，一个群集还可以包含几个群集。例如，每个区域性输电网内包含多个配电网群集，每个配电网又包括微网、楼宇、工厂和住宅群集。群集嵌套层次关系如图 4-49 所示。

智慧能源互联网是智能电网的升级和下一步发展方向。智慧能源互联网是一种互联网与能源生产、传输、存储、消费以及能源市场深度融合的能源产业发展新形态，具有设备智能、多能协同、信息对称、供需分散、系统扁平、交易开放等主要特征。在物理系统层面，涉及多种能源集成与融合、供应侧和需求侧的充分互动；在数字信息层面，涉及"云大物移智链"（云计算、大数据、物联网、移动互联网、人工智能、区块链）等技术在能源领域的融合创新和应用。数字化智能化能源系统将人工智能、物联网、区块链、数字孪生等数字技术与传统能源体系相融合，是建设能源互联网的基础，将为传统的能源行业高质量发展提供新的技术支撑。融合后形成的智能电网、智慧能源平台、智慧煤矿、智慧油气田等数字化智能化系统将有效推进能量流与信息流的融合，推动能源体系绿色、高效、协同运行。

4.4 智能电网关键技术清单

智能电网关键技术架构如图 4-50 所示，可以分为电源侧技术、电网侧技术、负荷侧技术和储能侧技术。其中，电源侧有先进风电、光伏、核电发电技术，抽水蓄能和可调节性水电技术，可再生能源功率预测技术，等等；电网侧有柔性输电技术、特高压输电技术、智能变电站技术、先进配电技术等；负荷侧有高级量测体系、车联网技术、虚拟电厂技术等；储能侧有新型压缩空气储能、电化学储能技术、超级电容器等，技术细节可参考本书储能篇。

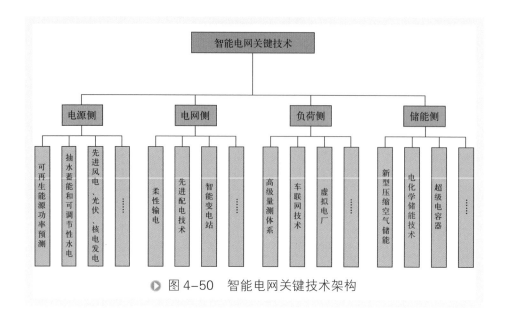

图 4-50　智能电网关键技术架构

4.4.1　电源侧

构建清洁低碳和安全高效的能源体系离不开先进清洁能源与可再生能源发电技术、化石能源低碳化技术等电源侧相关技术，本小节将选取其中主要的先进太阳能发电、先进风力发电、火电机组灵活性改造、可再生能源功率预测等技术做简要介绍。

4.4.1.1　先进清洁能源与可再生能源发电技术

先进清洁能源与可再生能源发电技术包括先进太阳能发电技术、先进风力发电技术、先进核能技术、先进水电技术、先进生物质能利用技术、先进氢能技术、高效可持续地热利用技术等，具体可参考可再生能源、核能等领域的报告及本书氢能部分，下面以先进太阳能发电技术和先进风力发电技术为例做简要概述。

（1）先进太阳能发电技术

① 技术内涵。太阳能的开发和利用主要有光伏发电和太阳能热发电两种方式。

光伏发电是利用半导体界面的光生伏特效应将光能直接转变为电能的一种技术。光伏发电技术是可再生能源发电中技术进步最快、成本下降最显著的技术之一，近十年来成本下降80%以上。光伏发电成本已经和脱硫燃煤基准电价相当，甚至实现了电源侧低价上网。光伏发电已成为新型电力供应系统中电源装机的主要组成部分和重要的电力来源。光伏发电技术在转换效率提升、成本下降方面仍然具有极大的潜力，能否突破更高转换效率、更大规模组件技术，是实现更低成本、更大规模建设的关键。

光伏发电技术涉及晶体硅电池、薄膜和新型电池、光伏系统及核心部件等核心技术。其中，晶体硅电池是目前在量产方面表现最好的电池技术，具有产业化效率高、成本低等特点。随着电池新结构和新原理的不断涌现，实验室转换效率已接近晶体硅电池理论极限转换效率（29.2%）。2022年11月，中国太阳能科技公司隆基绿能自主研发的硅异质结电池转换效率达26.81%，打破了尘封5年的硅太阳能电池效率新纪录。此外，通过叠层技术，可突破晶体硅单结晶电池理论转换效率的极限，晶硅 - 钙钛矿叠层电池的理论效率极限可达43%，被公认为突破单结晶硅电池效率极限的主流技术方案，晶硅 - 钙钛矿叠层电池技术的出现为开发下一代高效太阳能电池技术开辟了全新的赛道。隆基绿能自主研发的晶硅 - 钙钛矿叠层电池效率达33.9%，首次超越单结电池的肖克利 - 奎伊瑟（S-Q）理论效率极限33.7%，这是目前全球晶硅 - 钙钛矿叠层电池效率的最高纪录。

薄膜和新型电池部分涵盖了传统薄膜电池以及各种电池技术的融合。其中，薄膜电池是指在玻璃或柔性基底上沉积若干层，构成PN结或PIN结的半导体光伏器件，具备材料消耗少、生产时间短、制备能耗低、制造环节少、适配柔性组件、弱光效应好、质量轻等特点。其核心是吸收层材料，主要包括碲化镉（CdTe）、铜铟镓硒（CIGS）、砷化镓（GaAs）、钙钛矿电池等。目前，CdTe电池最高转换效率可以达到22.1%，在特定的BIPV（光伏建筑一体化）场景中具备较好的应用；CIGS电池在特殊环境下最高转换效率可以达到 23.35%，但目前生产成本偏高；GaAs 电池具有效率高、抗辐射、弱光性能好、轻质柔性等特点，主要应用于空间飞行器等特殊用途，在产业化方面还需要进一步发展；钙钛矿电池自提出以来在转换效率、稳定性和实用化等技术方面发展迅猛。中国科学院合肥物质科学研究院固体物理研究所首次发现钙钛矿阳离子面外分布不均匀是影响电池性能的主要原因，并通过设计添加剂使钙钛矿薄膜相分布均匀化，获得了 26.1% 的光电转换效率，钙钛矿电池将对未来光伏大规模应用起到重要作用；通过各种电池技术的融合，如多结叠层电池技术可突破单结晶硅电池的理论转换效率极限（29.2%）。钙钛矿/晶硅、钙钛矿/钙钛矿、钙钛矿/CIGS 等叠层电池的理论转换效率均超过 35%，多种电池融合的叠层技术有望成为未来提升转换效率的重要途径。

光伏系统应用朝着多样化、规模化、高效率的方向发展，水光互补、渔光互补、农光互补等应用模式不断推广，光伏+制氢、光伏+建筑等应用形式不断创新。此外，光伏系统应用逐步从陆上进入海洋。海上光伏系统等新型光伏系统逐渐成为趋势。挪威科技工业研究院（SINTEF）建成世界首个海上漂浮式光伏系统，能抵抗 17 级以上台风；新加坡建成 5MW 漂浮式海湾光伏系统。光伏直流系统发展迅速，德国亚琛工业大学建立了 5MW 光伏直流系统，研制出单机 5MW/5kV 直流变换器，最大效率 98%。大功率高效率光伏直流升压变换器，中压直流系统稳定控制、快速保护关键技术，大功率高效率光伏直流电解系统集成技术，以及大电流高效率光伏直流变换器是其需要解决的关键科技问题。

太阳能开发和利用的第二种主要形式为太阳能热发电，是将太阳辐射能转化为热能，再通过热工转换发电的技术。该技术的能量转换过程需要搭配储热系统，具有电网友好、出力可调的特点，使之既能作为基荷电源，也可以作为调峰电源，还可以作为能源双向流动的节点，在新型电力供应系统中将对维护电网的可靠和稳定发挥重要作用。

先进的太阳能热发电技术包括超超临界熔盐塔式太阳能热发电技术、

超临界二氧化碳太阳能热发电技术、化学电池与卡诺电池协同储能技术等。其中，超超临界熔盐塔式太阳能热发电技术蒸汽温度不低于600℃，压力不低于25MPa，适于以熔盐为传热流体的大型塔式太阳能热发电，相较于导热油槽式太阳能热发电站和亚临界或超临界熔盐塔式太阳能热发电站具有更高的光电转换效率，但是如何选择合适的熔盐系统和匹配机组容量是这种技术类型的难点。基于超临界二氧化碳动力循环的塔式太阳能热发电技术，具有热机转换效率高、系统回热温度高和热机功率匹配性好的特点，特别适于太阳能热发电领域。超临界二氧化碳太阳能热发电的传热流体有三种技术路线，分别采用高温熔盐材料、固体颗粒和二氧化碳。采用不同的传热流体，吸热工艺和装备的技术要求也完全不同。突破基于超临界二氧化碳动力循环的太阳能热发电技术瓶颈，是降低太阳能热发电成本电价的关键，对于以可再生能源作为基础和调峰电源、高比例可再生能源入网、实现碳达峰和碳中和具有重大的经济和环境意义。涉及的关键科技问题包括：二氧化碳的换热方法研究，中间材料的选择和设计，二氧化碳在密度、比热容等物质属性随温度、压力变化而剧烈变化过程中的流动换热机理，等等。化学电池与卡诺电池协同储能技术利用二者在响应时间、放电时长和储电容量方面的特点和优势工作范围，在时序和容量上将二者组合形成有机整体，可保障系统实现灵活调节和安全平稳出力。该技术被认为是未来可再生能源电力系统规模化及可持续化发展的核心与关键技术之一。但是，目前电化学储能电池和卡诺电池协同能质调控研究仍很少，未来需要探索研究其耦合体系的容量结构、功率结构对电力系统能效和调控稳定性的影响，建立以安全性为约束条件的"电力 - 耦合储能 - 放电"动态系统模型，为系统各单元功率和容量匹配提供优化依据，为系统时序控制提供原理性方案。

② 典型工程实践。全球装机容量最大的光伏发电园区——海南州生态光伏园位于青海省海南藏族自治州共和县塔拉滩。据统计，园区已入驻企业46家，总装机量为15730兆瓦，年均发电量达到100亿千瓦时，

年节约标准煤 311 万吨，减少二氧化碳排放 780 万吨。尽管 98.5% 的面积都是沙化土地，但塔拉滩地势平坦，且光能资源丰富，年均日照时间近 3000 小时，适合大面积建设光伏电站。据预测，塔拉滩上蕴藏着 2 万多兆瓦的发电资源，年均发电量可达 329 亿千瓦时。图 4-51 为青海塔拉滩光伏发电站。

▶ 图 4-51　青海塔拉滩光伏发电站

（2）先进风力发电技术

① 技术内涵。风电是近年来技术最为成熟、发展最迅速的可再生能源之一，包括陆上风电和海上风电（近海、深远海）。其中，陆上风电总体呈现"由北到南，由集到散，由小到大"的发展趋势。风电装机由"三北"地区向中东南部地区推进，由集中式到分散式 / 集中式并重发展，单机容量由之前的 2 ～ 3 兆瓦发展到当下的 10 兆瓦及以上，我国自主研

制的 11 兆瓦陆上风电机组已在内蒙古成功下线，是目前全球已下线的单机容量最大、叶轮直径最大的陆上机组。近年来，陆上风电成本显著下降，大型风电基地规模和数量持续增长。海上风电总体呈现"由小及大，由近及远，由浅入深"的发展趋势，单机容量逐步加大，我国海上风电从 3 兆瓦起步，如今下线机组最大容量达到 18 兆瓦，最长叶片达到 123 米。海上风电场规模越来越大，单体规模超过百万千瓦，集中式规模化开发趋势明显，风电场离岸距离和水深逐步增加，近海风电布局和开发明显加快，深远海风电场开始示范探索，投运场站离岸距离最远超过 80 公里，漂浮式风机柔性直流换流平台等技术得到加快应用，海上风电成本逐步降低，预计"十四五"末将实现平价上网。

　　未来我国风电将持续快速增长，将继续坚持集中式与分散式并举、本地消纳与外送消纳并举、陆上与海上并举，积极推进"三北"地区陆上大型风电基地建设和规模化外送，加快推动近海规模化发展、深远海示范化发展，大力推动中东部和南方地区生态友好型分散式风电发展。但也需要解决风电自主设计技术与工具软件开发、大功率风电装备试验测试技术与公共测试平台、海上风电汇集、输电技术与关键装备等产业发展关键科技问题，进一步提高风能装备性能与可靠性、降低成本，在基础和前沿技术研发、核心技术攻关、大功率装备研制、海上风电工程、输电、运维等方面全面提升能力和水平，加快从风电大国向风电强国迈进。

　　② 典型工程实践。2022 年国内首台 13.6 兆瓦海上风电机组在福建三峡海上风电产业园顺利下线，该机组集成了直驱永磁电机＋全功率变流设计，调度响应更高效、功率调节更精确、故障穿越更平滑、并网特性更友好。叶轮直径 252 米，叶轮扫风面积约 5 万平方米，相当于 7 个标准足球场。在满发风速下，单台机组每转动一圈发电 29 千瓦时，每年可向外输出 6350 万千瓦时清洁电能，可减少燃煤消耗 1.9 万吨，减少二氧化碳排放 4.8 万吨，可满足 3.2 万户三口之家一年家庭正常用电。图 4-52 为国内首台 13.6 兆瓦海上风电机组。

● 图 4-52 国内首台 13.6 兆瓦海上风电机组

4.4.1.2 火电机组灵活性改造技术

① 技术内涵。火电机组灵活性改造旨在改善火电机组的调峰能力、爬坡速度、快速启停等能力。根据现有机组技术特性，能形成不同技术方案。纯凝机组多采用低负荷运行工况调整策略达到深度调峰目的，主要的技术路线有低负荷下稳燃调整技术、富氧燃烧技术、宽负荷脱硝技术。供热机组的灵活性改造方案包括增设电锅炉、旁路供热、切除低压缸进汽、增加蓄热罐等。其中，增设电锅炉方案适用性最广，调峰幅度最大且运行灵活，但其能量有效利用率较低。旁路供热方案投资较少，但受机组旁路设计容量的限制以及锅炉再热器冷却、汽轮机轴向推力及高排冷却等因素的影响，其供热能力有限。切除低压缸进汽运行方案投资少，具有很好的经济性，但其运行灵活性较差、调峰深度有限。增加蓄热罐方案在投资、经济性和运行安全性方面均表现较好，但其调峰能力有限，且占地面积较大。因此，供热机组的灵活性改造需根据自身电负荷、热负荷、改造成本、运行收益等情况综合考虑。一般情况下，通过灵活性改造，纯凝机组最低运行负荷可达到30%～35%额定负荷，热电机组最低运行负荷可达到40%～50%额定负荷。常规火电系统灵活

性改造主要是对锅炉系统和汽轮机系统进行改造。而储能系统耦合火电机组灵活性改造在不改造锅炉和汽轮机本体的前提下，只需增加一些关键设备如储罐、换热器等，且设备均为静态的，安全可靠，释热时只需接入到原热力系统，不仅可以降低机组的发电负荷，而且可以提高机组的顶峰发电能力。主要的技术路线有热水储热技术、电极锅炉储热技术、相变材料储热技术、熔盐储热技术。

现阶段火电机组仍然是我国的主力电源，为构建新型能源利用体系，需要大比例接入新能源，在其他灵活性调节手段规模化发展以前，实施火电机组灵活性改造是提高电力系统调峰能力的重要和经济选择。电力规划设计总院发布的《中国电力发展报告 2023》(简称《报告》)显示，"十四五"前两年，煤电"三改联动"改造规模合计超过 4.85 亿千瓦，完成"十四五"目标的 81% 左右。其中，节能降碳改造 1.52 亿千瓦，灵活性改造 1.88 亿千瓦，供热改造 1.45 亿千瓦。火电机组灵活性改造还需要解决部分关键问题，例如：纯凝机组需解决机组在低负荷运行时锅炉低负荷稳定燃烧、脱硝装置低负荷投运等问题；需突破燃煤锅炉深度灵活快速变负荷调峰关键技术，解决燃煤锅炉深度调峰低负荷下的燃烧稳定性、污染物排放、快速响应调节等关键问题；发展原料改性、低负荷灵活燃料替代技术，燃煤电站低负荷稳燃技术，实现超低负荷和快速变负荷过程中的高效燃烧；研究储放热的高效灵活热电解耦技术，建立多元耦合储放能系统，通过燃烧侧过程储热（能质耦合）和工质侧高效储能，加速传热传质反应。

② 典型工程实践。2022 年 5 月，华电内蒙古能源有限公司土默特发电分公司圆满完成 1 号机组灵活性改造并顺利投运，此次华电土默特发电公司 1 号机组灵活性改造 EPC（设计 - 采购 - 施工总承包模式）工程项目总静态投资为 3526 万元，动态投资 3541 万元。项目全部改造完成后，该公司实现机组最低调峰负荷达到 30%THA 工况（热耗率验收工况，19.8 万千瓦）的安全运行目标，按照相关政策配置风电 30 万千瓦、光伏 10 万千瓦，共计 40 万千瓦的新能源指标，实现社会效益与经济效益并

重。其中，1 号机组 40% 负荷调峰时长将达到 150 小时每年，30% 负荷调峰时长 50 小时每年，1 号机组灵活性改造项目和其对应新能源项目的资本金内部收益率将达到 9.78%。

4.4.1.3 可再生能源功率预测技术

① 技术内涵。新能源占比高的电力系统具有多源性、波动性和不稳定性的特点，电力预测的准确性将直接影响到电力系统的可靠性、经济性和需要额外配置的电力储备。可再生能源功率预测技术涵盖气象资源监测、多时空尺度资源预报、不同时空尺度的新能源功率预测等环节，包含统计预测模型、物理预测模型及混合预测模型，基于不同时间尺度、预测对象和应用场景对应不同的功率预测技术，是构建新型电力系统需要解决的关键技术问题。丹麦、美国、德国等国家均有比较成熟的风光功率预测系统，如丹麦的 Prediktor 是全球第一款风电功率预测软件，此外还有基于混合模型的 Zephyr 和使用自回归统计算法的 WPPT；美国和德国研发了成熟的 eWind 系统和 Previento 系统。我国一些科研机构也研发了多款风电功率预测系统，如中国气象局的 WINPOP 系统、中国电科院的 WPFS 系统、华北电力大学的 SWPPS 系统等。

随着我国新能源的快速发展和应用场景的变化，可再生能源功率预测技术未来发展方向和趋势也在不断发生变化。为支持大规模可再生能源整合，可再生能源功率预测技术的发展由单一预报方法转向综合预报方法，从而延长预报长度，提高预测精度和实用性。未来，需要持续加深天气过程数值预报模式系统开发、人工智能、机器学习、大数据等数字化智能化技术在电力预测中的融合应用，加强长时间尺度发电量预测技术、多元功率预测模型集中功率算法、基于数值模式的云轨迹预报技术、基于深度学习的辐照度云衰减技术等方面的研究。

② 典型工程实践。该领域较典型的实践是基于英特尔大数据分析 +AI（人工智能）平台打造的金风慧能新能源智能功率预测方案。该方案是利用深度学习与机器学习的方法，结合风机级气象预报、风轨迹模拟等气

象预报数据，以多模型组合的方式构建用于功率预测的全新智能方案，方案架构如图4-53所示。该方案基于英特尔统一的大数据分析和AI平台——Analytics Zoo，打造了从特征工程搭建、预测影响因子捕捉、多模型组合到定制化策略更新的分布式架构，并针对预测数据的时序特性进行了有针对性的优化。

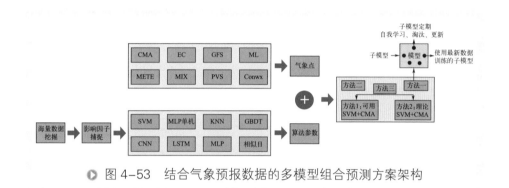

图4-53　结合气象预报数据的多模型组合预测方案架构

4.4.2　电网侧

电网侧技术主要涵盖输、配、变三个关键环节，面对高比例新能源、高比例电力电子装置以及灵活的用户需求，电网侧的关键技术可以安全高效地将电能从电源侧传递到负荷侧，维持电网平衡稳定运行，为社会经济发展提供支持。

4.4.2.1　先进输电技术

先进输电技术主要包括特高压输电技术、柔性直流输电技术和高温超导输电技术。输电的主要作用是把相距遥远的电源与负荷相连接，使电能的开发利用超越地域的限制。我国资源与负荷需求分布不均衡，风能、太阳能等可再生能源主要分布在西北、东北、华北等地区，而用电需求主要位于东部沿海地区。依托先进输电技术实现能源资源的大规模、远距离、高效率传输，对保障能源电力系统安全稳定运行、支撑经济社会高质量发展意义重大。

（1）特高压输电技术

① 技术内涵。特高压输电技术包括特高压交流输电技术和特高压直流输电技术。特高压交流输电是指 1000 千伏及以上电压等级的交流输电工程及相关技术，特高压的突出优势是可实现大容量、远距离输电，单回路 1000 千伏输电线路的输电能力可达同等导线截面的 500 千伏输电线路的 4 倍以上；可大量节省路线走廊和变电站占地面积，显著降低输电线路的功率损耗；通过特高压交流输电线实现电网互联，可以简化电网结构，提升安全稳定性。在我国，特高压直流输电是指 ±800 千伏和 ±1000 千伏直流系统，特高压直流输电具有超远距离、超大容量、低损耗、节约输电走廊和调节性能灵活快捷等特点，可用于电力系统非同步联网。

我国在特高压输电系统电压控制、绝缘配置、电磁环境、设备制造、系统集成及试验技术等方面均实现重大突破，全面掌握了从规划设计、设备制造、施工安装到运行维护的核心技术，研制成功了代表国际高压设备制造最高水平的全套设备，建成了世界一流的试验研究体系，占领了国际高压输电技术制高点。"十四五"期间，国家电网规划建设特高压工程"24 交 14 直"，涉及线路 3 万余公里，变电换流容量 3.4 亿千伏安，总投资 3800 亿元。到 2025 年，国家电网公司经营区跨省跨区输电能力达到 3 亿千瓦，输送清洁能源占比达到 50%。南方电网将大力推进西电东送、北电南送，稳妥推进跨境互联，积极推动跨省区输电通道规划建设，打造更大范围的资源优化配置平台。目前，特高压交流输电已经解决了受限空间下特高压、大容量设备的电、磁、热、力多物理场协调控制难题，突破了系统电压控制、潜供电流抑制、外绝缘配合、电磁环境控制等技术，自主研制了特高压交流变压器、气体绝缘金属封闭开关设备等关键设备。特高压直流输电成功突破了 ±1100 千伏 /5500 安和 ±800 千伏 /6250 安输电关键技术，单工程输送容量提升至 10 吉瓦级，已完成 ±1100 千伏换流阀样机、换流变压器的设计，成功应用于多个重大项目工程，未来需要在特高压设备生产全过程数字化管理、高可靠性智能传感技术应用等关键技术问题方面开展更多的研究。

②典型工程实践。国家电网公司准东—华东（皖南）±1100千伏特高压直流工程起于新疆昌吉换流站，止于安徽宣城古泉换流站，途经新疆、甘肃、宁夏、陕西、河南、安徽六省（区），新建准东、皖南两座换流站，换流容量2400万千瓦，线路全长3324公里，是目前世界上电压等级最高、输电容量最大、送电距离最远、技术最先进的特高压直流工程。该工程2016年7月开工，2019年9月竣工投产，总投资373.5亿元。准东—华东（皖南）工程刷新了世界电网技术的新高度，开启了特高压输电技术发展的新纪元，对全球能源互联网的发展具有重大示范作用。国家电网在成功突破±800千伏直流输电技术的基础上，实现了±1100千伏电压等级的全新跨越，进一步增强了中国在电网技术和电工装备制造领域的国际影响力与核心竞争力。图4-54所示为准东—华东（皖南）±1100千伏特高压直流输电铁塔。

▷ 图4-54 准东—华东（皖南）±1100千伏特高压直流输电铁塔

（2）柔性直流输电技术

① 技术内涵。柔性直流输电在结构上与高压直流输电类似，主要区别在于采用了绝缘栅双极型晶体管等可关断器件和高频调制技术。与常规直流输电技术相比，柔性直流输电具有功率独立控制、无功补偿问题、可向无源网络供电等技术优势。柔性直流输电在大规模可再生能源接入、电网柔性互联、大型城市电网构建等方面具有独特优势，特别在远海风电接入方面是目前最佳的技术手段。柔性输电已经成为支撑大规模可再生能源消纳、能源互联网构建和能源转型必不可少的技术。通过柔性输电技术，在电源侧将风电、水电、火电等电源互联，通过多形式电源互补发电与柔性输电灵活快速的调节能力和对系统稳定性的支撑相结合，可以在大范围内平抑可再生能源发电的波动性、间歇性等问题，降低其对电网产生的冲击，实现大范围的潮流调节和控制，提升可再生能源发电的可靠性。在用电负荷侧，通过柔性输电技术改善系统的稳定性，可增强电网的可控性、可靠性，从而提高整个受端电网的安全稳定性和对可再生能源的接纳能力。我国整体柔性输电技术已达到世界先进水平。近年来，成功研制了 ±535 千伏 /3000 兆瓦柔性换流阀、535 千伏 /26 千安高压直流断路器以及 ±800 千伏 /5000 兆瓦柔性直流换流阀样机，提出了柔直组网、多点汇集、多能互补的直流电网拓扑和系统方案，解决了柔性直流电网构建难题。

② 典型工程实践。2020 年 6 月，±500 千伏张北可再生能源柔性直流电网试验示范工程投产。该工程是世界首个具有网络特性的直流电网工程，一举创造了 12 项世界第一，极大提高了我国柔性直流输电技术领先水平与自主化水平。图 4-55 为张北可再生能源柔性直流电网结构示意图。

（3）高温超导输电

① 技术内涵。高温超导是利用超导体的零电阻和高密度载流能力发展起来的新型输电技术，通常需要采用液态介质冷却维持电缆导线的超导态，实现无阻大容量电能传输，是原理上最理想的一种输电技术。与传统输电技术相比，高温超导输电具有损耗低、容量大、节省走廊、环境友好、优化电网结构等技术优势。

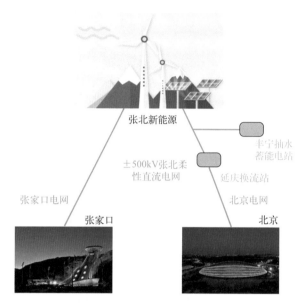

张北新能源

±500kV张北柔
性直流电网

丰宁抽水
蓄能电站

延庆换流站

张家口电网

北京电网

张家口

北京

▶ 图 4-55　张北可再生能源柔性直流电网结构示意图

在高电压、大容量输电发展中，高温超导输电是一项革命性的前沿技术，具有一系列优越性，有望在未来电网发展中发挥重要作用。目前在世界范围内，较长距离高温超导电缆的研究开发方兴未艾，高温超导电缆的实用化步伐正在加速。由于直流输电的优势以及发展新能源的需求，近年来，超导直流输电技术的研究与开发备受重视。

② 典型工程实践。国家电网兴建的国内首条 35 千伏公里级高温超导电缆示范工程 2021 年 12 月 22 日在上海投运。示范工程位于上海市徐汇区长春变电站和漕溪变电站两座 220 千伏变电站之间，线路全长 1.2 公里，设计电流 2200 安，为国家电网在国内首次建设的超导输电项目，是目前世界上输送容量最大、线路最长、全商业化运行的 35 千伏高温超导电缆。图 4-56 为国内首条 35 千伏公里级高温超导电缆终端现场图片。

4.4.2.2　智能变电站

① 技术内涵。变电站是电力网络的节点，它连接线路，输送电能，

● 图 4-56　国内首条 35 千伏公里级高温超导电缆终端

担负着变换电压等级、汇集电流、分配电能、控制电能流向、调整电压等级等功能。智能变电站通过先进的数字化、自动化、网络化和控制技术，灵活、高效且可靠地满足智能电网对发电、配电和用电的各种需求，提高网络安全性、可靠性、灵活性和资源优化配置水平。

根据《变电站通信网络和系统》（DL/T 860）系列标准，智能变电站系统结构可分为"三层两网"结构，即站控层、间隔层、过程层三层设备，站控层、过程层两层网络，图 4-57 为智能变电站系统结构示意图。

在智能电网建设中，变电环节需要制定智能变电站和智能设备的技术标准和规范，通过采用通信网络技术、智能化的电气设备、自动化的运行管理系统，将枢纽变电站全面建成或改造为智能变电站，使数据采集、传输和处理均实现数字化、智能化。数字化信息采集系统可以实现电网运行数据的全面采集和实时共享，作为支撑电网实时控制、智能调

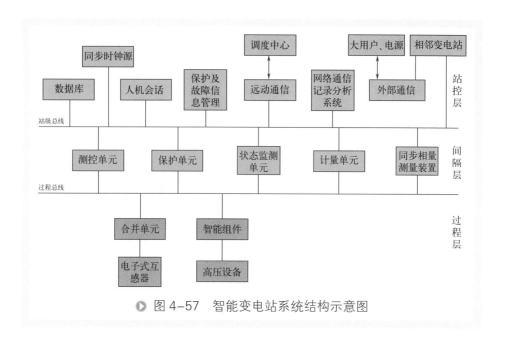

图4-57 智能变电站系统结构示意图

节和各类高级应用的数据基础。各种智能设备的状态预警能力和故障自我诊断能力可以时刻监测分析变电站各种设备（如变压器、断路器、母线、互感器、避雷器和隔离开关等）的状态，实现设备的状态检修，从而优化使用和节约人力成本。以上两方面是需要重点研究的方向。

② 典型工程实践。2021年6月18日，雄安新区首座新建220千伏变电站——剧村变电站正式建成投运，其建成投运为新区首批征迁安置居民提供了电力保障，对助力雄安新区电网从特高压到低压全电压等级电网工程全覆盖起到先行示范作用，是打造国际领先的能源互联网的生动实践。作为智慧电网迈进未来之城的首发工程，剧村变电站坚持"共享融入式"理念，以变电站为基础，创新探索覆土空间的复合利用，建设"1+5+X"城市智慧能源共生体，将变电站外部风貌与周边绿色景观融为一体，形成开放式花园广场。剧村变电站的建成投运，将推动新区数字化主动电网建设进入快车道，一批能源互联网创新项目也将加快实施。图4-58所示为剧村变电站智慧充电区。

图 4-58　剧村变电站智慧充电区

4.4.2.3　先进配电技术

配电网是指从输电网或地区发电厂接受电能，通过配电设施就地分配或按照电压等级分配给各类用户的电力网。传统电力网采用交流配电方式，面临着线损高、电压跌落、电能质量扰动等一系列问题。

（1）中低压直流配用电技术

① 技术内涵。随着分布式电源、储能、电动汽车等直流电源或直流负荷的接入，采用直流配电方式不仅能够降低功率损耗和电压降，有效解决谐波、三相不平衡等电能质量问题，更无须经过交直流转换，节省了整流器及逆变器等换流环节的设备建设，有利于缓解城市电网站点走廊紧张问题，在改善供电质量、提高供电效率与可靠性等方面优势明显。

由于我国交流配电网的基础设施建设完善，在交流配电网的基础上建设交直流混合配电网是未来配电网的重要发展趋势。智能配电网的关键技术主要围绕提高配电系统的可观性、可测性和可控性展开，目标是把配电网从静态运行结构转变为灵活的、可主动运行的智能结构，配电网的智慧化水平将得到快速提升，调节能力和适应能力将大幅度提高，实现电力电量分层分级分群平衡，形成安全可靠、绿色智能、灵活互动、经济高效的智能配电网。电压等级序列及典型供用电模式、直流配用电变换及开断装备、多电压等级直流配用电系统控制保护等是需要重点关注的技术问题。

② 典型工程实践。苏州"中低压直流配用电系统关键技术及应用示范工程"作为国家重点研发计划专项，具有直流 10 千伏、750 伏、375 伏三个电压等级，建成后将成为全国首个具有多电压等级的直流配电网，可满足用户高可靠供电、绿色用能和直流供电需求。该工程由主网侧、配电侧、用户侧三部分组成，其中主网侧包括吴江经济技术开发区内两座直流中心站（庞东中心站、九里中心站），配电侧包括 7 座配电房与 3 座光伏升压站。直流配电网能使苏州电网更加"智慧"，实现光伏、电动汽车等直流电源、负荷的高效接入，有效减少光伏并网装置体积，提高家用电器能效。

（2）智能柔性配电技术

① 技术内涵。随着海量分布式电源、储能、电动汽车等新型广义电源或负荷的接入，电网与用户的供需互动日益频繁，使得配电网出现双向化、智能化、电力电子化等新特征，配电网的源、网、荷、储各环节具有更强的时空不确定性，呈现常态化的随机波动和间歇性，对配电网安全可靠运行带来更大挑战。依托电力电子技术及新一代信息通信技术，建设适应高渗透率分布式电源的智能柔性配电网是构建新型电力系统的必要途径。

随着电力电子技术的日趋成熟，单位容量成本有望继续下降，将有力推动柔性互联配电技术的广泛应用。目前针对柔性互联配电网的运行控制策略、网架结构设计、装置选型、标准规范等尚处于理论研究层面，工程应用还在起步阶段，随着国内外示范项目的陆续开展，柔性互联配电技术与应用经验将不断积累，其经济价值将得到进一步发掘。配电网的柔性互联互济新结构与新形态、柔性配电系统灵活高效调控、柔性配电系统自适应运行调控等相关技术也是其发展的关键。

② 典型工程实践。苏州建成的全国最大规模主动配电网综合示范工程已实现新能源高消纳、供电高可靠、电能高质量的目标。该工程建设的全国首个20千伏配电网的四端口柔性直流换流系统就像一台"能源路由器"，可实现各端口间能量和信息的互联互通，有序协调分布式能源与负荷，电能使用效率和供电可靠性得到大幅提升。国网苏州供电公司在环金鸡湖（安全可靠供电示范区）、2.5产业园（绿色高效供电示范区）和苏虹路（优质经济供电示范区）三个区域开展了高可靠性配电网应用示范工程、基于"即插即用"技术的主动配电网规划应用示范工程、基于柔性直流互联的交直流混合主动配电网技术应用示范工程、适应主动配电网的网源荷（储）协调控制技术应用示范工程、高电能质量配电网应用示范工程五个子项目的示范建设，有助于解决大型配电网存在的短路电流偏大、动态无功补偿不足等问题，为传统配电网赋能赋智。

4.4.2.4 微电网技术

① 技术内涵。微电网将分布式电源、储能、负荷组网，形成独立自治的发、输、配、用小型网络，内部的电源主要由电力电子器件负责能量的转换，并提供必要的控制。相对于外部大电网，微电网表现为一个单一的可控单元，该可控单元能够满足微电网内部用户对电能质量及供电可靠性、安全性的要求，可以看作小型的电力系统。微电网存在两种典型的运行模式：正常情况下微电网与常规电网并网运行，称为联网模式；当检测到电网出现故障或电能质量不满足要求时，微电网将及时与电网断开而独立运行，称为孤岛模式。微电网场景如图4-59所示。

大部分新能源发电技术所发出的电能在频率和电压水平上不能满足现有互联电网要求，因此无法接入电网，需要通过电力电子设备才能接入。因此，要加大对电力电子技术和微电网的运行控制技术的研究，研制并网逆变器、静态开关、电能控制装置等一系列新型电力电子设备作为配套设施。

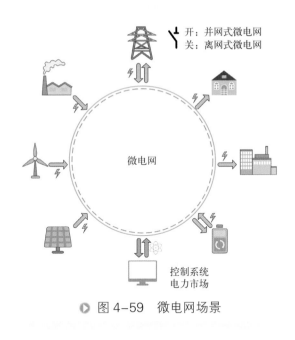

图 4-59　微电网场景

② 典型工程实践。2022 年 7 月，全国首个"多端互联低压柔性微电网"项目在福建莆田湄洲岛投运，为新型电力系统建设中构建台区级微电网提供了可复制、可推广的解决方案。该项目将湄洲岛轮渡码头到宫周片区的 5 个台区的分布式光伏项目在直流侧互联形成环网，利用柔性互联装置多个端口功率均可控制的特性，把分布式光伏发出的直流电就近提供给周边的居民负荷，并且优先保障直流充电桩用电。同时，"多端互联低压柔性微电网"项目还在电力调度系统基础上，建立"网—车"互联系统，通过系统合理调度，使移动储能车、电动汽车共同参与到电网的功率调节中，实现多能互补、时空互济、能量均衡等效果。

4.4.2.5　源网荷储协同互动的电力系统调度控制技术

① 技术内涵。源网荷储协同互动的电力系统调度控制技术是通过电源、负荷与电网三者间多种形式的协同互动，更经济、高效和安全地提高电力系统能量平衡、功率平衡的能力和新能源的消纳水平。

未来应重点开展源网荷储协同互动可调度潜力、源网荷储协同互动环境下电网特性分析、互动主体特征与建模、源网荷储协同互动优化调度互动控制、支撑源网荷储协同互动的有源配电等方面的研究；完成示范区源网荷储多元资源的接入和智能感知系统建设，实现80%以上接入资源的精准感知；试点建设源网荷储服务云平台、源网荷储多元协同控制系统和交易系统，实现多元资源基于市场机制有序参与市场和电网调控。需要解决的关键科技问题有：利用智能感知和高精度预测技术，提升量大面广的源网荷储资源运作态势感知能力；综合考虑功率平衡和电网紧急控制，提升多元资源协同调配效率；兼顾生产控制大区、管理信息大区和互联网大区业务数据安全，完善电网信息安全防护手段；研究有效引导源网荷储资源协同运行的市场机制，增强市场主体参与积极性。

② 典型工程实践。2020年5月28日，华中源网荷储协同互动平台与国网电动汽车公司车联网平台首次开展充电桩闭环控制试验，本次试验对于推进负荷侧资源参与电网运行调节、提升负荷侧调控能力有着重要意义。随着电动汽车等交互式能源设施快速发展，可调节负荷开始出现。据统计，截至2020年6月，华中地区全社会共有充电桩44609台，总容量153.6万千瓦，上年华中全社会最大充电功率仅15.13万千瓦，若能提升利用率，其调节潜力和社会效益将十分可观。国网华中分部建设源网荷储协同互动平台，已接入华中区域901座充/换电站，共计4527台充电桩，19座分布式储能电站，实现了对该类负荷侧资源可观测、可调度，调度控制平台如图4-60所示。

4.4.2.6 "双高型"电力系统的稳定机理与控制技术

① 技术内涵。对于高比例新能源、高比例电力电子装置的"双高型"电力系统，由于系统转动惯量减小、频率调节能力降低，以及新能源设备涉网性能标准相对偏低，新能源大规模并网后容易引发脱网和系统振荡等问题，严重影响电力系统的安全、稳定、经济运行。相比旋转式同步发电机主导的机电暂/动态稳定问题，电力电子化电力系统稳定机理

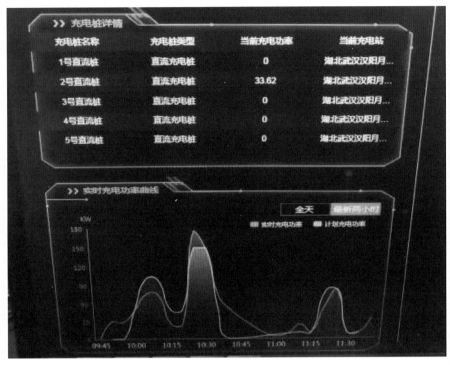

图 4-60　华中源网荷储电动汽车调度画面

发生了深刻的变化，带来新的稳定性问题，比如电力电子设备之间以及其与电网之间相互作用引起的宽频带振荡等。因此，急需深入研究"双高型"电力系统的稳定机理与控制技术来解决上述问题。

目前电网振荡问题主要是系统或控制参数变化引起的负阻尼振荡，也可能存在系统先出现弱阻尼振荡，各类特殊非线性环节作用参与振荡，从而产生新的振荡模式的现象，使得振荡呈现时变或多模态混叠的特征。新能源在系统中与传统电源占比相当时，需研究协调新能源与同步发电机动态以提高整体稳定性；将来新能源占比较高时，需研究传统设备对电力电子主导系统稳定性的影响。借鉴复杂系统等学科的研究成果，从物理机理出发，建立新的动力学研究框架体系，探索新型电力系统电力电子化下的稳定性分析与控制方法，是未来新型电力系统安全稳定控制问题的研究趋势。为此，亟须研究复杂系统与电力系统融合下的新型电力系统多振子电网络交互机理，进一步研究大扰动下稳定机理与动力学分析方法；依托大数据、云计算等数字化技术，建设先进的电力系统仿真技术平台，深入研究相关的运行机理和关键应对技术，增强电力系统的信息化水平和安全防护能力。同时，需要深入研究储能等新技术大规模应用后的新能源电力支撑潜力、负荷侧灵活调节潜力，创新源网荷储统一参与电力平衡的规划设计方法、协同运行理论，最大化提升系统的安全稳定运行水平和新能源消纳利用水平。

② 典型工程实践。国网浙江省电力公司探索能源互联网形态下的多元融合高弹性电网落地实践。目前，浙江省的高弹性电网建设已经取得了阶段性成果。浙江省已全面实施高弹性电网规划，将高弹性理念、措施融入电网规划，对"十四五"各级电网规划进行修订完善。如今，浙江构筑起坚强主网架，打造的高弹性配网将源网荷储高效交互元素融入配电网规划，推进 88 个特色区域开展高弹性配电网规划，优选 15 个典型示范区域加快试点建设。同时，浙江电力已引导全省 11 个地市单位制定适宜本地的高弹性电网落地方案，省市县三级建设体系基本形成。

4.4.2.7 高比例再生能源的惯性增强和主动构网技术

① 技术内涵。目前电力系统下，火电、水电、核电等常规电源同步发电机组主动支撑电力系统安全稳定运行，未来以可再生能源和电力电子装置为主的新型电力系统中，电网主动支撑能力需要由主动构网型电力电子换流器来实现。现有绝大部分新能源机组接入电网需要传统同步发电机组引导，其并网换流器被称为跟网型换流器，表现为电网弱支撑性、低抵抗性，电力系统在电力与电量平衡、安全稳定等方面面临较大挑战。主动构网型电力电子换流器则通过主动控制提供电力系统安全稳定运行所需的惯性响应、频率和电压支撑能力，以此弥补火电机组退出后缺失的惯性，构建新型电力系统的电压和频率。

为支撑电网自主稳定运行，现有主动构网型换流器已经历了三代技术发展，包括频率/电压下垂控制、虚拟同步机控制和虚拟振荡器控制技术。第一代频率/电压下垂控制型换流器技术已在低电压等级微电网中广泛应用，具有良好的负荷均分效果、即插即用等优点，但难以适应输配电网海量构网型换流器的大规模接入；第二代虚拟同步机控制技术模拟传统同步发电机组特性，获得学术界广泛关注，但其稳定机理难以揭示，无法在工业界获得广泛应用；第三代虚拟振荡器控制技术利用非线性振荡器的天然自主同步能力和电网瞬时感知能力，近年来获得学术界和工业界的广泛关注。受制于储能匹配容量，主动构网型换流器电源在电力系统中的应用形态将从微电网、小型独立电网、区域电网向全国电网依次演化。

在我国未来新型电力系统中，主动构网型换流器电源将与跟网型换流器电源、水核氢同步机电源以及灵活性虚拟电厂共存，需重点关注主动构网型换流器电源的主动调频、调压、系统保护、故障穿越与自愈、信息物理系统等关键技术研究。为推进我国能源结构优化、构建以新能源为主体的新型电力系统，须提升主动构网型换流器电源及其相关的输配电装备制造水平，开展百兆瓦级构网型虚拟电厂工程示范，提高氢能在区域自主同步综合电厂中的发电占比。

② 典型工程实践。2022 年 3 月，国网湖北电力在随州广水"宝林电站构网型光伏""英姿寨风电场构网型风机"成功实现多机并联及电压源带电试运行 1 个月，标志着该公司取得构网型新能源机组技术突破，首次实现国内无储能支撑新能源电压源机组运行。研究团队通过充分挖掘风机转子动能、光伏 MPPT（最大功率点跟踪）曲线调节潜力，实现了在不增加储能硬件投资条件下对新能源机组的电压源控制，使其具备了同步电源的控制特性，并基于示范项目在随州广水英姿寨风电场、宝林电站分别开展风机及光伏电源实际改造，改造新能源机组装机共计 95 兆瓦。其中，62 兆瓦的风电场场站不用配置储能设施，预计将节省建设费用 1000 多万元。

4.4.2.8　以新能源为主体的新型电力系统灵活互动技术

① 技术内涵。以新能源为主体的新型电力系统"源网荷储"互动的本质是通过先进信息通信技术和多元协调控制技术等智能电网集成创新技术，综合利用激励机制、价格机制和市场机制，广泛调动"源网荷储"各环节灵活性资源，深度参与电网调峰、调频和备用，转变"源随荷动"的传统模式，实现源网荷储各环节协同互动的模式，以最大化利用全社会海量分布的灵活性资源。在特高压直流故障、省内大电源缺失、全网正负备用不足、调峰能力不足、尖峰负荷激增等情景下，"源网荷储"各环节可调节资源参与电力系统调节，提高新能源消纳能力，提高电力供需平衡能力，推迟电源装机和配套电网建设，实现电网安全稳定、经济高效运行，为用户提供经济、优质和可靠用电，降低能源转型的综合成本。

随着新能源装机快速增长，跨区域电力调入比例日益提高，负荷峰谷差持续拉大，尖峰负荷持续时间逐步缩短，电力系统实时功率平衡对灵活调节能力的需求提高。目前主要通过传统电源无偿调节、煤电灵活性改造、抽水蓄能、电网侧储能、跨省跨区互济等电源侧和电网侧资源予以应对。随着可再生能源的规模化发展，我国新能源消纳、电网调峰调频、电网安全运行等将面临更大压力和挑战。与此同时，电动汽车、储能、智能家居、负荷聚合商、综合能源、虚拟电厂等负荷侧新业态蓬勃兴起，为"源网荷储"互动提供了潜在可调节资源和市场机遇。以新能源为主体的新型电力系统运行逐渐向着扁平化方向发展，电力市场主体将从单一化向多元化转变，电力输送将从"发—输—配—用"单向传输向"源—网—荷—储"多向互动灵活传输转变。因此，亟须转变"源随荷动"的传统模式，通过"源网荷储"互动提高电力系统灵活性。

目前我国仅少数地区实现了秒级和毫秒级负荷精准控制，亟须研究可调节需求侧负荷精准控制技术，进一步推动负荷监测系统、负荷聚合平台、负荷自治控制终端建设，深化负荷聚合调控和精准预测技术应用，提高负荷调节的精度,为可调节负荷参与电力交易和辅助服务提供技术支撑。未来需深化支撑"源网荷储"互动的市场运行机制设计。针对分布式新能源所具有的分布分散、数量庞大、随机波动性强、难以集中管控等新特点,提出弱中心化的运行管控技术和市场机制,以提高分布式新能源的管控效率,促进分布式新能源消纳和新型电力系统安全稳定运行。同时,加强研究分布式新能源参与电力系统互动和交易的博弈模式、博弈策略,以有效激发新能源建设动力和利用潜力,并有效指导与推动电网企业向服务化、共享化、平台型发展和转型。

② 典型工程实践。三峡乌兰察布新一代电网友好绿色电站示范项目是全球规模最大的"源网荷储"一体化示范项目,包括新建170万千瓦风电、30万千瓦光伏和55万千瓦×2小时储能,建成后将成为全球储能配置规模最大、比例最高的单体新能源场站。项目依托先进的智慧联合调度技术,可以使新能源场站向电网主动提供顶峰电力支撑和调峰等功能,具备显著的电网友好特征。图4-61所示为乌兰察布新一代电网友好绿色电站示范项目驾驶舱。

▶ 图4-61 乌兰察布新一代电网友好绿色电站示范项目驾驶舱

4.4.3 负荷侧

信息通信技术的飞速发展为电力系统带来了新的发展机遇与挑战。通过解决用户群体多能信息融合与深度挖掘、多元用户用能形态特征提取和建模等问题，实现用户侧和供给侧双向能源信息的交互行为精准分析与预测，并结合系统供需信息开展灵活高效调控，对建立科学合理的电力能源市场模式、用户侧资源的充分利用和优化配置意义重大。

（1）高级量测体系

① 技术内涵。高级量测体系（AMI）利用双向通信系统和智能电表，定时或即时获取用户的多种量测值，如电压、电流、用电量、需量等信息。该体系是用来测量、收集、储存、分析用户用电信息的完整的网络和系统，主要包括智能电能表、通信网络、量测数据管理系统等。

未来在现有远程抄表、负荷监测、线损分析、电能质量监测、停电时间统计、需求侧管理等基础上，将扩展更多新的应用需求，例如支持阶梯电价等多种电价政策、用户双向互动营销模式、多元互动的增值服务、分布式电源监测及计量等。但也需要减少集中器对所辖大量电表轮询采集而产生的时延，避免集中器单点故障导致的大面积采集瘫痪，提升网络集约化水平，以满足未来网络带宽、时延、可靠性、隔离要求、连接数量等通信需求。图 4-62 为未来高级量测场景示意图。

② 典型工程实践。国网湖北省电力有限公司新一代用电信息采集系统（"采集 2.0"）2022 年 9 月下旬上线，目前已全量接入终端 53.6 万台、智能电表 2997 万只。系统可将 3000 万户客户的采集数据入库时长由之前的平均 4 小时缩短至 5 分钟。采集光伏发电客户的负荷数据用时不到 2 分钟，采集成功率超过 99.9%。与上一代用电信息采集系统相比，"采集 2.0"采用微服务架构，实现了标准化功能与个性化定制的有机结合，具有多元化设备灵活接入能力，支持分布式能源系统、储能装置、充电桩等设施接入，具备任务智能调度、实时在线研判等功能。该系统聚焦

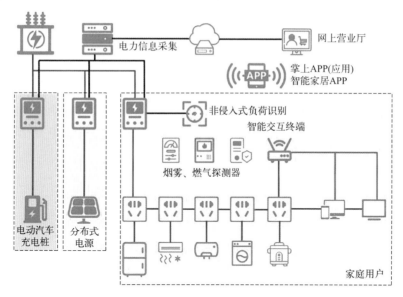

● 图 4-62 未来高级量测场景示意图

"量测、感知、控制、互动、共享" 5 个方向，开发了 4 大类 30 个功能模块，满足"全量数据按需采集、设备状态动态感知、台区能源柔性控制、客户需求双向互动、数据灵活高效共享" 5 大核心业务需求，实现光伏电站数据分钟级采集、停电故障精准研判。

（2）车联网技术

① 技术内涵。车联网技术（V2G 技术）是指在电动汽车和电网信息交互的基础上，实现电动汽车和电网之间的双向能量流动，在满足电动汽车用户需求和获得收益的前提下，将电动汽车作为分布式储能装置参与电网负荷调节。V2G 技术的实现有两个层级：一是电动汽车作为可调负荷，通过有序充电关联，实现对电网负荷的削峰填谷和可再生能源的消纳；二是电动汽车可作为分布式移动储能电源，在电网负荷过高时利用闲置汽车向电网馈电，参与电网的灵活性调节。随着电动汽车保有量的提升，V2G 技术具备成为电力系统灵活性资源的基础。据估计到 2030 年，我国电动汽车保有量将达到 8000 万辆，平均每辆电动汽车配置电池

容量为 50 千瓦时，如果每天有 25% 的电动汽车作为移动储能参与电网互动，以 6 千瓦的功率和 40% 额定容量进行充放电调节，则可为电网提供 1.2 亿千瓦 /4 亿千瓦时的备用容量支撑。到 2060 年，我国电动汽车保有量将达到 3.2 亿辆，平均每辆电动汽车配置电池容量为 100 千瓦时，如果每天有 25% 的电动汽车作为移动储能参与电网互动，以 10 千瓦的功率和 40% 额定容量进行充放电调节，则可为电网提供 8 亿千瓦 /32 亿千瓦时的备用容量支撑。

V2G 技术的基础是长寿命、高安全的动力和储能电池，以及支持巨量用户接入并参与交易的 V2G 聚合平台或虚拟电厂技术。未来需研究支撑 V2G 技术的分时或实时电价政策、需求响应机制或电力辅助服务市场，逐步释放出 V2G 技术作为灵活性资源的规模效应。此外，还需要进一步研究基于宽禁带电力电子器件的 V2G 功率控制器以提高系统运行效率。

② 典型工程实践。2021 年 4 月 13 日，长城汽车工业园区 V2G 应用示范项目正式投运。园区已建成国内规模最大的 V2G 充放电场站，共布局 50 个 V2G 充电桩，参与试点的 V2G 车辆可通过 "e 充电" APP 参与能源电力系统交易。在 V2G 模式下，电动汽车就像移动充电宝一样，可以根据电网需求调整充电时间和充电功率，在车辆停驶时根据电网需求通过 V2G 终端放电。国网电动汽车服务有限公司目前已在浙江、上海、江苏、河北等 15 个省市建设了 42 个 V2G 车网互动项目，布局了 612 个 V2G 终端，共有近 4000 台电动车参与过车网互动，开展台区重过载治理、低电压调节，提升配网台区分布式清洁能源接入和消纳能力，有效发挥电动汽车移动储能特性的潜在价值。

（3）电的多种转化技术

① 技术内涵。电的多种转化技术（P2X 技术）指电转化成其他能源，包含电转热、电转冷、电转气等。其中，电转热、电转冷技术已经成熟且被广泛应用；电转气技术（power to gas，P2G）指通过化工手段将电能转换为氢气、甲烷、氨气等各类气体的相关技术，目前正在快速发展

中。电转气和气转电能间接实现电能的大规模、长时间存储与运输，并扩展电能的应用形式，促进多能系统相互融合，加强能源资源的有效互动。电转气技术中，电转氢技术目前主要有碱性电解水、质子交换膜电解水和固态氧化物电解水，具体技术细节和更多氢能相关的介绍请参阅本书氢能篇；电转甲烷目前比较成熟的技术为通过电解池进行电转氢后通过二氧化碳加氢合成甲烷；电转氨首先通过电解池进行电转氢，然后通过哈伯合成氨反应器利用氮气与氢气合成氨。

P2X 技术的多种应用形式可以为电力系统提供灵活性调节手段，包括可再生能源消纳、调峰调频等，尤其是电转气以存储燃料，并通过发电或热电联供的形式使用，是应对长周期的电量不平衡和极端气候事件的最有效途径。随着火电机组的逐步退役，在其原址利用原有的电力基础设施，开展制氢调节电力—氢基燃料储存—发电调节电力，是一种经济有效的途径。预计随着电转氢技术不断成熟以及可再生能源电力成本下降，电转氢成本会有所降低。未来，化石燃料制氢将被淘汰，电转氢成为主流技术，满足超过 95% 的氢气需求。电转气的重要基础是制氢，碱性电解水、质子交换膜电解水和固态氧化物电解水需要进一步提高效率、降低成本。此外，还需要同步解决氢基燃料的安全性、装备制造以及参与电力系统调节的优化运行控制等问题。

② 典型工程实践。2022 年 10 月 26 日，"氢动吉林"行动暨大安风光制绿氢合成氨一体化示范项目启动活动在吉林西部（大安）清洁能源化工产业园举行。项目按照可再生能源制氢、制氨的绿氢体系思路，由新能源与制氢合成氨两部分组成，既克服了新能源发电特性给电网带来的不利影响，也解决了制氢合成氨生产依赖化石能源的问题，实现新能源发电的大规模就地消纳转化。项目由新能源与制氢合成氨两部分组成。其中，新能源部分拟建设 700 兆瓦风电项目与 100 兆瓦光伏项目，配套建设 40 兆瓦/80 兆瓦时储能装置；制氢合成氨部分新建制氢、储氢与 18 万吨级合成氨装置。项目建成投运后，每年可减少二氧化碳排放约 65 万吨，对改善区域生态环境具有重要意义。

（4）虚拟电厂

① 技术内涵。虚拟电厂（virtual power plant，VPP）是一种新型电源协调管理系统，通过信息技术和软件系统，实现分布式电源、储能、可调负荷等多种分布式资源的聚合与协同优化，作为一个特殊电厂，参与电力市场和电网运行的协调管理系统。虚拟电厂在我国仍处于试点示范阶段，随着虚拟电厂技术逐渐成熟，虚拟电厂将从聚合平台逐步向能源互联网发展。基于虚拟电厂的需求侧响应、调频服务、电力辅助服务、电力市场交易、偏差考核补偿服务、能效管理等业务场景，做到分钟级、秒级响应是虚拟电厂发展的必然趋势和要求，即虚拟电厂控制要满足实时性、可靠性以及交易性。

虚拟电厂内部具有运行与控制特性各异的不同主体，可以接收各单元发出的状态信息并同时向控制目标发送远程控制命令，因此内部优化调控工作量与难度均较大，亟须建设低时延的信息通信网络，研究专用虚拟网络及其快速协调组网技术，包括互联网协议服务在内的多种互联网技术、电力线载波技术以及包括全球移动通信系统在内的各种无线通信技术。此外，还需要研究高时效性的虚拟电厂自动需求响应技术，自动需求响应技术是指根据实时感应的现场环境，对需要调控的设备自动进行"按需"管控。传统的供需互动技术常常依赖人工指令和人工响应，响应的时效性不强，可靠性无法得到保障。因此，亟须研究高时效性的虚拟电厂自动需求响应技术，以及电力辅助市场中虚拟电厂的高效自动响应机制与实现技术，提升响应可靠性与灵活性。

② 典型工程实践。2021年，国家电网在上海黄浦区开展了国内首次基于虚拟电厂技术的电力需求响应行动，迄今规模最大的一次试运行，参与楼宇超过50栋，释放负荷约10MW，仅仅1h的测试，就能产生150MW·h的电量。在这次测试中，累计调节电网负荷562MW·h，消纳清洁能源电量1236MW·h，减少碳排放量约336t。实现途径为：在用电高峰时段，系统对虚拟电厂区域内相关建筑中央空调的温度、风量、转速等多个特征参数进行自动调节，且对用户体验影响不大。

4.4.4　储能侧

电力系统的能量高效存储技术包括抽水蓄能技术、电化学储能技术、机械与电磁储能技术、相变储能技术等，具体技术细节请参阅本书储能篇。

4.5　智能电网专利及文献分析

本节分析了智能电网领域和新型电力系统领域的专利态势和文献态势。专利态势部分分析了全球范围内智能电网产业的专利宏观布局现状，重点分析了智能电网产业专利申请时间趋势、专利技术策源地、领先研发主体、重点研发方向等。同时，研究了中国范围内新型电力系统领域的宏观布局现状，重点分析了新型电力系统领域专利申请时间趋势、专利技术策源地、领先研发主体、重点研发方向。文献态势部分，基于 Web of Science 核心合集论文数据库，结合 VOSviewer 软件，分析了世界范围内智能电网论文随时间的变化趋势、发文国家及国家间合作网络图、重点研究方向、高被引论文关键词等信息。此外，基于中国知网总库数据库，分析了智能电网和新型电力系统发文量随时间变化趋势、主要主题分布、发文机构分布等信息。

4.5.1　专利态势分析

4.5.1.1　全球态势分析

全球智能电网专利态势分析对象为申请日截至 2023 年 10 月 19 日的全球智能电网行业发明专利申请。目前我国智能电网领域处于持续的创新活跃期，如图 4-63 所示，2006 年至 2020 年间，智能电网领域申请数量始终保持增长态势，特别是 2009 年国家电网公司正式提出"坚强智能电网"概念，2010 年全国政府工作报告中首次提出将智能电网建设作为国家的基本发展战略之后，智能电网领域申请数量快速增长。2021 年智能电网领域专利年度申请数量出现小幅下降。因专利申请公开存在最长 18 个月的时滞，2022 年、2023 年的专利申请数量仅供参考。总体来看，智能电网领域的专利申请始终处于相对活跃期。

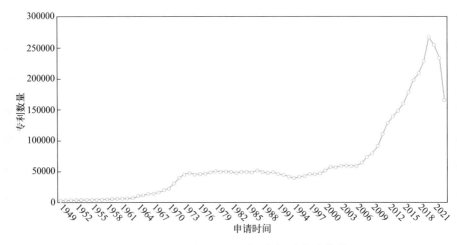

▶ 图 4-63　智能电网领域专利申请趋势

智能电网领域研发热度较高的国家为中国，其次为日本、美国、德国等，如图 4-64 所示。

全球前 10 位领先专利申请人中，中国国家电网有限公司相关专利产出共 39415 件，是申请专利最多的机构。日本是智能电网领域的重要角色，6 家企业入围全球前 10 位领先申请人，依次是：三菱电机株式会社、日立公司、东芝公司、松下电器产业公司、富士电机（中国）有限公司、东京芝浦电气株式会社（东芝公司的前身）。此外，德国西门子股份公司及其他相关公司也入围全球前 10 位领先申请人。智能电网领域全球领先专利申请人前 10 位如图 4-65 所示。

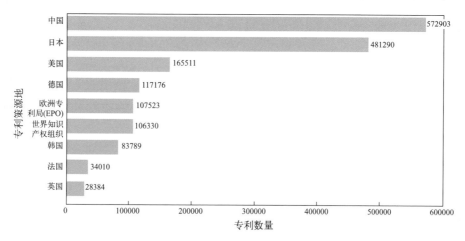

● 图 4-64　智能电网领域专利技术策源地

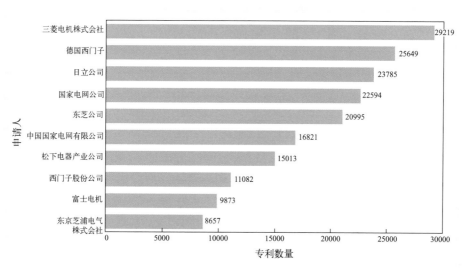

● 图 4-65　智能电网领域全球领先专利申请人前 10 位

　　根据 incoPat 提供的聚类算法对检索到的专利数据进行聚类分析，该聚类分析方法是基于语义算法，提取按 2023 年以后公开日排名的最多前 10000 件专利数据，对专利标题、摘要和权利要求中的关键词，根据语义相关度聚类出不同类别的主题，从而进行个性化的技术类别分析。表4-12给出了通过聚类得出的一级主题和二级主题，可为明确研发方向提供参考。

表4-12　智能电网一级、二级聚类主题对照表

一级主题	二级主题
输出电压	输出电压
	柔性直流
	永磁同步电机
	电流检测
	储能系统
电子元器件	电力转换
	真空灭弧室
	电流测试
	电子元器件
	压缩空气储能
黏结磁体	硫化物固体电解质
	电力电缆
	黏结磁体
	复合导体
	熔体流动速率
电力工程	电力工程
	箱式变电站
	架空线路
	测试效率
	电缆制造
电力系统	电力系统
	异物检测
	健康状态（SOH）
	负荷预测方法
	电弧故障

如图 4-66 所示，前 10000 件专利申请划分为 5 个一级主题，其中电力系统一级主题位列第一，输出电压和电力工程两个一级主题所包含的专利数量几乎持平。

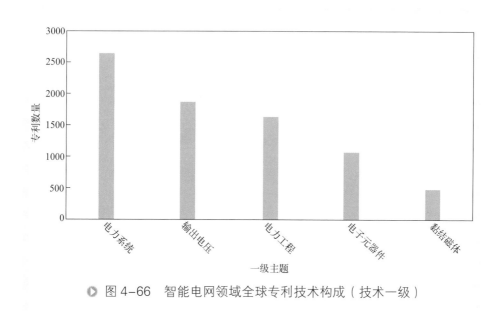

图 4-66　智能电网领域全球专利技术构成（技术一级）

4.5.1.2　中国态势分析

中国新型电力系统专利态势分析对象为申请日截至 2023 年 10 月 19 日的中国范围内新型电力系统领域发明专利申请，共计 61719 条数据，55196 个专利族。如图 4-67 所示，中国新型电力系统领域处于持续的创新活跃期，新型电力系统领域总体呈现增长态势。因专利申请公开存在最长 18 个月的时滞，2022 年、2023 年的专利申请数量仅供参考。

如图 4-68 所示，新型电力系统研发热度较高的地区为北京，其他入围前五名的地区依次为广东、江苏、浙江、山东。

前 8 位领先专利申请人中，位居前列的是各地电网公司和中国电力科学研究院有限公司（电科院），高校中华北电力大学位居前列。新型电力系统领域领先专利申请人前 8 位如图 4-69 所示。

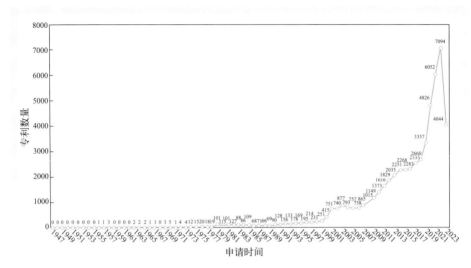

图 4-67 国内新型电力系统领域专利申请趋势

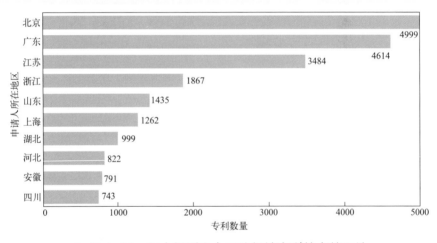

图 4-68 国内新型电力系统领域专利技术策源地

新型电力系统领域重点研发方向分析方面，根据 incoPat 提供的聚类算法对检索到的专利数据进行聚类分析，该聚类分析方法是基于语义算法，提取 2023 年之后按公开日排名的最多前 10000 件专利数据，对专利标题、摘要和权利要求中的关键词，根据语义相关度聚类出不同类别的主题，从而进行个性化的技术类别分析。表 4-13 给出了通过聚类得出的一级主题和二级主题，可为明确研发方向提供参考。

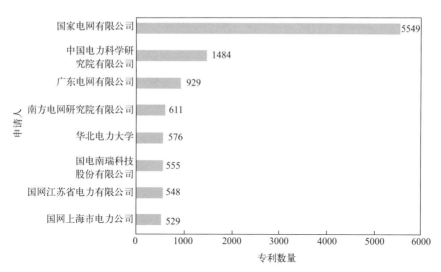

● 图 4-69 国内新型电力系统领域领先专利申请人前 8 位

表4-13 新型电力系统一级、二级聚类主题对照表

一级主题	二级主题
电力数据	电力交易
	知识图谱
	分配网络
	注意力机制
	电网数据
电力状态	电源系统
	集成电路
	电力传输
	电力状态
	数据中心
目标函数	配电网规划
	碳排放量
	水电站
	能源系统
	优化调度

一级主题	二级主题
负荷预测方法	层次分析法
	电力数据
	负荷预测方法
	输电线路
	知识图谱
电力系统	潮流计算
	稳定性分析
	状态估计方法
	配电网
	电力变压器

如图 4-70 所示，前 10000 件专利申请划分为 5 个一级主题，其中电力数据一级主题位列第一，其次是负荷预测方法，电力状态和目标函数两个一级主题所包含的专利数量几乎持平。

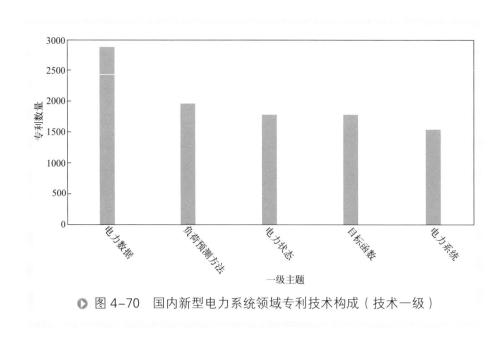

▶ 图 4-70 国内新型电力系统领域专利技术构成（技术一级）

4.5.2　文献态势分析

基于 Web of Science 核心合集论文数据库，采用 Science Citation Index Expanded（SCIE）引文索引进行分析，时间截至 2023 年 10 月 31 日。通过智能电网相关的关键词进行主题检索，共检索到 40137 篇论文，基于此数据集进行分析。

从图 4-71 中可以看出智能领域发文量的趋势与专利申请的趋势一致，在 2009 年国家电网公司正式提出"坚强智能电网"概念，2010 年全国政府工作报告中首次提出将智能电网建设作为国家的基本发展战略之后快速发展，2015 年之后每年的发文量趋于稳定。

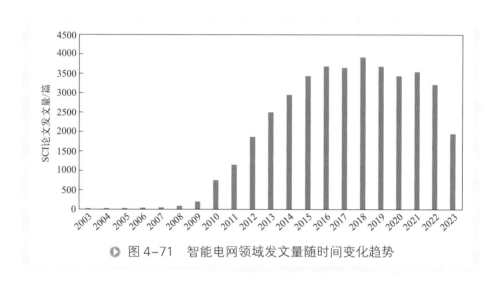

▶ 图 4-71　智能电网领域发文量随时间变化趋势

对文献发表来源进行分析，如图 4-72 所示，智能电网领域发文量国家前 20 名中，中国以 8119 篇论文位居首位，美国以 7893 篇论文位列次席，其后依次是印度、意大利、德国、加拿大等国家。采用 VOSviewer 软件构建可视化文献计量网络（该软件采用文本挖掘和可视化手段利用 Web of Science 数据库中导出的数据进行国家间合作网络图的绘制），采用关联强度（association strength）归一化法，选取被引频次较高的前

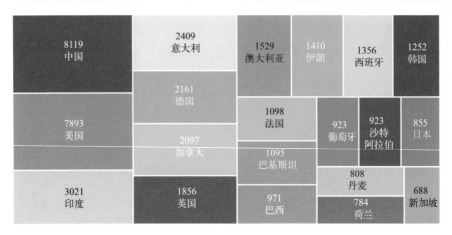

▶ 图 4-72　智能电网领域发文量国家前 20 名

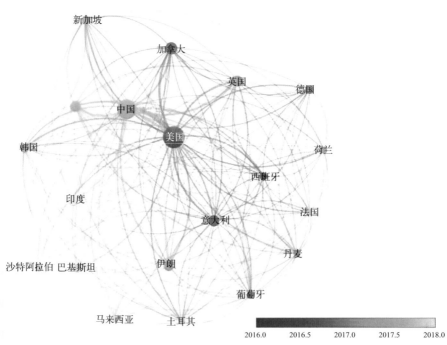

2016.0　2016.5　2017.0　2017.5　2018.0

▶ 图 4-73　智能电网领域国家间合作网络图

5000 篇文献样本作为分析的数据基础，从图 4-73 中可以看出国家间合作主要围绕中国、美国、加拿大、意大利、英国等国家展开，其次是德国、西班牙、印度等。上述这些国家在智能电网技术研发布局等方面均处于国际前列。

　　智能电网领域涉及的研究方向繁多，研究者往往根据具体需要考察相应研究方向。对检索到的论文数据集按照 Web of Science 类别进行统计，结果见图 4-74，从图中可以看出目前主要集中于工程（engineering）、能源（energy）、计算机（computer）、环境（environmental）、材料（material）等方向，覆盖了数据集论文的 60%以上，具备较好的区分度。

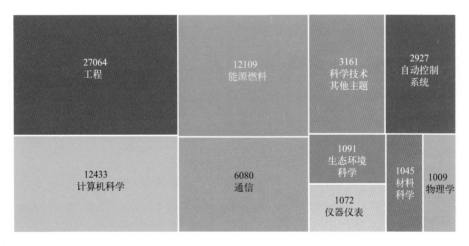

▶ 图 4-74　智能电网领域研究方向前 10 名

　　采用 VOSviewer 软件构建可视化文献计量网络，可直观展示各关键词间的密切程度，反映研究领域中的热点主题和发展趋势。此外，结合时间维度可以用来考察研究领域内出现的新主题以及研究方向的时域变化。本节选取被引频次较高的前 5000 篇文献样本进行主题词分布的研究，图 4-75 中选取了共现频次较高的关键词进行分析。颜色的深浅代表热点研究的时间段，越接近黄色表明越靠近当前的研究热点。从图中可以看出，研究热点包括智能电网（smart grid）、需求响应（demand response）、可再生能源（renewable energy）、发电（generation）等。

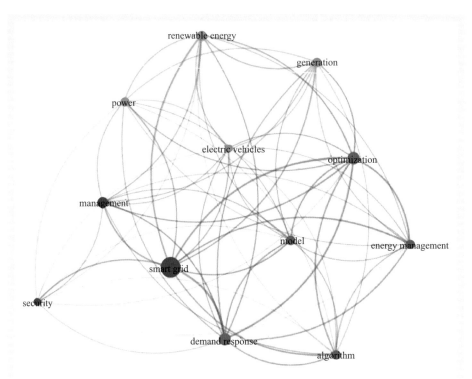

▶ 图 4-75　智能电网领域高被引论文关键词共现网络可视化图

（algorithm：算法；demand response：需求响应；electric vehicles：电动汽车；energy management：能源管理；generation：发电；management：管理；model：模型；optimization：优化；power：功率；renewable energy：可再生能源；security：安全；smart grid：智能电网）

基于中国知网总库数据库，通过智能电网相关的关键词进行主题检索，截至 2023 年 10 月 31 日共检索到 22851 篇论文数据，涉及学术期刊、会议论文及图书，基于此数据集进行分析。对中文知网智能电网领域进行发文时间趋势分析，从图 4-76 中可以看出，同样是在 2009 年和 2010 年，智能电网领域发文量快速增长，2017 年之后呈现下降趋势。

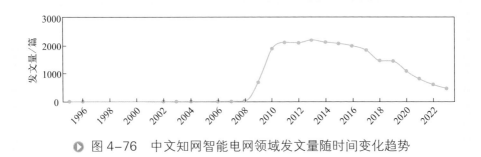

图 4-76 中文知网智能电网领域发文量随时间变化趋势

对中文知网智能电网领域进行发文主要主题分布分析。从图 4-77 中可以看出，智能电网领域发文的主题主要为智能电网、智能变电站、智能电网建设、电力系统、物联网、继电保护、智能配电网等。

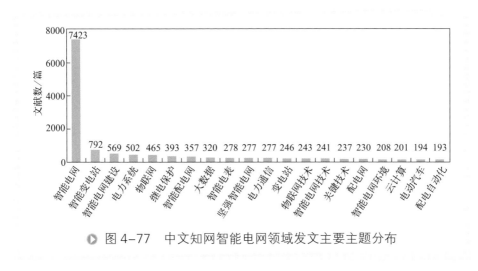

图 4-77 中文知网智能电网领域发文主要主题分布

对中文知网智能电网领域进行发文机构分布分析。从图 4-78 中可以看出，智能电网领域的主要发文机构有华北电力大学、中国电力科学研究院、国家电网公司、南瑞集团、清华大学等。

随着新型电力系统概念的提出，中文知网新型电力系统领域发文量在 2021 年也飞速上升，如图 4-79 所示。

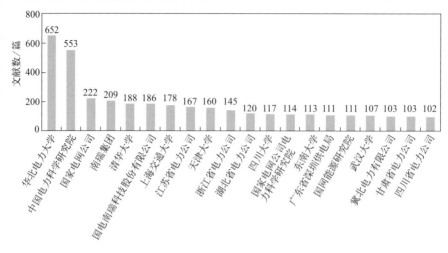

图 4-78　中文知网智能电网领域发文机构分布

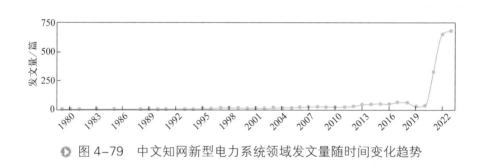

图 4-79　中文知网新型电力系统领域发文量随时间变化趋势

对中文知网新型电力系统领域进行发文主要主题分布分析。从图 4-80 中可以看出，新型电力系统领域发文的主题主要为电力系统、新型电力系统、碳中和、新能源、继电保护、抽水蓄能等，相对于智能电网领域，已逐步扩展到发电、用电、储能等领域。

对中文知网新型电力系统领域进行发文机构分布分析。从图 4-81 中可以看出，新型电力系统领域的主要发文机构有华北电力大学、清华大学、中国电力科学研究院、国家电网公司、浙江大学、浙江省电力公司、西安交通大学等机构。

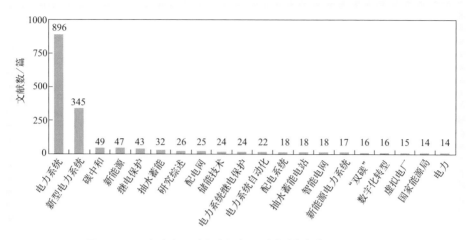

● 图 4-80　中文知网新型电力系统领域发文主要主题分布

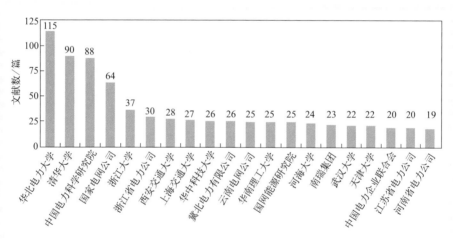

● 图 4-81　中文知网新型电力系统领域发文机构分布

4.6.1　智能电网发展趋势

未来智能电网将以数据为核心要素，通过数字化智能化技术，打通发、输、配、用、储各环节，形成精准反应、状态及时、全域计算、协同联动的支撑体系，建成后的智能电网将实现以下目标。

在电源侧，电力生产实现清洁化和低碳化发展。电力生产以太阳能、风能为主，可再生能源功率预测、高比例可再生能源的惯性增强和主动构网等技术取得突破，大容量储能、抽水蓄能、绿氢、第四代核电得到大规模推广应用，形成集中式与分布式并存的高比例新能源并网。

在电网侧，大电网与微电网实现协同发展。我国建成特大型互联电网，"西电东送"等特高压骨干网架建设完善，大容量柔性直流输电、多端柔性直流输电等技术大规模推广应用，满足新能源在全国范围内的消纳利用与各种资源之间的优化互济和支援。形成由各类微型电源和负荷组成的微电网，实现局部的电力平衡和能量优化。

在负荷侧，分布式能源得到广泛开发与应用，用户成为电力的"产消者"，与供应侧实现深度融合互动，用电的自主性和可靠性大幅提升。全国统一的电力市场和虚拟电厂向电力系统提供关键的电量服务和辅助服务，综合提升电力系统安全保障水平。电力系统的发展以服务需求侧为导向，以电为中心的综合能源服务实现因地制宜的大规模推广，全社会的终端用能效率大幅提高。

大数据、云计算、物联网、人工智能、数字孪生、区块链等数字技术促进电力系统各个环节深度融合（图4-82），加快新型数字基础设施建设，实现数字流与能量流融合，提高系统数字化、网络化和智能化水平，促进电力系统源网荷储协同互动。

4.6.2　智能电网技术发展路线图

智能电网相关技术发展路线图如图4-83所示，电源侧和储能领域部分技术可参考可再生能源、核能、氢能、储能领域篇章。在国家大力发展清洁能源的政策推动下，全球光伏产业链各个生产环节的主要生产地均在中国，中国光伏设备市场规模占全球的比重较高，产能/产量平均市

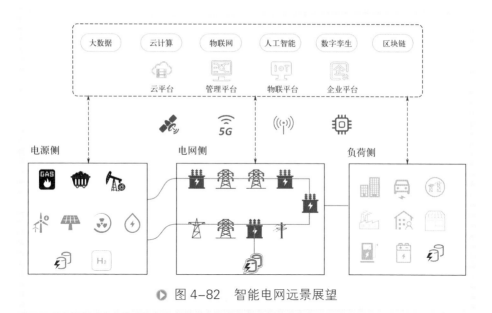

▶ 图 4-82　智能电网远景展望

方向	技术	2022　2025	2030	2035	2040	2050	2060
电源侧	先进清洁能源与可再生能源发电技术						
	火电机组灵活性改造技术						
	可再生能源功率预测技术						
电网侧	微电网技术						
	智能柔性配电技术						
	中低压直流配用电技术						
	高温超导输电						
	柔性输电						
	智能变电站						
	特高压直流输电技术						
	特高压交流输电技术						
	"双高型"电力系统的稳定机理与控制技术						
	高比例可再生能源的惯性增强和主动构网技术						
	以新能源为主体的新型电力系统灵活互动技术						
负荷侧	虚拟电厂						
	高级量测体系						
	电的多种转化技术(P2X技术)						
	车联网技术(V2G技术)						

■ 前瞻研究　■ 集中攻关　■ 试验示范　□➔ 推广应用

▶ 图 4-83　智能电网相关技术发展路线图

场占有率均超过 85%；风电机组产量已占据全球三分之二以上市场份额，从而推动清洁能源与可再生能源发电相关技术迅猛发展。除此之外，在电源侧，水电技术、生物质能利用技术、核能技术、氢能技术和其他清洁能源利用技术也在能源转型当中发挥越来越重要的支撑作用。未来可再生能源将占据主导地位，新能源出力的随机性、波动性与间歇性显著提高了电力系统实时供需平衡难度，可再生能源功率预测技术可精准预测未来一定时间内的新能源出力情况，是促进新能源消纳，保障电力系统安全、稳定、高效运行的重要手段；传统火电也将由主体性电源转变成保障性电源，负责电力的可靠供应与调节，火电机组灵活性改造技术对于我国新能源电力消纳和保障电力稳定供应仍将发挥不可或缺的作用。

在电网侧，我国持续推动特高压输电工程建设，在全国范围内构建了交直流混联特大电网，推动特高压输电技术不断进步；虽然我国柔性直流输电研究起步较晚，但在"十三五"期间也开展了充分的研究与工程实践；在超导输电领域，较长距离高温超导电缆研究开发方兴未艾，实用化步伐正在加速。微电网、中低压直流配用电、智能柔性配电网等先进配电技术有利于海量分布式电源、储能、电动汽车广泛接入，减少功率损耗和电压降，可以改善供电质量、提高供电效率和可靠性。"双高型"电力系统的稳定机理与控制技术、高比例可再生能源的惯性增强和主动构网技术、以新能源为主体的新型电力系统灵活互动技术等适应高比例新能源消纳、维护电网稳定的相关技术也在项目示范和推广应用阶段。

在负荷侧，信息通信、电力电子等技术的飞速发展进一步推动能源供给侧和消费侧双向信息互动，实现能源供给的灵活高效管理。智慧用电基础设备与装备、电的多种转化技术、车联网、虚拟电厂等技术得到飞速发展，高级量测体系仍有关键技术和相关工程实践需要突破。

"碳达峰、碳中和"目标下智能电网行业对策建议

4.7.1 保障国家能源安全和社会发展

保障国家能源安全和社会发展是智能电网发展的基本要求。随着我国经济社会的不断发展，电力需求也与日俱增。近年来，世界部分地区局势动荡导致能源供应波动较大，极端天气出现频率和持续时间对短期能源供应和负荷影响愈发显著，极端外力或信息手段引发电网大面积停电风险增加。除此之外，我国多区域交直流混联的大电网结构日趋复杂，间歇性、波动性新能源发电接入电网规模快速扩大，新型电力电子设备应用比例大幅提升，极大改变了传统电力系统的运行规律和特征。因此，智能电网各环节必须积极应对各类风险挑战和与日俱增的用电需求，加强电力供应保障性支撑体系建设，为国家能源安全和社会发展提供坚实保障。

4.7.2 升级构建新型电力系统

在我国现有的智能电网等相关系统的基础上，结合我国基本国情，升级构建新型电力系统。智能电网作为新型电力系统的枢纽，应加强与"云大物移智链边"（"边"指边缘计算）等数字化技术、智能化器件的融合，推进能量流与数字流相结合，建设与我国国情相适应的智能电网运行体系，提高电网优化配置资源能力，打造新型数字基础设施和电力数字经济平台，为构建新型电力系统提供有力支持。

4.7.3 推动大规模高比例新能源的持续开发利用

"双碳"目标下我国能源电力供应体系将发生根本变革，大规模高比

例新能源对智能电网的调节能力提出了更高的要求。智能电网作为能源转型的中心环节，承担着更加迫切和繁重的清洁低碳转型任务，仅依靠传统的电源侧和电网侧调节手段，已经难以满足新能源持续大规模并网消纳的需求。智能电网亟须激发负荷侧和新型储能技术等潜力，挖掘负荷侧消纳能力，推动新能源与用能产业融合发展；推动源网荷各环节多应用场景的储能科学布局，充分发挥储电、储氢等优势，形成源网荷储协同消纳新能源的格局，推动大规模高比例新能源的持续开发利用。

4.7.4 构建灵活开放的统一电力市场体系

2022 年，全国电力市场化交易电量 5.25 万亿千瓦时，占全社会用电量的 60.8%。电力市场对于优化资源配置、建设安全高效的能源体系至关重要。目前我国电力市场体系还存在体系不完善、交易规则不统一、跨省交易困难等问题。未来电力系统将充分市场化转型，形成以中长期市场为主体、现货市场为补充，涵盖电能量、辅助服务等多交易品种的灵活开放市场体系，充分调动市场灵活性，提升系统运行效率，助力全局优化资源配置，并与全国碳排放权交易市场协同发展，促进电力行业早日实现"双碳"目标。

第5章

总结

　　我国"双碳"目标是党中央统筹国内国际两个大局作出的战略决策。中共中央、国务院 2021 年 9 月发布的《关于完整准确全面贯彻新发展理念做好碳达峰碳中和工作的意见》中提出到 2060 年非化石能源消费比重达到 80% 以上。大力发展光伏和风电等可再生能源，构建以可再生能源为主、多种能源融合互补的新型电力系统，是实现该目标的根本路径。大规模可再生能源的接入会对传统电力系统带来极大挑战，而储能和氢能作为可再生能源规模化高效利用的重要载体，在智能电网技术的支撑下，将助力实现大规模可再生能源的消纳。

　　储能是构建新型电力系统不可或缺的关键环节。在新型电力系统中，储能是支持电源侧高比例可再生能源接入和消纳的关键技术手段，是提升电网调节能力、综合效率和安全保障能力的重要支撑技术，也是支撑用户侧能源管理和保障电能质量的有效手段。加快储能产业的发展对构建清洁稳定的能源供给体系和健康安全的能源消费体系至关重要。近年来，储能技术呈现多元化发展，新技术不断涌现，但目前新型储能技术在成本、安全性、寿命等方面仍需要进一步提升，储能技术标准体系需要进一步完善，电力市场改革及储能盈利模式需要进一步探索。因此，为推动储能技术与产业的健康可持续发展，需不断推动新型储能技术优化升级，提前布局下一代变革性储能技术；推进新型储能应用示范，促进优秀科技成果转化落地；完善储能市场机制建设，保障储能合理收益；加速储能标准体系建设，为新型电力系统的建设提供有力支撑。

氢能是一种清洁、高效、安全的能源，在工业、储能、交通等领域具有广泛的应用潜力。随着可再生能源的快速发展，可以通过电解水制氢技术将过剩电力转化为氢能，在用电高峰期释放，平抑电力系统的波动性，或者直接应用于工业、交通等多个终端用能部门，推动难减排部门的深度脱碳。近年来，随着全球能源转型和碳中和目标的提出，氢能产业发展迎来了重大机遇，受到全球主流国家的普遍重视。我国高度重视氢能产业的发展，并出台了一系列政策措施，推动氢能产业的发展。然而，氢能产业尚处于起步阶段，产业发展还面临着一系列挑战，比如相关政策体系尚不完善、产业链成本高、市场不成熟以及需求不足等。因此，应完善氢能产业政策体系，为氢能产业发展创造良好的政策环境；充分发挥产业技术创新对产业发展的推动作用，加强基础研究，突破氢能制、储、输、用等环节关键技术的"卡脖子"问题，降低产业链成本；鼓励企业和高校院所开展联合攻关，形成创新合力，推动科研成果转化落地；积极开展国际合作，借鉴国际先进经验，加快氢能技术进步与产业化进程。通过政策、产业、技术方面的协调，瞄准关键场景进行突破，通过示范应用培育市场，推动氢能产业的跨越式发展。

智能电网是新型电力系统的枢纽平台，是保障国家能源安全、满足经济社会发展用能需求、促进能源系统绿色低碳转型的关键环节。在多能融合体系当中，通过与储能的灵活搭配，可以满足电力平衡和新能源消纳的需求；通过电氢耦合等方式与氢能等二次能源融合利用，有助于构建绿色低碳的多能融合体系；通过在各高排放行业以电能替代终端用能，调整终端能源消费结构，提升电气化水平。在应对全球气候变化和能源转型的背景下，智能电网及新型电力系统迎来了重大机遇，国家及地方相继出台政策措施，推动智能电网及新型电力系统的构建，但目前仍面临着局部电力供应紧张，系统消纳、调控能力与新能源快速发展不适应，高比例可再生能源和高比例电力电子设备的"双高"风险日益凸显，电力关键核心技术装备存在"卡脖子"问题，电网应对分布式电源接入及多形式用电需求调控能力不足，安全防护能力不够等问题。因此，需要重点建设多元化清洁能源供应体系；提升新能源消纳能力和源网荷储灵活互动调节能力；推动大电网和分布式电网的柔性可控互联；持续提升工业、建筑、交通领域的终端用能电气化水平，提升能效管理水平；不断深化电力体制改革和电力市场建设；运用"云大物移智链边"等数字技术推动电网向能源互联网升级，打造安全可靠的电力数字基础设施；出台相关法规政策助力产业发展，打造自主创新的技术研发体系。

参考文献

[1] 全球互联网发展合作组织 . 大规模储能技术发展路线图 [M]. 北京 : 中国电力出版社 , 2020.

[2] 陈海生 , 刘畅 , 徐玉杰 , 等 . 储能在碳达峰碳中和目标下的战略地位和作用 [J]. 储能科学与技术 ,2021, 10(5): 1477-1485.

[3] 吴皓文 , 王军 , 龚迎莉 , 等 . 储能技术发展现状及应用前景分析 [J]. 电力学报 , 2021, 36(5): 434-443.

[4] SEPULVEDA N A, JENKINS J D, EDINGTON A, et al. The design space for long-duration energy storage in decarbonized power systems[J]. Nature Energy, 2021, 6(5): 506-516.

[5] 陈海生 , 吴玉庭 . 储能技术发展及路线图 [M]. 北京 : 化学工业出版社 , 2020.

[6] 华志刚 . 储能关键技术及商业运营模式 [M]. 北京 : 中国电力出版社 , 2018.

[7] KENDALL M, VILAYANUR V, JAN A, et al. 2020 Grid Energy Storage Technologies Cost and Performance Assessment [R]. U.S. Department of Energy, 2020.

[8] 缪平 , 姚祯 , 刘庆华 , 等 . 电池储能技术研究进展及展望 [J]. 储能科学与技术 , 2020, 9(3): 670-678.

[9] 晏志勇 , 翟国寿 . 我国抽水蓄能电站发展历程及前景展望 [J]. 水力发电 , 2004, 30(12): 73-76.

[10] 李先锋 , 张洪章 , 郑琼 , 等 . 能源革命中的电化学储能技术 [J]. 中国科学院院刊 , 2019, 34(4): 443-449.

[11] 杨裕生 . 电化学储能研究 22 年回顾 [J]. 电化学 , 2020, 26(4): 443-463.

[12] 陈海生 , 余振华 , 刘为 , 等 . 储能产业白皮书 2021 [R]. 中关村储能产业技术联盟 , 2022.

[13] 2022 Hydropower Status Report [R]. International Hydropower Association, 2022.

[14] 抽水储能产业发展报告 2022 [R]. 水电水利规划设计总院 , 2023.

[15] 中国储能锂离子电池行业发展白皮书 (2022 年)[R]. EVTANK, 伊维经济研究院 , 中国电池产业研究院 , 2022.

[16] 陈海生 , 李泓 , 马文涛 , 等 . 2021 年中国储能技术研究进展 [J]. 储能科学与技术 , 2022, 11(3): 1052-1076.

[17] 2020 Energy Storage Grand Challenge: Energy Storage Market Report [R]. U.S. Department of Energy, 2020.

[18] U.S. Energy Storage Monitor: 2021 Year-in-Review [R]. Wood Mackenzie, 2022.

[19] The Future of Energy Storage [R]. Massachusetts Institute of Technology, 2022.

[20] MOLLIE M. UK Battery Storage Project Database Report [R]. Solar Media Market Research, 2022.

[21] MARK W, ALLEN T. Global Energy Storage Outlook [R]. BloombergNEF, 2021.

[22] 陈海生，余振华，刘为，等 . 储能产业白皮书 2022 [R]. 中关村储能产业技术联盟，2023.

[23] 顾洪宾 . 中国可再生能源发展报告 2020 [R]. 水电水利规划设计总院，2021.

[24] 京津水塔 生态生金：丰宁全力打造最美"两河"源头探访 [N]. 河北日报，2022-02-28(3).

[25] 2022 年中国锂电池行业调研报告 [R]. 高工产业研究院，2022.

[26] 2021 年锂离子电池行业运行情况 [Z]. 中华人民共和国工业和信息化部，2021.

[27] 2022 年上半年锂离子电池行业运行情况 [Z]. 中华人民共和国工业和信息化部，2022.

[28] 2022 年 7—8 月全国锂离子电池行业运行情况 [Z]. 中华人民共和国工业和信息化部，2022.

[29] 2022 年中国锂电池正极材料市场调研报告 [R]. 高工产研锂电研究所，2022.

[30] 中国负极材料行业发展白皮书 (2022 年)[R]. EVTANK, 伊维经济研究院，2022.

[31] 2022 年中国锂电隔膜行业调研报告 [R]. 高工产研锂电研究所，2022.

[32] 中国锂离子电池电解液行业发展白皮书 (2022 年)[R]. EVTANK, 伊维经济研究院，2022.

[33] 汪顺生 . 抽水蓄能技术发展与应用研究 [M]. 北京：科学出版社，2016.

[34] 赵万勇，马达，曾玲 . 抽水蓄能电站可逆式水泵水轮机发展现状与展望 [J].

甘肃科学学报, 2012, 24(2): 101-103.

[35] 国内首例梯级水光蓄互补联合电站并网发电 [Z]. 国务院国有资产监督管理委员会, 2022.

[36] 王粟, 肖立业, 唐文冰, 等. 新型重力储能研究综述 [J]. 储能科学与技术, 2022, 11(5): 1575-1582.

[37] 谭雅倩, 周学志, 徐玉杰, 等. 海水抽水蓄能技术发展现状及应用前景 [J]. 储能科学与技术, 2017, 6(1): 35-42.

[38] 张新敬, 陈海生, 刘金超, 等. 压缩空气储能技术研究进展 [J]. 储能科学与技术, 2012, 1(1): 26-40.

[39] 纪律, 陈海生, 张新敬, 等. 压缩空气储能技术研发现状及应用前景 [J]. 高科技与产业化, 2018, 263(4): 54-60.

[40] 陶勋, 陶闻翰. 先进压缩空气储能系统 [J]. 低碳世界, 2017(6): 72-73.

[41] 浅谈"压缩空气储能技术" [Z]. 中国科学院工程热物理所, 2016.

[42] BULLOUGH C, GATZEN C, JAKIEL C, et al. Advanced adiabatic compressed air energy storage for the integration of wind energy[C]// European Wind Energy Conf Ewec, 2004.

[43] Innovation Outlook: Thermal Energy Storage [R]. International Renewable Energy Agency, 2022.

[44] 国际首套百兆瓦先进压缩空气储能国家示范项目并网发电 [Z]. 新华网, 2022.

[45] 中国首个新型二氧化碳储能验证项目投运 [Z]. 中国新闻网, 2022.

[46] 飞轮储能技术在电力储能领域中的应用现状 [Z]. 中关村储能产业技术联盟, 2020.

[47] 戴兴建, 魏鲲鹏, 张小章, 等. 飞轮储能技术研究五十年评述 [J]. 2018, 7(5): 765-782.

[48] 唐西胜, 刘文军, 周龙, 等. 飞轮阵列储能系统的研究 [J]. 储能科学与技术, 2013, 2(3): 208-211.

[49] HUNT J D, NASCIMENTO A, ZAKERI B, et al. Lift energy storage technology: A solution for decentralized urban energy storage[J]. Energy, 2022, 254: 124102.

[50] 张步涵, 王云玲, 曾杰. 超级电容器储能技术及其应用. [J] 水电能源科学, 2006, 24(5): 50-52.

[51] WANG R, YAO M, NIU Z. Smart supercapacitors from materials to devices[J]. InfoMat, 2020, 2(1): 113-125.

[52] NAGASHIMA K, SEINO H, SAKAI N, et al. Superconducting magnetic bearing for a flywheel energy storage system using superconducting coils and bulk superconductors[J]. Physica C: Superconductivity, 2009, 469(15-20): 1244-1249.

[53] 陈汉武, 谢远锋. 铅酸蓄电池发展综述 [J]. 中小企业管理与科技, 2019(11):138-139.

[54] 电化学编辑部.《2019 年诺贝尔化学奖的电化学解读》专辑导读. 电化学, 2019, 25(5): 608.

[55] LI M, LU J, CHEN Z, et al. 30 Years of lithium-ion batteries[J]. Advanced Materials, 2018, 30(33): 1800561.

[56] ETACHERI V, MAROM R, ELAZARI R, et al. Challenges in the development of advanced Li-ion batteries: A review[J]. Energy & Environmental Science, 2011, 4(9): 3243-3262.

[57] 李相俊, 官亦标, 胡娟, 等. 我国储能示范工程领域十年 (2012—2022) 回顾 [J]. 储能科学与技术, 2022, 11(9): 2702-2712.

[58] 丁玉龙, 来小康, 陈海生. 储能技术及应用 [M]. 北京: 化学工业出版社, 2018.

[59] 中国锂电行业发展观察: 锂电回收, 未来可期 [R]. 德勤, 2022.

[60] TOMASZEWSKA A, CHU Z, FENG X, et al. Lithium-ion battery fast charging: A review[J]. eTransportation, 2019, 1: 100011.

[61] KIM S, TANIM T R, DUFEK E J, et al. Projecting recent advancements in battery technology to next-generation electric vehicles[J]. Energy Technology, 2022: 2200303.

[62] DUFEK E J, TANIM T R, CHEN B-R, et al. Battery calendar aging and machine learning[J]. Joule, 2022, 6(7): 1363-1367.

[63] LIN Z, LIANG C. Lithium–sulfur batteries: From liquid to solid cells[J]. Journal of Materials Chemistry A, 2015, 3(3): 936-958.

[64] 温兆银. 钠硫电池及其储能应用 [J]. 上海节能, 2007(2):7-10.

[65] 胡英瑛, 吴相伟, 温兆银, 等. 储能钠电池技术发展的挑战与思考 [J]. 中国工程科学, 2021(5):94-102.

[66] 王进芝，韩晓蕾，许超锋，等．基于氧化物固态电解质的储能钠电池的研究进展 [J]. 储能科学与技术，2022, 11(9): 2834-2846.

[67] 张平，康利斌，王明菊，等．钠离子电池储能技术及经济性分析 [J]. 储能科学与技术，2022, 11(6): 1892-1901.

[68] 张三佩，温兆银，靳俊，等．二次钠 - 空气电池的研究进展 [J]. 电化学，2015, 21(5): 425-432.

[69] HARTMANN P, BENDER C L, VRAČAR M, et al. A rechargeable room-temperature sodium superoxide (NaO_2) battery[J]. Nature Materials, 2013, 12(3): 228-232.

[70] 张华民．储能与液流电池技术 [J]. 储能科学与技术，2012, 1(1): 58-63.

[71] 刘宗浩，邹毅，高素军，等．电力储能用液流电池技术 [M]. 北京：机械工业出版社，2021.

[72] 百兆瓦级大连液流电池储能调峰电站并网发电 [Z]. 中国科学院大连化学物理研究所，2022.

[73] 张华民，王晓丽．全钒液流电池技术最新研究进展 [J]. 储能科学与技术，2013, 2(3): 281-288.

[74] LEE C Y, HSIEH C L, CHEN C H, et al. A flexible 5-in-1 microsensor for internal microscopic diagnosis of vanadium redox flow battery charging process[J]. Sensors, 2019, 19(5): 1030.

[75] 孟琳．锌溴液流电池储能技术研究和应用进展 [J]. 储能科学与技术，2013, 2(1): 35-41.

[76] 房茂霖，张英，乔琳，等．铁铬液流电池技术的研究进展 [J]. 储能科学与技术，2022, 11(5): 1358-1367.

[77] 黄志高．储能原理与技术 [M]. 北京：中国水利水电出版社，2018.

[78] 汪翔，陈海生，徐玉杰，等．储热技术研究进展与趋势 [J]. 科学通报，2017, 62(15): 1602-1610.

[79] 中国能源建设股份有限公司．勇做屹立沙漠的"拾光者" [Z]. 中国能源建设股份有限公司，2021.

[80] MCKINLAY C J, TURNOCK S R, HUDSON D A. Route to zero emission shipping: Hydrogen, ammonia or methanol? [J]. International Journal of Hydrogen Energy, 2021, 46(55): 28282-28297.

[81] 迟军，俞红梅．基于可再生能源的水电解制氢技术 [J]. 催化学报，2018,

39(3): 390-394.

[82] 韩红梅, 王敏, 刘思明, 等. 发挥氢源优势构建中国特色氢能供应网络 [J]. 中国煤炭, 2019, 45(11): 13-19.

[83] 俞红梅, 衣宝廉. 电解制氢与氢储能 [J]. 中国工程科学, 2018, 20(3): 58-65.

[84] 高虎, 刘凡, 李海. 碳中和目标下氢燃料的机遇、挑战及应用前景 [J]. 发电技术, 2022, 43(3): 462-467.

[85] SHIH C F, ZHANG T, LI J, et al. Powering the future with liquid sunshine [J]. Joule, 2018, 2(10): 1925-1949.

[86] CHATTERJEE S, PARSAPUR R K, HUANG K-W. Limitations of ammonia as a hydrogen energy carrier for the transportation sector [J]. ACS Energy Letters, 2021, 6(12): 4390-4394.

[87] 纪律, 陈海生, 张新敬, 等. 压缩空气储能技术研发现状及应用前景 [J]. 高科技与产业化, 2018, 263(4): 54-60.

[88] 李季, 黄恩和, 范仁东, 等. 压缩空气储能技术研究现状与展望 [J]. 汽轮机技术, 2021, 63(2): 86-89.

[89] IEA. Global Hydrogen Review 2022 [R]. Paris, 2022.

[90] IEA. Global Hydrogen Review 2023 [R]. Paris, 2023.

[91] IEA. Hydrogen Projects Database [EB/OL]. (2022-10-10) [2022-10-14]. https://www.iea.org/data-and-statistics/data-product/hydrogen-projects-database.

[92] IEA. Hydrogen Production and Infrastructure Projects Database [EB/OL]. (2023-10-31) [2023-11-01]. https://www.iea.org/data-and-statistics/data-product/hydrogen-production-and-infrastructure-projects-database.

[93] 中国氢能联盟. 中国氢能源及燃料电池产业发展报告: 碳中和体系下的低碳清洁供氢体系 [M]. 北京: 人民日报出版社, 2021.

[94] IEA. Fuel Cell Electric Vehicle Stock by Segment, 2017-2020 [EB/OL]. (2022-10-26) [2022-12-16]. https://www.iea.org/data-and-statistics/charts/fuel-cell-electric-vehicle-stock-by-segment-2017-2020.

[95] IEA. Global EV Outlook 2022: Securing Supplies for An Electric Future [R]. Paris, 2022.

[96] 孙玉玲, 胡智慧, 秦阿宁, 等. 全球氢能产业发展战略与技术布局分析 [J].

世界科技研究与发展 , 2020, 42(4): 455-465.

[97] U.S. Department of Energy. Overview of DOE Requests for Information Supporting Hydrogen BIL Provisions, and Environmental Justice Priorities [EB/OL]. (2022-02-24) [2022-12-18]. https://www.energy.gov/eere/fuelcells/ overview-doe-requests-information-supporting-hydrogen-bil-provisions-and.

[98] U.S. Department of Energy. Hydrogen and Fuel Cell Activities [EB/OL]. (2022-11-07) [2022-12-17]. https://www.energy.gov/eere/fuelcells/articles/us- department-energy-hydrogen-and-fuel-cell-activities-hydrogen-online.

[99] Vanessa Arjona. PEM Electrolyzer Capacity Installations in the United States [EB/OL]. (2022-05-16) [2022-12-16]. https://www.hydrogen.energy.gov/ pdfs/22001-electrolyzers-installed-in-united-states.pdf.

[100] 罗仁英 . 煤制氢气生命周期碳足迹研究 [D]. 北京 : 中国石油大学 (北京),2020.

[101] 于盼望 . 面向可持续发展的制氢过程多目标流程优化 [D]. 杭州 : 浙江工业大学 ,2019.

[102] IEA. Opportunities for Hydrogen Production with CCUS in China [R]. Paris, 2022.

[103] IRENA. Green hydrogen cost reduction: Scaling up Electrolysers to Meet the 1.5℃ Climate Goal [R]. Abu Dhabi, 2020.

[104] CHATENET M, POLLET B G, DEKEL D R, et al. Water electrolysis: From textbook knowledge to the latest scientific strategies and industrial developments [J]. Chemical Society Reviews, 2022,51(11):4583-4762.

[105] 俞红梅 , 邵志刚 , 侯明 , 等 . 电解水制氢技术研究进展与发展建议 [J]. 中国工程科学 , 2021, 23(2): 146-152.

[106] IRENA. Green Hydrogen Supply: A Guide to Policy Making [R]. 2021.

[107] 陈健, 姬存民, 卜令兵 . 碳中和背景下工业副产气制氢技术研究与应用 [J]. 化工进展 , 2022, 41(3): 1479-1486.

[108] KIM S, NGUYEN N T, BARK C W. Ferroelectric materials: A novel pathway for efficient solar water splitting [J]. Applied Sciences, 2018, 8(9): 1526.

[109] HAND E. Hidden hydrogen [J]. Science, 2023, 379(6633): 630-636.

[110] XIE H, ZHAO Z, LIU T, et al. A membrane-based seawater electrolyser for

hydrogen generation [J]. Nature, 2022, 612(7941): 673-678.

[111]	YANG M, HUNGER R, BERRETTONI S, et al. A review of hydrogen storage and transport technologies [J]. Clean Energy, 2023, 7(1): 190-216.

[112]	IRENA. Innovation Outlook : Renewable Methanol [R]. Abu Dhabi, 2021.

[113]	IRENA, AEA. Innovation Outlook: Renewable Ammonia [R]. 2022.

[114]	WAN Z, TAO Y, SHAO J, et al. Ammonia as an effective hydrogen carrier and a clean fuel for solid oxide fuel cells [J]. Energy Conversion and Management, 2021, 228: 113729.

[115]	张娜, 陈红, 马骁, 等. 高密度固态储氢材料技术研究进展 [J]. 载人航天, 2019, 25(1): 116-121.

[116]	张晓飞, 蒋利军, 叶建华, 等. 固态储氢技术的研究进展 [J]. 太阳能学报, 2022, 43(6): 345-354.

[117]	闫伟, 冷光耀, 李中, 等. 氢能地下储存技术进展和挑战 [J]. 石油学报, 2023(3): 1-12.

[118]	ZIVAR D, KUMAR S, FOROOZESH J. Underground hydrogen storage: A comprehensive review [J]. International Journal of Hydrogen Energy, 2021, 46(45): 23436-23462.

[119]	ETC. Making the Hydrogen Economy Possible: Accelerating Clean Hydrogen in an Electrified Economy [R]. 2021.

[120]	李婷, 刘玮, 王喆, 等. 开启绿色氢能新时代之匙：中国 2030 年 "可再生氢 100" 发展路线图 [R]. 2022.

[121]	LEBROUHI B E, DJOUPO J J, LAMRANI B, et al. Global hydrogen development - A technological and geopolitical overview [J]. International Journal of Hydrogen Energy, 2022, 47(11): 7016-7048.

[122]	马宁, 孙柏刚, 罗庆贺. 绿氢内燃机及其在边无海岛地区的供电系统应用前瞻 [J]. 中国电机工程学报, 2024,44(5):1894-1903.

[123]	李星国. 氢燃料燃气轮机与大规模氢能发电 [J]. 自然杂志, 2023, 45(2):113-118.

[124]	毕马威中国. 一文读懂氢能产业 [R]. 2022.

[125]	魏蔚, 陈文晖. 日本的氢能发展战略及启示 [J]. 全球化, 2020(2):60-71,135.

[126]	艾瑞咨询. 拨云雾, 睹 "氢" 天——从氢能源产业链看行业发展 [R].2022.

[127]	中华人民共和国中央人民政府. 中华人民共和国国民经济和社会发展第

十个五年计划纲要 [EB/OL]. (2001-03-15)[2022-10-13].http://www.gov.cn/gongbao/content/2001/content_60699.htm.

[128]　国家发改委 . 能源发展"十一五"规划 [EB/OL].(2007-04-11)[2022-10-13].http://www.nea.gov.cn/2007-04/11/c_131215360.htm.

[129]　国务院 ."十二五"国家战略性新兴产业发展规划 [EB/OL].(2012-07-09)[2022-10-13]. http://www.gov.cn/zwgk/2012-07/20/content_2187770.htm.

[130]　中华人民共和国中央人民政府 . 中华人民共和国国民经济和社会发展第十四个五年规划和 2035 年远景目标纲要 [EB/OL].(2021-03-13)[2022-10-13].http://www.gov.cn/xinwen/2021-03/13/content_5592681.htm.

[131]　刘振亚 . 智能电网知识读本 [M]. 北京 : 中国电力出版社 ,2010.

[132]　国家电网公司 . 坚强智能电网技术标准体系规划 [R]. 北京 : 国家电网公司 ,2010.

[133]　王涛 , 赵晓明 , 余志慧 , 等 .IEEE 智能电网标准体系及研究进展 [J]. 浙江电力 , 2017,36(9):8-12,32.

[134]　刘紫熠 , 刘卿 . 基于智能电表运行故障数据的纵向分析模型 [J]. 计算机科学 , 2019,46(S1):436-438.

[135]　南方电网 , 中国移动 , 华为 .5G 助力智能电网应用白皮书 [R]. 广州 : 南方电网公司 ,2021.

[136]　缪平 , 姚祯 , 刘庆华 , 等 . 电池储能技术研究进展及展望 [J]. 储能科学与技术 , 2020, 9(3): 670.

[137]　余贻鑫 . 智能电网基本理念与关键技术 [M]. 北京 : 科学出版社 ,2021.

[138]　刘艳丽 , 余贻鑫 , 高宁 , 等 . 像互联网一样智能的电网 [J]. 工程 (英文),2020,6(7):778-788,881-892.

[139]　全球能源互联网发展合作组织 . 电力数字智能技术发展与展望 [M]. 北京 :中国电力出版社 ,2021.

[140]　北京大学能源研究院 . 新能源为主体的新型电力系统的内涵与展望 [R].北京 : 北京大学能源研究院 ,2022.

[141]　全球能源互联网发展合作组织 . 电力数字智能技术发展与展望 [R] . 北京 :全球能源互联网发展合作组织 ,2021.

[142]　中国科学院 . 统筹全国力量 , 尽快形成面碳中和目标的技术研发体系 [R].北京 : 中国科学院 ,2021.

[143]　中国工程院 . 我国碳达峰碳中和战略及路径 [R]. 北京 : 中国工程院 ,2021.

[144] 白晓民 , 张东霞 . 智能电网技术标准 [M]. 北京 : 科学出版社 ,2018.

[145] 季东 , 李健 . 国际智慧电网建设的战略要点及对我国的启示 [J]. 电力与能源 ,2017,38(2):96-101.

[146] 胡波 , 周意诚 . 日本智能电网图解 [M]. 北京 : 中国电力出版社 ,2015.

[147] 祁琪 , 姜齐荣 , 许彦平 . 智能配电网柔性互联研究现状及发展趋势 [J]. 电网技术 ,2020,44(12):4664-4676.

[148] 北京大学能源研究院 . 新能源为主体的新型电力系统的内涵与展望 [R]. 北京 : 北京大学能源研究院 ,2022.

[149] 刘子勋 , 张勇杰 , 高亭亭 , 等 . "双碳"目标下火电机组灵活性改造技术分析 [J]. 电站辅机 ,2023,44(3):40-45.

[150] 祁琪 , 姜齐荣 , 许彦平 . 智能配电网柔性互联研究现状及发展趋势 [J]. 电网技术 ,2020,44(12):4664-4676.

[151] 北京大学能源研究院 . 新能源为主体的新型电力系统的内涵与展望 [R]. 北京 : 北京大学能源研究院 ,2022.

[152] 刘振亚 . 智能电网技术 [M]. 北京 : 中国电力出版社 ,2010.

[153] 舒印彪 . 新型电力系统导论 [M]. 北京 : 中国科学技术出版社 ,2022.

[154] 李立涅 , 郭剑波 , 饶宏 . 智能电网与能源网融合技术 [M]. 北京 : 机械工业出版社 ,2019.

[155] 袁飞 , 黄珊 . 全球能源互联网关键技术 [M]. 北京 : 化学工业出版社 ,2019.

[156] 电力规划设计总院 . 中国电力发展报告 [M]. 北京 : 人民日报出版社 ,2023.

[157] GOPSTEIN A, NGUYEN C, O' FALLON C, et al. NIST Framework and Roadmap for Smart Grid Interoperability Standards, Release 4.0[M]. Gaithersburg: Department of Commerce. National Institute of Standards and Technology, 2021.

[158] SGTFEG European Commission. Final Report of the CEN/CENELEC/ETSI Joint Working Group on Standards for Smart Grids[R]. European Standardizations Organizations, 2011.

[159] McKinsey&Company. Global Energy Perspective 2022 [R]. 2022.

[160] International Atomic Energy Agency. Energy, Electricity and Nuclear Power Estimates for the Period up to 2050[R]. 2020.

[161] 人民日报海外版 . 探访全球装机容量最大的光伏发电园区 : 青海戈壁荒滩兴起"光伏海" [EB/OL].(2022-07-05)[2023-04-13]. http://gs. people.com.

cn/n2/2022/0705/c358184-40024142.html.

[162] 澎湃新闻.世界首个!北京冬奥会重点配套工程,张北柔性直流电网工程组网成功![EB/OL]. (2020-06-27)[2023-03-26]. https://www.thepaper.cn/newsDetail_forward_8013054.

[163] 国务院国有资产监督管理委员会.13.6 兆瓦再破纪录!亚太地区单机容量最大风电机组下线 [EB/OL].(2022-10-17)[2023-05-07]. http://www.sasac.gov.cn/n2588025/n2588124/c26237121/content.html.

[164] 中国电力报.内蒙古自治区首台次煤电机组灵活性改造项目顺利完成 [EB/OL]. (2022-06-27) [2023-05-09].https://www.cpnn.com.cn/news/dfny/202206/t20220627_1527484_wap.html.

[165] intel.英特尔大数据分析 +AI 平台 助金风慧能打造新能源智能功率预测方案 [EB/OL].[2023-05-09]. https://www.intel.cn/content/www/cn/zh/customer-spotlight/cases/create-power-forecasting-solutions.html.

[166] 人民日报.推进能源革命 提高保障能力 现代能源体系加速构建 [EB/OL]. (2021-05-10) [2023-03-13]. http://politics.people.com.cn/n1/2021/0510/c1001-32098249.html.

[167] 电网头条.电网超级工程 | 柔性直流的柔与直 [EB/OL]. (2022-11-18) [2023-02-25]. https://mp.weixin.qq.com/s/hDFwWmI1rHRtiPi9SV0rSg.

[168] 新华社.世界首条 35 千伏公里级超导电缆在沪投运 [EB/OL]. (2021-12-22) [2022-09-13]. https://www.gov.cn/xinwen/2021-12/22/content_5663994.htm.

[169] 新华社.一座变电站里藏着的雄安绿色发展密码 [EB/OL]. (2022-03-20) [2022-07-03]. https://www.gov.cn/xinwen/2022-03/20/content_5680101.htm.

[170] 苏州市人民政府.首个直流配电网示范工程在苏启动 [EB/OL]. (2020-11-06) [2022-09-08]. https://www.suzhou.gov.cn/szsrmzf/szyw/202011/9d6e7f50aecf41d2b7d95c916c3d8411.shtml.

[171] 中国能源报.看浙江如何打造高弹性电网 [EB/OL]. (2022-02-28) [2023-01-17]. http://paper.people.com.cn/zgnybwap/html/2022-02/28/content_25905680.htm.

[172] 湖北省人民政府.湖北新能源技术取得突破 在国内首次实现无储能支撑运行 [EB/OL]. (2022-03-31) [2023-05-22]. https://www.hubei.gov.cn/hbfb/

rdgz/202203/t20220331_4062817.shtml.

[173] 国家电网报.国网湖北电力上线新一代用电信息采集系统[EB/OL]. (2022-10-11) [2023-04-12]. http://mm.chinapower.com.cn/dlxxh/dxyyal/20221011/170272.html.

[174] International Atomic Energy Agency. IDE Electricity Date Browser[EB/OL]. [2024-01-10]. https://www.iea.org/energy-system/electricity.

[175] International Atomic Energy Agency. Investment Spending in Electricity Networks by Region, 2016-2021 [R]. 2021.

附录

附表 2022年我国储能产业国家政策

发布时间	政策文件	发布机构	内容要点
2022年11月10日	《关于做好锂离子电池产业链供应链协同稳定发展工作的通知》	工业和信息化部办公厅，国家市场监督管理总局办公厅	为保障锂电产业链供应链协同稳定，提出："鼓励锂电（电芯及电池组）生产企业、锂电一阶材料企业、锂电二阶材料企业、锂镍钴等上游资源企业、锂电回收企业、锂电终端应用企业及系统集成、渠道分销、物流运输等企业深度合作，通过签订长单、技术合作等方式建立长效机制，引导上下游稳定预期，明确量价，保障供应，合作共赢""各地市场监管部门要加大监管力度，严格查处锂电产业上下游囤积居奇、哄抬价格、不正当竞争行为，维护市场秩序"
2022年10月18日	《建立健全碳达峰碳中和标准计量体系实施方案》	国家市场监管总局，国家发展改革委，工业和信息化部，自然资源部，生态环境部，住房和城乡建设部，交通运输部，中国气象局，国家林草局	方案中提到，要："加快新型电力系统标准制修订。围绕构建新型电力系统，开展电网侧、电源侧、负荷侧储能研究，重点推进智能电网、新型储能标准制定，逐步完善源网荷储一体化标准体系""围绕新型锂离子电池、铅炭电池、液流电池、燃料电池、钠离子电池等，开展系统与设备检验监测、性能评估、安全管理和消防灭火等相关标准制修订。推进飞轮储能、压缩空气储能、超级电容器、梯级电站储能等物理储能系统及设备标准研制。推进储能电站等物理储能系统接入电网技术、并网性能评价方法等标准研制。推进储能与传统电源联合运行相关安全、运维、检修标准研究。开展储能电站安装、调试、智能运维等标准研究"

发布时间	政策文件	发布机构	内容要点
2022年9月20日	《能源碳达峰碳中和标准化提升行动计划》	国家能源局	计划提及要： "加快完善新型储能技术标准" "完善新型储能标准管理体系，结合新型电力系统建设需求，根据新能源发电并网配置和源网荷储一体化需要，抓紧建立涵盖新型储能项目建设、生产运行全流程以及安全环保、技术管理等专业技术内容的标准体系" "细化储能电站接入电网和应用场景类型，完善接入电网系统的安全设计、测试验收等标准" "结合新型储能技术创新和应用场景拓展，及时开展相关标准制修订，全面推动各类新型储能技术研发，示范应用和标准制定协同发展"
2022年8月10日	《关于实施储能技术国家急需高层次人才培养专项的通知》	教育部办公厅、国家发展改革委办公厅、国家能源局综合司	提出要"加快培养一批支撑储能领域核心技术突破和产业发展的高层次紧缺人才，为提升国家储能领域自主创新能力和战略核心科技作出更大贡献" 培养方向包括：储能基础材料与工艺，储能装备制造关键技术（含储热冷、压缩空气、飞轮、抽蓄等），化学储能关键技术（含电化学、热化学），氢储能关键技术、电磁储能关键技术（含超级电容、超导等），季节性长周期储能关键技术，储能电站规模化运行关键技术，源网荷储的联合优化运行及运营调度运行关键技术（集中式与分布式），储能与风电、光伏、火电等电源联合应用关键技术，储能大数据应用关键技术 其中研究生培养单位包含清华大学等10所高校，企业包含中国石油天然气股份有限公司等18家

发布时间	政策文件	发布机构	内容要点
2022年8月24日	《加快电力装备绿色低碳创新发展行动计划》	工业和信息化部、财政部、商务部、国务院国有资产监督管理委员会、国家市场监督管理总局	提出推进火电、水电、核电、风电、太阳能、氢能、储能、输电、配电及用电等10个领域电力装备绿色低碳发展在储能装备方面，提出"大幅提升电化学储能装备的可靠性、加快压缩空气储能、飞轮储能等储能装备的研制，研发储能电站消防安全多级保障技术和装备"
2022年6月24日	《科技支撑碳达峰碳中和实施方案（2022—2030年）》	科技部、国家发展改革委、工业和信息化部、生态环境部、住房和城乡建设部、交通运输部、中国科学院、中国工程院、国家能源局	明确发展目标："到2025年实现重点行业和领域低碳关键核心技术的重大突破"；"到2030年，进一步研究突破一批具有显著影响力的低碳技术和颠覆性技术，形成一批先进的绿色低碳技术创新成果，建立更加完善的绿色低碳科技创新体系"涉及储能技术及前沿储能技术的内容如下："研发压缩空气储能、飞轮储能、液态和固态锂离子电池储能、钠离子电池储能等高效储能技术；研发梯级电站大型储能技术、新型储能应用技术以及相关储能安全技术""研究固态锂离子、钠离子电池等更低成本、更安全、更长寿命、更高能量效率、不受资源约束的前沿储能技术"
2022年5月24日	《关于进一步推动新型储能参与电力市场和调度运用的通知》	国家发展改革委、国家能源局	总体要求：要建立完善适应新型储能自主选择参与市场的机制，鼓励新型储能自主选择参与电力市场，坚持以市场化方式形成价格，持续完善储能调度运行机制，提升储能技术优势，提升储能总体利用水平，保障储能合理收益，促进行业健康发展

发布时间	政策文件	发布机构	内容要点
2022年6月1日	《"十四五"可再生能源发展规划》	国家发展改革委、国家能源局、财政部、自然资源部、生态环境部、住房和城乡建设部、农业农村部、中国气象局、国家林业和草原局	"明确新型储能独立市场主体地位，完善储能参与各类电力市场的交易机制和技术标准，发挥储能调峰调频、应急备用、容量支撑等多元功能，促进储能在电源侧、电网侧和用户侧多场景应用。创新储能发展商业模式，明确储能价格形成机制，创新储能各类调节服务。创新同向运行模式，有序推动储能为可再生能源发电和电力用户提供各类调节服务。提升可再生能源消纳利用水平" "研究建立电力应急保障体系，合理配置长时新型储能，优化系统风光水火储多能互补发展结构，提高多元互济能力，提高气象灾害预警精度，提升电力可靠供应储备和应急保障能力" "研发储能钠离子电池、液态金属电池、固态锂离子电池、金属空气电池、锂硫电池等高能量密度应急储能技术" "加快大容量、高密度、高安全、低成本新型储能装置研制"
2022年5月14日	《关于促进新时代新能源高质量发展的实施方案》	国家发展改革委、国家能源局	"完善调峰调频电源补偿机制，加大各类灵活性电源建设和改造力度，加大煤电机组灵活性改造、水电扩机、抽水蓄能和太阳能热发电项目建设快速发展。推动新型储能快速发展。研究储能成本回收机制。鼓励西部等光照条件好的地区使用太阳能热发电作为调峰电源。深入挖掘需求响应潜力，提高负荷侧对新能源的调节能力"
2022年4月26日	《关于加强电化学储能电站安全管理的通知》	国家能源局	从储能电站的规划设计、设备选型、竣工验收、并网验收、运维管理、应急消防等诸多领域全面对储能电站的安全管理做好规划

发布时间	政策文件	发布机构	内容要点
2022年4月24日	《加强碳达峰中和高等教育人才培养体系建设工作方案》	教育部	提出"加快储能和氢能相关学科专业建设。以大规模可再生能源消纳为目标，推动高校加快储能和氢能领域人才培养。长周期储能需求，实现全能条链全覆盖"
2022年4月16日	《电力可靠性管理办法（暂行）》	国家发展改革委	"积极稳妥推动发电侧、电网侧和用户侧储能建设，合理确定建设规模，加强安全管理，推进源网荷储一体化和多能互补。建立新型储能建设需求发布机制，充分考虑各类资源的性能，允许各类储能设施参与系统运行，增强电力系统的综合调节能力"
2022年3月17日	《2022年能源工作指导意见》	国家能源局	落实"十四五"新型储能发展实施方案，应用场景储能（储能）试点示范项目，围绕不同技术、应用场景不同技术，研究建立大型风电光伏基地配套储能建设运行机制
2022年1月29日	《"十四五"现代能源体系规划》	国家发展改革委、国家能源局	"加快推进抽水蓄能电站建设，实施全国新一轮抽水蓄能中长期发展规划，优化电源侧多能互补调度运行方式。条件成熟的大型抽水蓄能电站开工建设。优化电源侧多能互补调度运行方式，充分挖掘电源调峰潜力。力争到2025年，煤电机组灵活性改造规模累计超过2亿千瓦。抽水蓄能机容量达到6200万千瓦以上，在建装机容量达到6000万千瓦左右" "加快新型储能技术规模化应用。大力推进电源侧储能发展，合理配置储能规模，改善新能源场站出力特性，支持分布式新能源合理配置储能系统。优化布局电网侧储能，发挥储能消纳新能源、削峰填谷、增强电网稳定性和应急供电等多重作用。积极支持用户侧储能多元化发展，提高用户供电可靠性，鼓励电动汽车、不间断电源等用户侧储能参与系统调峰调频。拓展储能应用场景，推动电化学储能、梯级电站储能、压缩空气储能、飞轮储能等技术多元化应用，探索储能聚合利用、共享储能等新模式新业态"

发布时间	政策文件	发布机构	内容要点
2022年1月29日	《"十四五"新型储能发展实施方案》	国家发展改革委、国家能源局	提出"十四五"期间新型储能发展目标： "到2025年，新型储能由商业化初期步入规模化发展阶段，具备大规模商业化应用条件。新型储能技术创新能力显著提高，核心技术装备自主可控水平大幅提升，标准体系、产业体系日趋完善，市场环境和商业模式基本成熟。其中，电化学储能技术性能进一步提升，系统成本降低30%以上；火电与核电机组抽汽蓄能等依托常规电源的新型储能技术、百兆瓦级压缩空气储能技术实现工程化应用；兆瓦级飞轮储能等机械储能技术逐步成熟；氢储能、热（冷）储能等长时间尺度储能技术取得突破" "到2030年，新型储能全面市场化发展。新型储能核心技术装备自主可控，技术创新和产业水平稳居全球前列，市场机制、商业模式、标准体系成熟健全，与电力系统各环节深度融合发展，基本满足构建新型电力系统需求，全面支撑能源领域碳达峰目标如期实现"
2022年3月4日	《关于进一步推进电能替代的指导意见》	国家发展改革委、国家能源局、工业和信息化部等十部门	"加快工业绿色电网建设，引导企业和园区加快厂房光伏、分布式风电、多元储能、热泵、余热余压利用、智慧能源管控一体化系统开发运行，推进多能高效互补利用"

发布时间	政策文件	发布机构	内容要点
2022年1月30日	《关于完善能源绿色低碳转型体制机制和政策措施的意见》	国家发展改革委、国家能源局	"建立全国统一电力市场体系，加快电力辅助服务市场建设，推动重点区域电力现货市场试点运行，完善电力中长期、现货和辅助服务交易有机衔接机制，深化输配电等重点领域改革，通过市场化方式促进电力绿色低碳发展" "支持微电网、分布式电源、储能和负荷聚合商等新兴市场主体独立参与电力交易。积极推进分布式发电市场化交易，支持分布式发电（含电储能、电动车船等）与一配电网内的电力用户用户通过电力交易平台就近进行交易，电网企业（含增量配电网企业）提供输电、计量和交易结算等技术支持，完善支持分布式发电市场化交易的价格政策，加快建设抽水蓄能电站，探索中小型抽水蓄能技术应用，推行梯级水电储能" "鼓励新能源发电基地提升自主调节能力，探索一体化参与电力系统运行。完善抽水蓄能、新型储能参与电力市场的机制，更好发挥相关设施调节作用"
2022年1月18日	《关于加快建设全国统一电力市场体系的指导意见》	国家发展改革委、国家能源局	提出建设全国统一电力市场的总体目标："到2025年，全国统一电力市场体系初步建成，国家市场与省（区、市）/区域电力市场协同运行，电力中长期、现货、辅助服务市场一体化设计、联合运营，跨省跨区资源市场化配置和绿色电力交易规模显著提高，有利于新能源、储能等发展的市场交易和价格机制初步形成。""到2030年，全国统一电力市场体系基本建成，适应新型电力系统要求，国家市场与省（区、市）/区域电力市场联合运行，新能源全面参与市场交易，市场主体平等竞争、自主选择，电力资源在全国范围内得到进一步优化配置"